早川 雄一郎 Yuichiro Hayakawa

競争者排除型行為規制の目的と構造

商事法務

はしがき

　本研究は、いわゆる忠誠リベートの競争法上の問題点に関する比較法的考察を通じて、競争者排除型行為規制の目的と構造を探求しようとするものである。

　忠誠リベートという行為は、競争者排除型行為の2つの典型的類型である排他的取引と不当廉売との境界に位置する行為類型であるため、その競争法上の扱いをめぐっては、海外でも見解が分かれており、とりわけ欧州法と米国法との間で異なるアプローチが取られてきたことで知られる。そして、本書で明らかにするように、この行為をめぐる欧州と米国との間の扱いの相違は、両者の間での競争観の違いにも影響されてきた。

　本研究は、あくまで忠誠リベートという1つの行為類型にかかる各論的な研究を中心とするものではあるが、他方、問題点を突き詰めると、結局は、「能率」に基づく正当な競争手段と、反競争的な「梃子」を通じた人為的な競争手段との境界はどこにあるのかという問題に行きつく。その意味で、本研究が、競争者排除型行為規制全般について考える際の議論の手がかりを提供できれば幸いである。

　本書は、筆者が2013年9月に京都大学に提出して学位を授与された博士論文、並びに、同博士論文を基にして法学論叢に公表した論文(「競争者排除型行為規制の目的と構造——忠誠リベート規制をめぐる欧州の変遷と米欧の相違を手がかりに(1)〜(6・完)」論叢175巻1号85頁、3号73頁、6号94頁、176巻1号95頁(以上、2014年)、177巻1号104頁、2号49頁(以上、2015年))を加筆・修正したものである。

　京都大学に博士論文を提出してから約4年になるが、この間に、欧州と米国の双方において、いくつもの重要な先例が登場した(欧州の *Intel* 判決と *Post Danmark II* 判決、米国の *Eisai* 判決と *McWane* 審決)。本書においては、それらの最新の先例を踏まえた考察も行っている。

　本書に関係する研究テーマや事例研究については、関西経済法研究会、

東京経済法研究会、比較法研究センター独禁法研究会、独禁法審判決研究会をはじめ、数多くの研究会で報告の機会をいただいた。研究会にご出席いただき、貴重なご意見を賜った先生方には、この場を借りてお礼を申し上げる。

　本書の研究テーマは私の博士課程在籍時以来の研究テーマであるが、私の指導教授を務めてくださった川濵昇先生には、改めて、心よりお礼を申し上げたい。川濵先生には、私が京都大学法学部、同法科大学院に在籍していた頃より講義や演習等を通じてお世話になり、博士課程進学後は、年によってはマンツーマンという大変贅沢な環境で、非常に深いご指導を賜った。先生からは、法学や経済学の理論的知識や考え方はもとより、多方面にわたる様々な事柄について、見識を深める機会をいただいた。長きにわたって川濵先生のご指導を賜れたことは、私にとって大変に大きなことであった。先生には、誠に感謝の念に堪えない。

　また、これまでに数多くの先生方からご指導を賜った。とりわけ、関西経済法研究会や、立教大学着任後は東京経済法研究会において、数多くの先生方からご指導を賜ってきた。根岸哲先生、舟田正之先生はじめ、両研究会にご関係されている先生方には、この場を借りてお礼を申し上げたい。

　私が2017年4月に着任した立教大学では、同僚の先生方、職員の方々には、充実した研究環境を確保していただいており、とてもありがたく思っている。とりわけ、立教大学の東條吉純先生には、着任以来、本研究テーマも含めていろいろと意見交換もしていただいた。この場を借りてお礼を申し上げたい。

　本書の刊行に際しては、株式会社商事法務の岩佐智樹氏と井上友樹氏に大変お世話になった。とりわけ、出版スケジュールが迫る中、2017年9月に欧州司法裁判所において*Intel*事件の破棄差戻し判決が下されるという事態も発生したが、両氏にご尽力いただいたお蔭で、幸いにも同判決を踏まえた考察を本書に反映することができた。両氏には厚くお礼を申し上げる。

本書は、平成 29 年度京都大学総長裁量経費として採択された京都大学法学研究科若手研究者出版助成事業による助成を得て刊行された。関係各位に改めてお礼を申し上げる。

　最後に、本書の基になる研究期間を通じて私を支えてくれた家族にも、この場を借りて謝意を伝えたい。

2017 年 11 月

早川　雄一郎

競争者排除型行為規制の目的と構造

目 次

はしがき……………………………………………………………………… i

第 1 章　はじめに

1　問題の所在……………………………………………………………… 2
2　本書の構成と議論の対象の限定……………………………………… 6
3　「忠誠リベート」の意義（用語の整理）……………………………… 7
　(1)　「忠誠リベート」（fidelity rebates, loyalty rebates）の 2 つの用法
　　　（講学上の広い用法と欧州判例法の狭い定義）………………… 8
　(2)　忠誠リベートの諸分類……………………………………………… 9
　(3)　その他の様々な用語の対応関係と注意点……………………… 10
4　日本法の要件と解釈論の現状………………………………………… 13
　(1)　拘束条件型行為と不当対価型行為に関する基本的視点の相違………… 13
　(2)　排他条件付取引（拘束条件付取引）の要件と忠誠リベートへの
　　　適用上の問題点……………………………………………………… 16
　(3)　排除型私的独占の要件と忠誠リベートへの適用上の問題点………… 26
　(4)　小括…………………………………………………………………… 32

第 2 章　欧州の伝統的判例法理の形成と展開（「形式ベース」のアプローチ時代）

第 1 節　102 条規制の目的と伝統的要件論………………………………… 36

1 102条規制にかかる伝統的アプローチの目的と起源をめぐる議論：オルドーリベラリズムの残滓か？ ………………………………… 36
　(1) 「オルドーリベラリズム」の残滓としての見方 ………………… 36
　(2) 102条規制の起源をめぐる議論の整理 …………………………… 39
2 102条の要件と伝統的判例法による解釈 ………………………………… 44
　(1) 支配的地位 …………………………………………………………… 44
　(2) 濫用 …………………………………………………………………… 47
　(3) 小括 …………………………………………………………………… 50

第2節　形式ベースのアプローチの下での忠誠リベートにかかる伝統的判例法理（1970年代～2000年代前半） ……………… 52

第1款　判例法理の形成期（1970年代～1980年代） ………………………… 52

1 Suiker Unie（European Sugar Industry）：（狭義の）忠誠リベートと数量リベートの区別論の萌芽 ……………………………………… 52
2 Hoffmann-La Roche：支配的事業者による（狭義の）忠誠リベートに対する事実上の当然違法宣言 ………………………………… 53
　(1) 事案の概要 …………………………………………………………… 53
　(2) ECJの判断 …………………………………………………………… 54
　(3) 意義 …………………………………………………………………… 56
3 Michelin Ⅰ：数量リベートにかかる判断枠組みの形成 ……………… 57
　(1) 事案の概要 …………………………………………………………… 57
　(2) ECJの判断 …………………………………………………………… 58
　(3) 意義 …………………………………………………………………… 60

第2款　2003年の2つのCFI判決の波紋 ………………………………………… 61

1 Michelin Ⅱ：標準数量リベートへの拡大 ……………………………… 61
　(1) 事案の概要 …………………………………………………………… 61
　(2) CFIの判断 …………………………………………………………… 63
2 British Airways：参照期間の短い数量リベート ……………………… 66
　(1) 事案の概要 …………………………………………………………… 66
　(2) CFIの判断 …………………………………………………………… 67
　(3) ECJの判断 …………………………………………………………… 68

第3款　忠誠リベートに関する欧州の伝統的判例法理の整理 ……………… 69

1 忠誠リベートにおける濫用性評価の核心：顧客の供給源選択の
   自由に対する拘束性とそれに伴う市場構造への影響……………………… 69
 2 （狭義の）忠誠リベート、数量リベート区別論：それぞれに関する
   一般準則とその根拠……………………………………………………………… 70
   (1) 排他的購入義務と（狭義の）忠誠リベートに関する準則…………… 70
   (2) 数量リベートに関する準則とその根拠……………………………… 71
 3 数量リベートの拘束性の認定：重視される要素とその根拠……………… 72
 4 小括：判例批判………………………………………………………………… 73

第3章　忠誠リベートの経済学（反競争効果・競争促進効果のストーリー）：2000年代における議論の深化

 1 反競争効果①：排他的取引類似の排除効果（個々の顧客の転換コストの
   引上げを通しての競争者の排除・市場閉鎖）……………………………… 76
   (1) 分析の視点：遡及リベートの「吸引効果（suction effect）」………… 77
   (2) 個々の顧客の転換コストの人為的引上げ（個々の顧客に対する
       拘束性）………………………………………………………………… 79
   (3) 市場閉鎖：ライバル費用引上げ……………………………………… 84
   (4) 競争・消費者への悪影響：リベートによって消費者の状態は
       改善するか？…………………………………………………………… 85
 2 競争促進効果①：価格競争としての忠誠リベート………………………… 87
 3 反競争効果②：競争者の競争インセンティブの侵害（排除効果の補強）… 88
 4 その他の競争促進効果？……………………………………………………… 89
   (1) 二重限界化の解消……………………………………………………… 90
   (2) 小売業者のサービス提供や販売促進努力の誘引…………………… 92
   (3) 支配的企業による関係特殊投資の促進……………………………… 97
   (4) 固定費用の効率的回収………………………………………………… 97
 5 価格差別（非線形価格）としての忠誠リベート…………………………… 98
 6 小括……………………………………………………………………………… 100

第4章 欧州委員会による「効果ベース」アプローチへの転換とその実践、並びにその後の裁判例の展開

第1節 欧州委員会の「効果ベース」アプローチの登場と実践 …… 103
  1 Tomra：過渡期的事件 …… 103
    (1) 事案の概要 …… 103
    (2) GC判決 …… 104
    (3) ECJ判決 …… 107
    (4) 本件の意義 …… 107
  2 欧州委員会によるガイダンスペーパーの公表 …… 107
    (1) 総論的枠組み：「反競争的閉鎖」概念と消費者厚生への影響 …… 108
    (2) 「条件付きリベート」についての判断方法 …… 109
  3 Intel事件欧州委員会決定：「効果ベース」アプローチの実践 …… 113
    (1) 事案の概要 …… 114
    (2) 委員会の判断 …… 115
  4 小括：Intel決定の意義と欧州委員会ガイダンスの課題 …… 118
    (1) 伝統的判例法理とガイダンスの基準の相違 …… 118
    (2) 実効価格テストの方法と問題点 …… 118
    (3) 消費者・競争に対する害の内容 …… 119
    (4) まとめ …… 121
  5 補論：Veluxケースと増分リベート、累進リベートにおける実効価格テストの考え方（「段階平均価格」） …… 121
    (1) 事案及び委員会の判断の概要 …… 122
    (2) 遡及リベートであったとした場合に関する考察 …… 123
    (3) まとめ …… 124

第2節 欧州裁判所の最新動向と今後の展望 …… 126
  1 Intel事件第一審判決 …… 126
    (1) IntelがOEMらに対して実施した条件付きリベートの「濫用」該当性 …… 127
    (2) IntelがPC小売業者MSHに対して実施した条件付き資金提供の

	「濫用」該当性 ··· 135
	(3) 本件の状況の下での問題のリベートの競争制限能力に関する分析 （予備的評価） ·· 136
	(4) Intel 事件 GC 判決の意義 ··· 138
2	Post Danmark II 判決：標準数量目標型リベート ······················· 141
	(1) 事案の概要 ·· 141
	(2) 司法裁判所の判断 ··· 143
	(3) 本判決に対する見方 ·· 148
3	Intel 事件上訴審 Wahl 法務官意見 ·· 151
	(1) リベートの濫用性の判断枠組み（判例法の解釈） ······················· 153
	(2) 立証が必要な反競争効果の程度 ·· 156
	(3) 「事案の全ての状況」を検討する際に検討が必要となる考慮要素 ······ 158
	(4) まとめ ·· 160
4	Intel 事件司法裁判所判決 ··· 161
	(1) リベートに関する Intel の主張 ·· 161
	(2) リベートに関する司法裁判所の判断 ····································· 162
5	Intel 事件司法裁判所判決の意義と今後の展望 ······························ 166
	(1) （価格行為に関する）一般基準としての同等効率性基準 ··············· 166
	(2) リベートについての判断枠組みと考慮要素（一般論） ················· 167
	(3) 本件についての具体的検討部分 ·· 170
	(4) 小括、並びに今後の展望 ·· 175

第 5 章　米国法の動向：最近の下級審裁判例を中心に

第 1 節　適用法条と要件 ··· 179
(1) 問題となる各条項の一般的要件 ·· 179
(2) どの要件の問題か？ ··· 180
(3) 略奪的価格設定にかかる法理 ··· 181
(4) 排他的取引にかかる法理 ·· 182
(5) 小括 ·· 183

第 2 節　米国の裁判例の展開と傾向 ·· 184

第 1 款　ZF Meritor 判決（2012 年）以前の下級審裁判例の展開：多くの適法例 …… 185
 1　Barry Wright（第一巡回区、Breyer 判事）：数量値引き（適法） ………… 185
  (1)　事案の概要 …………………………………………………………… 185
  (2)　控訴裁判所の判断 …………………………………………………… 186
  (3)　意義 …………………………………………………………………… 187
 2　Virgin Atlantic v. British Airways 米国事件（第二巡回区）：
  数量値引き（適法） ……………………………………………………… 188
  (1)　事案の概要 …………………………………………………………… 188
  (2)　控訴裁判所の判断 …………………………………………………… 189
  (3)　意義 …………………………………………………………………… 190
 3　Concord Boat（第八巡回区）：占有率値引き（適法） ………………… 191
  (1)　事案の概要 …………………………………………………………… 191
  (2)　控訴裁判所の判断 …………………………………………………… 191
  (3)　意義 …………………………………………………………………… 193
 4　パルスオキシメーターにかかる 2 事件
  （Masimo, Allied Orthopedic（第九巡回区））の比較 ………………… 194
  (1)　事実関係 ……………………………………………………………… 194
  (2)　Masimo 判決（違法判断） …………………………………………… 196
  (3)　Allied Orthopedic 判決（適法判断） ………………………………… 196
  (4)　意義 …………………………………………………………………… 197
 5　米国の裁判例に関する中間まとめ ……………………………………… 198
  (1)　原告は何を主張するか？ …………………………………………… 199
  (2)　原告の（事実上の）排他的取引の主張に対する裁判所の対応 ……… 200
第 2 款　ZF Meritor 判決とその後の動向 ……………………………………… 202
 1　ZF Meritor（第三巡回区）：単一製品忠誠リベートの違法性判断における
  分析枠組み ………………………………………………………………… 203
  (1)　事案の概要 …………………………………………………………… 203
  (2)　控訴裁判所の判断 …………………………………………………… 204
 2　ZF Meritor 判決の意義と同判決の残した課題 ………………………… 207
  (1)　本判決と第 1 款で取り上げた適法先例との間の異同 …………… 207
  (2)　「排除の支配的なメカニズム」の判断方法 ………………………… 210

3 Eisai v. Sanofi 事件第一審判決と控訴審判決の比較：
  マストストックについての考え方·· 211
  (1) 事案の概要·· 211
  (2) 地方裁判所判決（2014）：「排除の支配的なメカニズム」は
    価格と認定·· 213
  (3) 第三巡回区控訴裁判所判決（2016）：適法、しかし合理の
    原則の下で判断··· 214
  (4) 検討：第一審判決と控訴審判決の比較····································· 217
 4 米国において、マストストック型の「吸引効果」に基づく拘束性を
  主張する余地はどの程度あるのか：Eisai 両判決の含意、並びに
  マストストックにおける存在と当為について·· 223
  (1) 問題の所在·· 223
  (2) マストストックの発生原因の関連性？　仮定的に同等に効率的な
    競争者であればマストストックそのものに対して
    対抗しうるかどうかの問題··· 225
  (3) Eisai 控訴審判決の含意と米国法において問題となりうる
    マストストックの範囲·· 230
 5 米国の判例法まとめ··· 233

第3節　行政当局の立場：FTCの規制を中心に
　　　（実体法上の問題と排除措置の設計）··· 235
 1 FTC 法5条と「不公正な競争方法」·· 236
 2 Intel 事件（2010年同意審決）·· 239
  (1) 審判開始決定書の概要·· 239
  (2) 同意審決における排除措置の内容·· 242
 3 McWane 事件（2014年最終審決）：排他的取引の実効性担保手段··········· 243
  (1) 事案の概要及び FTC の実体的な判断·· 243
  (2) 排除措置の内容··· 245
 4 FTC に関するまとめ：実体法上の問題と排除措置の設計······················· 247
  (1) 忠誠リベートに関する FTC の実体法上の考え方：
    Intel 事件と McWane 事件の事実関係と法適用の検討················· 247
  (2) 排除措置の設計：排除措置における忠誠リベートの禁止について······ 253

目次　xi

第 4 節　米国法まとめ……256
1　単一製品事案とバンドルリベート事案の区別……256
2　単一製品忠誠リベートをめぐる米国での議論の現状……258
　(1)　学説の状況……258
　(2)　理論上の要点……259

第 6 章　日本法への示唆

第 1 節　EU 法と米国法の異同に関する整理と検討……264
1　競争者排除型行為規制に関する総論的視点の収斂傾向と相違点……264
2　忠誠リベートの評価における欧州と米国の異同……265
　(1)　忠誠リベートの競争法上の評価基準に関する様々な立場の整理……265
　(2)　上記(1)の各立場の理論的根拠……268

第 2 節　日本法の下での考え方……274
1　忠誠リベート規制の理論的根拠……275
　(1)　忠誠リベートという行為の性質：排他的取引との類似性の根拠……275
　(2)　同等効率性基準の下で評価することが適切な行為類型か？……277
　(3)　排除効果並びに公正競争阻害性について……285
2　日本法の下での具体的な考慮事項……288

結語……293

事項索引……295

第1章

はじめに

1 問題の所在

　本書では、競争法[1]の主要な規制領域の1つである競争者排除型行為規制の目的と構造を探求するため、いわゆる忠誠リベートの競争法上の評価をめぐる問題に焦点を当てて検討を行う。

　本書で議論の対象とする「忠誠リベート」とは、事業者が、顧客に対して、自身からの購入比率（占有率）や購入数量が所定の閾値に到達することなどを条件としてリベートや値引き[2]を供与する行為を指す[3]。忠誠リベー

---

1) 本書では、日本の独占禁止法、米国の反トラスト法、EU機能条約の競争法条項に共通する関心領域を扱う法規を、「競争法」と総称する。

2) 「リベート」とは、一般的には、「仕切価格とは区別されて取引先に制度的に又は個別の取引ごとに支払われる金銭」を意味する（公正取引委員会「流通・取引慣行に関する独占禁止法上の指針」第1部第3の1(1)（平成3年7月11日、最終改訂平成29年6月16日）。以下、「流通・取引慣行ガイドライン」という。なお、流通・取引慣行ガイドラインは、平成29年6月に大幅な改正が行われた。本書に関連する部分については、実質的な面において大きな変更点はないものと考えられるが、改正前と比べて記述がより具体化された部分は多く、形式面は少なからず変わっている。もっとも、本書では、過去の議論の展開や変遷に焦点を当てる場合もあり、その際には、平成29年改正前の流通・取引慣行ガイドラインの記述に言及する必要が生じることもある。そこで、本書では、平成29年改正前の流通・取引慣行ガイドラインに特に言及する際には、「平成29年改正前の流通・取引慣行ガイドライン」といい、修飾語なしで単に「流通・取引慣行ガイドライン」という際には、平成29年改正後の流通・取引慣行ガイドラインの意味で用いる。）。リベートは、多様な目的で供与されその実態は様々であるが、本書では、値引きの一種としての「価格の一要素」（同）としての側面に焦点を合わせる。本書では、忠誠リベートをめぐる国内外の議論の通例に従い、「リベート」という語と「値引き」という語を特に区別せず、互換的に用いる。

3) 「忠誠リベート」という用語に関する詳細は本章3参照。なお、我が国では、かつて、流通系列化をめぐる一連の議論に際して、「忠誠度リベート」という語を「価格水準の維持、指定販売先の遵守、一定の販売方式の採用等、製造業者の販売政策に対する販売業者の忠誠の程度に応じて支給するリベート」と定義し、その独禁法上の評価を論じていた（独占禁止法研究会「流通系列化に関する独占禁止法上の取扱い」（昭和55年3月17日、ジュリ716号52頁所収）、流通問題研究会「独占禁止政策とリベート制度」公正取引383号23頁、24-25頁（1982年））。本書で議論の対象とする「忠誠リベート」は、この「忠誠度リベート」とは異なり、従来の議論では「占有率リベート」「累進リベート」等の括りで論じられていたものに対応する。

トとして分類可能な慣行は、取引社会に遍在する。卑近な例を挙げると、「2つ購入すればもうひとつ無料」といった類のありふれた販売方法[4]、あるいは、飲食店のポイントサービス[5]なども、その種の慣行の一種である。この種の行為が用いられる現実の事例の多くにおいて、深刻な懸念は生じないかもしれない。もっとも、市場において相当な力を有する事業者の場合、この行為を利用して競争者を排除し、競争を阻害することが可能である。そのため、この行為は、古くから、国内外において、競争法上の問題を生じさせてきた。

海外の古典的な例を挙げると、裁判所が極度に自由放任主義的なアプローチを採用したことで知られる19世紀末・ヴィクトリア時代の英国の*Mogul Steamship*事件において、既に、この行為の適法性が争われ、適法判断が示されていた[6]。他方、欧州の競争法に多大な影響を与えたとされるドイツのオルドーリベラリズムの下で、この行為が敵視されていたことも知られている（後記第2章）。我が国では、周知のように、流通系列化をめぐる議論の中でこの行為に対する懸念が示されてきた[7]。そして、この行為を競争法上どのように評価するべきかという決して新しくない問題は、2000年代に入り、国内外で改めて脚光を浴びるようになった[8]。

2000年代に忠誠リベートの問題が注目を集めるようになったのは、反競争的な排除とは何かをめぐる議論が活発化したことと関連している。競争者の排除は、事業者らが通常の事業活動を行う過程で日常的に発生する。

---

4) Giulio Federico, *When Are Rebates Exclusionary?*, 26 (9) E.C.L.R. 477, 478 (2005).
5) See David Spector, *Loyalty Rebates : An Assessment of Competition Concerns and a Proposed Structured Rule of Reason*, 1 (2) Competition Pol'y Int'l 89, 92 (2005).
6) *Mogul Steamship Co. v. McGregor, Gow & Co.*, [1892] A.C. 25, [1891-1894] All E.R. Rep. 263.
7) 前掲注3）の文献における占有率リベート等をめぐる議論を参照。専売店制の実効性担保手段として行われたリベートが違法とされた初期の事例として、第二次大正製薬事件・勧告審決昭和30年12月10日審決集7巻99頁。
8) OECDの競争政策に関するRoundtableでは、2000年代に、この行為が2度取り上げられた。See OECD Roundtable on Loyalty and Fidelity Discounts and Rebates : DAFFE/COMP 21 (2002); OECD Roundtable on Bundled and Loyalty Discounts and Rebates : DAF/COMP 29 (2008).

例えば、ある事業者が良質廉価な商品の製造に成功した結果、競争者を駆逐したとしても、そのような行為は、非難されるものではない。正常な事業活動の過程での排除と、そうでないものとの区別が求められる。競争法の排除行為規制における「悪しき行為」要件——妥当な行為と妥当でない行為の識別の必要性——の問題である[9]。この問題は、日米欧の競争法に共通の土台を有する問題であり[10]、その識別基準をめぐって、2000年代以降、各国で活発な議論が交わされてきた[11]。

忠誠リベートという行為は、値引き行為の一種としての側面と、顧客に対して競合品の取扱いを制限する排他的取引に類する行為としての側面とを併有する。値引き行為は、競争法が促進するべき競争的な行為そのものなので、費用割れでない限り、原則として競争手段としての不当性を認められてこなかった[12]。他方、排他的取引は、契約期間中の顧客の取引先選択の自由や事業活動に対する拘束を含むため、少なくとも排除効果が生じている場合には、（正当な理由がない限り）競争手段としての不当性ありと考えられてきた。そのため、その両者の境界に位置する忠誠リベートの不当性をどのように評価するべきかという問題は、競争法における難問の1つとされ、比較法的に見ても各国の取扱いは分かれている。

日米欧各々の取扱いを概観すると、まず、我が国では、事業者が競争者を排除して市場での競争に悪影響をもたらす行為は、私的独占（独占禁止法（以下、「法」という。）2条5項）や不公正な取引方法（法2条9項各号、一般指定各項）として規制対象となりうる。（不当な）廉売行為と排他的取引は、その代表的な2つの類型である。我が国の規制当局である公正取引委

---

9) しばしば、問題の行為が「人為性」を有するかどうか、あるいは、「能率競争」や「通常の競争」から逸脱するものであるかどうかといった問題設定の下で議論される。日本法における具体的な解釈論との関係については、後記4。

10) 議論の整理として、川濵昇「競争者排除型行為規制の理論的根拠——不公正な取引方法を中心に」公正取引671号9頁（2006年）参照。欧米の議論につき、EINER ELHAUGE & DAMIEN GERADIN, GLOBAL COMPETITION LAW AND ECONOMICS 271, 344-346 (2d ed. 2011) 参照。

11) See OECD Roundtable on Competition on the Merits：DAF/COMP 27 (2005).

12) この原則的理解は日米欧に共通するが、例外に関する理解（特に差別的低価格のケース）は必ずしも一致しない。

員会(以下、「公取委」という。)は、従来、忠誠リベートを、排他的取引類似の側面に注目して規制してきた[13)](後記4参照)。これに対して、特に2005年のインテル事件以降、値引き行為としての競争的な側面を考慮する必要性がないのか、問題提起がなされている[14)]。次に、海外の例では、欧州と米国の裁判所が正反対のアプローチを採用してきたことが知られている。欧州では、伝統的に、排他的取引類似の側面を重視して、市場支配的事業者による忠誠リベートに対する極めて厳格な規制が行われてきた。これに対して、値引き行為としての側面を考慮しなくてよいのかという批判の高まりを受け、2000年代に入り、規制当局である欧州委員会を中心に、従来の規制態度を見直す動きも進行している。他方、米国の裁判所は、値引きの側面を重視してこの行為の規制に抑制的である。特に2000年代以降、欧州・米国双方で活発な議論が行われているが、議論は未だ収斂していない。

　忠誠リベートについてのあるべき競争法上の評価基準を考察するに当たっては、この行為の反競争効果と競争促進効果とを経済学の知見に基づいて的確に把握した上で、競争者排除型行為規制の関連する各条項の要件論の下でどのように評価されるべきかを検討しなければならないが、我が国では、この行為に関する包括的な研究は、これまで十分には行われてこなかった。この種の行為が企業社会において頻繁に用いられていることに鑑みると、その競争上の効果を適切に整理し、それに見合う競争法上の評価基準を確立することは、重要な課題である。さらに、忠誠リベートについて考察する意義は、単に1つの行為類型にかかる各論的な考察にとどまるものではない。この行為をめぐる各国の取扱いの相違には、競争者排除

---

13) 山口県経済連事件・勧告審決平成9年8月6日審決集44巻248頁、インテル事件・勧告審決平成17年4月13日審決集52巻341頁参照。
14) 岸井大太郎ほか・座談会「最近の独占禁止法違反事件をめぐって」公正取引656号12-13頁(根岸哲発言)(2005年)、平林英勝「最近の競争者排除型私的独占事件審決の検討——競争の保護と能率競争の範囲」判タ1208号49頁(2006年)、野木村忠邦「支配的事業者による忠誠リベート提供の排除行為該当性——インテル㈱に対する私的独占事件」ジュリ1314号143頁(2006年)、栗田誠「平成17年度独禁法審決・判例研究(下)」NBL840号34頁(2006年)参照。

型行為規制の目的や反競争効果の内容、あるいは、参入障壁や経済的自由など、競争法にまつわる基本的な事柄に関する理解の相違も作用してきた。それゆえ、この行為について比較法的な分析を行うことは、競争者排除型行為規制の目的と構造そのものを問い直す意義も有するものである。

2 本書の構成と議論の対象の限定

　以上の問題を検討するため、本書では、欧州と米国の議論を参照して比較法的な考察を行う。上記のように、欧州と米国との間では、忠誠リベートに対する規制態度の相違を指摘されてきた。忠誠リベートについて考察する際には、欧州と米国という世界で特に重要性の大きい2つの競争法の相違とその根拠を分析した上で、我が国の要件論との異同も踏まえて整理することが、有益である。

　本書の構成は、以下のとおりである。まず、本章の残部において、議論全体の準備作業として、用語及び日本法の解釈論の現状を整理する。その後、第2章から第5章において、欧州と米国の議論を概ね時系列に沿って整理する。すなわち、まず、第2章において、忠誠リベートを規制対象に含む欧州連合機能条約（The Treaty on the Functioning of the European Union, 以下、"TFEU"という。）102条（市場支配的地位の濫用）の要件[15]と、同条の下での忠誠リベートの扱いに関する欧州の伝統的判例法理を整理する。次いで、第3章において、欧州と米国で2000年代に展開された忠誠リベートに関する経済学的な議論を検討する。その後、第4章では、前半で、第3章の議論を踏まえて欧州委員会が2000年代後半に採用した新しいアプローチとその問題点を整理し、後半で、欧州委員会が新しいアプローチへと舵を切った後に登場した最新のいくつかの裁判例を検討する。そして、第5章において、米国の動向を最近の下級審裁判例を中心に分析する。最後に、第6

---

15) シャーマン法2条を中心とする米国の排除行為規制の要件論については多くの先行研究が存在するが、対照的に、欧州の102条規制の伝統的要件論は、ドイツのオルドーリベラリズムの影響もあって米国とは独自の進化を遂げてきたものであるところ、この点も踏まえた分析は、我が国において十分になされてきたようには思われない。それゆえ、第2章では、102条の要件論についてある程度踏み込んで整理する。

章において、欧州と米国の異同を整理した上で、日本法への示唆を行う。

なお、本書では、議論の対象にいくつかの限定を付する。

第一に、売手段階の市場での悪影響（primary-line injury）の問題に限定する。忠誠リベートは、リベートを供与される相手方の市場での競争への悪影響の観点から、買手段階の差別的取扱い（secondary-line injury）として問題となることもあるが[16]、本書では、後者の問題の詳細には立ち入らない。

第二に、忠誠リベートは、広義では、単一製品市場内部で行われる単一製品リベートと、複数製品を組み合わせて行われるいわゆるバンドルリベートの双方を含むところ、しばしば両者を区別した議論が行われ、現に米国の下級審レベルでは単一製品忠誠リベートの事案とバンドルリベートの事案との間で別個の法理が形成されつつあるが（後記第5章参照）、本書では、見解の対立が最も先鋭な単一製品忠誠リベートの問題に焦点を合わせ、バンドルリベートについては最小限の言及にとどめる[17]。

3 「忠誠リベート」の意義（用語の整理）

以下、忠誠リベートに関連する様々な用語の意味と本書での用法を整理する。関連する多くの用語は、講学上も必ずしも一貫した意味で使われているとは限らない上、とりわけ欧州の判例法において独自の定義を与えられている場合もあり、注意が必要である。

以下、(1)で「忠誠リベート」という用語の意味を、(2)で大枠では「忠誠リベート」に当たる行為のうちのいくつかの典型的な類型を確認し、(3)で欧州裁判所や欧州委員会ガイダンス、日本の排除型私的独占ガイドライン

---

[16] リベートを供与される相手方の市場において、リベートの条件を満たしてリベートを獲得できる事業者が有利になり、リベートの条件を満たさずリベートを獲得できない事業者が不利になり、彼らの間での競争が歪められうるという問題である。特に欧州では、TFEU102条(c)項の下で、この観点からの規制例も少なくない。後記第2章参照。

[17] バンドルリベートの競争法上の問題に関し、公正取引委員会競争政策研究センター　バンドル・ディスカウントに関する検討会「バンドル・ディスカウントに関する独占禁止法上の論点」(2016年) 参照。拙稿「公益事業分野におけるセット割販売と独占禁止法の規制」武田邦宣＝友岡史仁『エネルギー産業の法・政策・実務』（弘文堂、近刊）も参照。

で用いられるいくつかの用語の対応関係を整理しておく[18]。

(1) 「忠誠リベート」(fidelity rebates, loyalty rebates) の 2 つの用法（講学上の広い用法と欧州判例法の狭い定義）

「忠誠リベート」という語は、海外の用例では[19]、講学上の広い用法と欧州判例法上の狭い定義とが分離している。講学上、この用語は、本書冒頭で記載したように、顧客が所定の購入占有率閾値や購入数量閾値を達成することに条件付けて供与されるリベートを広く含めて用いられることが多い[20]。他方、欧州判例法の下では、「忠誠リベート」という語は、「必要量の全て又は大部分を当該支配的事業者から入手することを条件とする」リベートに限定して定義されている[21]。

「忠誠リベート」にかかる欧州判例法の定義は、所定の閾値の達成を条件とするリベートのうち、「必要量の全て又は大部分」の購入を条件とするリベートに限定されている点で、講学上の用法よりも範囲が狭い（後記(3)も参照）[22]。以下、本書では、欧州判例法の狭い定義と講学上の広い言及とを区別するため、前者の狭い定義に特に言及する際には、「（狭義の）忠誠リ

---

18) 特に欧州では、以前から一見するだけでは意味内容を把握するのが難しい数多くの用語が存在したが、2014 年の *Intel* 事件第一審判決（Case T-286/09 *Intel Corp. v. Commission*, EU：T：2014：547. 拙稿「EU の Intel 事件一般裁判所判決——忠誠リベート、域外適用」公正取引 773 号 66 頁（2015 年）参照。）においてさらにいくつもの新しい用語が使われたため、様々な用語の意味や相互関係を把握するのがより困難化している。なお、第 4 章第 2 節で述べるように、*Intel* 事件第一審判決は司法裁判所によって破棄されたが、欧州における議論の変遷を理解する上で、用語を整理しておくことは便宜であろう。

19) 国内の用例でも、最近では、インテル事件のようなスキームを指して「忠誠リベート」と呼ぶことが多く、海外の講学上の用法に近い使われ方をしている。前掲注3)も参照。

20) E.g., Gianluca Faella, *The Antitrust Assessment of Loyalty Discounts and Rebates*, 4 J. Competition L. & Econ. 375（2008）；Hans Zenger, *Loyalty Rebates and The Competitive Process*, 8 J. Competition L. & Econ. 717, 718（2012）. なお、講学上、常にこの意味で用いられているわけではない。

21) Case 85/76 *Hoffmann-La Roche v. Commission*〔1979〕ECR 461, para 89.

22) 欧州の判例法の詳細は、次章を参照。欧州では、判例法の狭い「忠誠リベート」の定義には該当しないリベートスキームも頻繁に違法認定を受けており、講学上は、それらも全て含めて「忠誠リベート」として言及される。

ベート」と記載する。他方、単に「忠誠リベート」というときには、基本的には、上記講学上の忠誠リベートの意味で用いる。

(2) **忠誠リベートの諸分類**[23]

ア 顧客に求められる購買行動の内容による種別

「占有率リベート」(market-share rebates) とは、ある事業者が、相手方に対し、購入量（購入額の場合も含む、以下同じ[24]）全体に占める当該事業者からの購入量の割合が一定期間において一定の閾値以上に達することを条件として供与されるリベートである[25]。

「数量リベート」(volume rebates, quantity rebates) という語は、必ずしも一貫した意味で使われているわけではないが、本書では、ある事業者が、相手方に対し、当該事業者からの購入量が一定期間において一定の閾値以上に達することを条件として供与されるリベートの意味で用いる[26]。（なお、欧州判例法において「数量リベート」という語も独自の意味を与えられることがあるが、これについては後記(3)参照。）

イ リベートの算定の基礎に算入される購入部分の相違による種別[27]

「遡及リベート」(retroactive rebates) とは、リベート供与の条件となる占有率又は購入数量閾値を実際の占有率又は購入数量が上回った際、閾値を上回る購入部分だけでなく期間中の購入全体に対して供与されるリベート

---

23) 以下のア～ウの分類は、国内外で概ね同じである。なお、リベートに関する用語の整理に関し、伊永大輔「排他的リベートによる『市場支配的地位の濫用』の新展開——EU競争法における効果重視の分析アプローチをめぐる法理論」修道法学39巻2号59頁、61頁以下（2017年）も参照。

24) なお、顧客が当該製品の再販売業者の場合には、当該製品の再販売における販売数量や売上高が基準とされることもある。本書でいう「購入量」には、そのような場合も含める。

25) 公正取引委員会「排除型私的独占に係る独占禁止法上の指針」（平成21年10月28日、以下、「排除型私的独占ガイドライン」という。）第2の3(3)第二段第一文後段参照。

26) 排除型私的独占ガイドライン第2の3(3)第二段第一文前段参照。

27) 排除型私的独占ガイドライン第2の3(3)エ、European Commission, Guidance on the Commission's Enforcement Priorities in Applying Article 82 of the EC Treaty to Abusive Exclusionary Conduct by Dominant Undertakings [2009] OJ C 45/2, para. 37（以下、"GP"という。）参照。

である。

「増分リベート」(incremental rebates)とは、前記の際、閾値を上回る購入部分に対してのみ供与されるリベートである[28]。

ウ　数量リベートにおける顧客ごとのスキームの同一性の有無による種別[29]

「個別（individualized）」リベートとは、リベート供与の条件となる購入数量閾値が顧客ごとに別々に設定されているスキームである。

「標準（standardized）」リベートとは、リベート供与の条件となる購入数量閾値が全顧客に対して同一に設定されているスキームである。

なお、標準リベートという概念は、数量リベート特有のものであり、占有率リベートについては妥当しない。なぜなら、占有率リベートの場合、仮に全顧客に対して同一の占有率閾値が設けられたとしても、各顧客が必要とする購入数量はそれぞれ異なるので、数量換算すると、閾値到達に必要な購入数量は顧客ごとに個別化されるからである。

(3)　その他の様々な用語の対応関係と注意点

以上で整理した他にも、欧州委員会ガイダンスでは「条件付きリベート」という用語が、我が国の排除型私的独占ガイドラインでは「排他的リベート」という用語が登場する。さらに、2014年の欧州の *Intel* 事件第一審判決では、「排他条件付きリベート（exclusivity rebates）」[30]「第一のカテゴリのリ

---

28)　例えば、ある製品 P のメーカー X が、顧客 A に対し、P のリスト価格を 1 万円/個に設定しつつ、「所定の期間内に P を X から 100 個以上購入すれば、1 個当たり 5％のリベートを提供する」と約束したとしよう。そして、顧客 A が、期間内に、閾値数量の 100 個を上回り、120 個購入したとしよう。X のこのスキームが仮に遡及リベートであった場合には、期間中の A の全購入数量（120 個）に対してリベートが適用され、A が獲得できるリベート総額は、6 万円〔＝ 500 円（1 万円×5％）× 120 個〕となる。要するに、閾値数量を達成することで、閾値数量を下回る購入部分にも「遡る」形でリベートが適用されるので、「遡及リベート」と呼ばれる。閾値を達成するかどうかで「全か無か」の状況に置かれることとなる、落差の激しいスキームである。これに対して、X のこのスキームが仮に増分リベートであった場合には、目標数量（100 個）を上回る購入部分（20 個）に対してのみリベートが適用され、A が獲得できるリベート総額は、1 万円〔＝ 500 円（1 万円×5％）× 20 個（120 個－100 個）〕となる。

29)　排除型私的独占ガイドライン第 2 の 3(3)イ、GP, para. 45 参照。

ベート」「第二のカテゴリのリベート」「第三のカテゴリのリベート」といった用語まで登場した。以下、これらの用語と上記(1)(2)の用語との対応関係を整理しておく。

ア 「(講学上の)忠誠リベート」に代わりうるその他の上位概念

まず、上記(1)(2)で紹介した用語の中では、(講学上の)「忠誠リベート」が、占有率リベートと数量リベートの双方を含む上位概念である。2009年の欧州委員会ガイダンスでは「条件付きリベート（conditional rebates）」という語が用いられているが、ガイダンスのいう「条件付きリベート」は、その対象として、概ね、上記(1)で定義した(講学上の)「忠誠リベート」に相当すると思われる[31]。また、日本の排除型私的独占ガイドラインでは「排他的リベート」という概念が導入されたが、これは、上記(講学上の)「忠誠リベート」のうち、法的評価の結果として競争品の取扱いを制限する効果を有することが認められるものということになろう[32]。

イ 欧州裁判所が用いてきたいくつかの用語の対応関係

上記(1)で述べたように、欧州裁判所は「忠誠リベート」という用語を厳格に定義しているが（本書でいう「(狭義の)忠誠リベート」）、2014年の *Intel*

---

30) 後述するように、*Intel* 事件第一審判決のいう "exclusivity rebates" は、日本の排除型私的独占ガイドラインにおける「排他的リベート」とは定義が異なるため（後記アイ参照）、本書では、「排他的リベート」という訳を当てるのは避け、同判決の "exclusivity rebates" をもって「排他条件付きリベート」と訳出する。なお、筆者の前稿「競争者排除型行為規制の目的と構造——忠誠リベート規制をめぐる欧州の変遷と米欧の相違を手がかりに(1)」論叢 175 巻 1 号 85 頁、90 頁（2014 年）では、(2)アの中で、"rebates in return for exclusivity" =「顧客が排他性を維持すること（すなわち全量購入）を条件として供与されるリベート」という概念も独自に取り上げ、これに「排他条件付きリベート」という語を当てていたが（なお、同注 21 で述べたように、これは占有率リベートの特殊類型（占有率 100％）にすぎない）、これは、本書で言う「排他条件付きリベート」= *Intel* 第一審判決のいう "exclusivity rebates" とは異なる。

31) 「条件付きリベートとは、特定の形式の購買行動を奨励するために顧客らに供与されるリベートである。条件付きリベートの一般的な性質は、所定の参照期間中の購入が一定の閾値を超えた場合にリベートを供与されるというものである……。」GP, para. 37.

32) 排除型私的独占ガイドライン第 2 の 3(3)は、「相手方に対し、自己の商品をどの程度取り扱っているか等を条件とすることにより、競争品の取扱いを制限する効果を有するリベートを供与する行為」を「排他的リベートの供与」と定義する。

事件第一審判決において、いくつかの言い換えも行われた。同判決では、上記「(狭義の) 忠誠リベート」の言い換えとして、「第二のカテゴリのリベート」「排他条件付きリベート (exclusivity rebates)」「*Hoffmann-La Rocche* 判決の意味での忠誠リベート」といった用語も用いられている[33]。これらは全て同じ意味である。欧州判例法における「(狭義の) 忠誠リベート」の対象範囲として想定されているのは、基本的には占有率リベート (高割合のもの)[34]である (詳細は第2章参照)。

　次に、「数量リベート」という用語につき、本書での用法としては、上記(2)アのとおり、購入数量閾値の達成を条件とする数量目標型のリベートスキーム全般として定義した。もっとも、欧州の裁判例では、この「数量リベート」についても、「購入数量のみにリンクする数量リベート」と、それ以外の数量目標型のリベートとに区別されることがある。前者の「購入数量のみにリンクする数量リベート」は、*Intel* 事件第一審判決では、「第一のカテゴリのリベート」とも呼ばれたが、EU 競争法上適法なリベートスキームの含意である[35]。おそらく、増分リベートと、(本書での「数量リベート」の定義からは外れるが) 何ら閾値を設けることなく購入一単位当たりいくらという形で画一的に適用されるリベートを含むものと思われる。これに対して、数量目標型のリベートスキームのうち、「購入数量のみにリンクする数量リベート」とは言えず、「忠誠心的誘引的な効果」「忠誠心構築的な効果」を有するリベートスキームが、欧州ではしばしば問題とされてきた (後記第2章第2節参照)。*Intel* 事件第一審判決は、そのタイプのリベートを「第三のカテゴリのリベート」と呼んでいる[36]。この文脈において、しばしば、

---

33) 後記第4章第2節1参照。
34) 少なくとも占有率閾値が80%に達しているような場合にはこれに当たるようである。なお、数量閾値型のスキームにおいて、顧客の必要数量を予測して数量閾値を顧客の予測必要数量ぎりぎりに設定されているような場合に、「(狭義の) 忠誠リベート」に当たるのかどうかは定かでない (後記第4章の *Tomra* 事件参照)。なお、前掲注22) で述べたように、「(狭義の) 忠誠リベート」に当たらなかったとしても違法にならないわけではない。
35) 後記第2章第2節参照。
36) 後記第4章第2節1参照。

上記「遡及リベート」が問題となってきた。

4　日本法の要件と解釈論の現状

既に述べたように、忠誠リベートは、排他条件付取引と値引き行為との境界に位置する行為である。我が国では、排他条件付取引を含む相手方の事業活動を不当に拘束する行為（2条9項6号ニ参照、以下、「拘束条件型行為」という。）と不当廉売などの不当対価型行為（2条9項6号ロ参照）との間で、異なる基本的視点が提示されてきた。以下、(1)で両者の基本的視点の相違を指摘した後、(2)以降で、問題となる各条項の一般的要件と忠誠リベートへの適用上の問題点を述べる。

(1)　拘束条件型行為と不当対価型行為に関する基本的視点の相違
ア　拘束条件型行為

拘束条件型の行為に関しては、最高裁のいくつかの判示が示唆を与えている。

最高裁は、かつて、「公正な競争を促進する見地からすれば、取引の対価や取引先の選択等は、当該取引事業者において経済効率を考慮し自由な判断によって個別的に決定すべきものである」と述べた[37]。そして、拘束条件付取引が規制される根拠について、最高裁は、「相手方の事業活動を拘束する条件を付けて取引すること、とりわけ、事業者が自己の取引とは直接関係のない相手方と第三者との取引について、競争に直接影響を及ぼすような拘束を加えることは、相手方が良質廉価な商品・役務を提供するという形で行われるべき競争を人為的に妨げる側面を有している」と述べていた[38]。

以上の判示は、再販売価格や販売方法の拘束に関する事件においてなされたものであるが、その基本的な視点（事業活動を拘束する点に人為性の契機ないし徴表を見出すこと[39]）は、拘束条件付取引の一形態である排他条件付取引にも当てはまると解される[40]。もちろん、相手方の事業活動を拘束

---

[37]　第一次育児用粉ミルク（和光堂）事件・最判昭和50年7月10日民集29巻6号888頁。
[38]　資生堂東京販売事件・最判平成10年12月18日民集52巻9号1866頁。

する条件を課すること自体が直ちに悪いわけではないが、排他条件付取引のケースでは、少なくとも排除効果が生じている限り、人為性の存否が改めて問題となることは少ない[41]。

イ　不当対価型行為

これに対して、不当対価型行為の文脈では、価格競争の意義が強調されてきた。

最高裁も公取委も、「企業努力による価格引下げ競争は、本来、競争政策が維持・促進しようとする能率競争の中核をなすもの」であることを強調し、公取委は、「価格引下げ競争に対する介入は最小限にとどめられるべきである」としてきた[42]。最高裁や公取委は、価格競争が「能率競争の中核」であるとしてその正当性を強調するが（これは、正当な値引き行為によって非効率な競争者が排除されるのはやむを得ないことも含意しうる[43]）、値引き行為の規制に抑制的であるべきことの追加的な論拠として、しばしば、萎縮効果の問題も指摘されてきた[44]。すなわち、費用割れでない値引き行為による競争者の排除の結果、市場支配力が形成・維持・強化されて競争が害されることは理論的にありうるが[45]、その識別は容易ではない。それゆえ、広範な規制の余地を残した場合、いわゆる偽陽性の危険[46]から事業者

---

39)　なお、私的独占規制の文脈では、排他的取引の人為性は、いわゆるライバル費用引上げ（RRC）理論によって説明されている。事業活動の拘束性とRRC理論との関係については、後掲注92）と対応する本文参照。

40)　金井貴嗣ほか編『独占禁止法（第5版）』322頁〔金井〕（弘文堂、2015年）、菅久修一著『独占禁止法（第2版）』146-147頁〔伊永大輔〕（商事法務、2015年）、土田和博ほか『条文から学ぶ独占禁止法』205頁〔東條吉純〕（有斐閣、2014年）参照。

41)　川濵昇「市場秩序法としての独禁法(3)」民商139巻6号1頁、20-21頁（2009年）、長澤哲也「単独かつ一方的な取引拒絶における競争手段不当性」伊藤眞ほか編『石川正先生古稀記念論文集　経済社会と法の役割』459頁、463-464頁（商事法務、2013年）参照。

42)　芝浦と畜場事件・最判平成元年12月14日民集43巻12号2078頁、排除型私的独占ガイドライン第2の2(1)、「不当廉売に関する独占禁止法上の考え方」2（平成21年12月18日公正取引委員会）参照。

43)　根岸哲編『注釈独占禁止法』390頁〔中川寛子〕（有斐閣、2009年）、白石忠志『独禁法講義（第7版）』142頁（有斐閣、2014年）参照。

44)　根岸編・前掲注43）390-391頁、白石・前掲注43）141頁参照。

に対する萎縮効果を招き、正当な価格競争が過剰に抑止されるおそれがある。

いずれにせよ、値引き行為の規制に対しては抑制的であるべきことが強調され、その規制基準として、(法文上は費用割れが要件でない場合でさえ)しばしば、費用基準が持ち出される。費用基準は、①それを満たす場合には、自己の効率性を反映しない行為であり、また、採算を度外視した不合理な行為として、能率競争からの逸脱の根拠となりうるし[47]、②行為者に予見可能性を与えることによって萎縮効果の弊害を最小化するという機能も果たすものでもある[48]。

ウ 小括

以上のように、拘束条件型行為と不当対価型行為とでは、その前提評価において顕著な違いがある。以上の理解を前提とすると、忠誠リベートのケースも、排他条件付取引類似の側面と値引き行為の側面のどちらをより重視するかによって、基本的な扱いに差が生じうる。この点に関し、公取委は、いくつかの先例において、占有率リベートを排他条件付取引に準じて扱ってきた。したがって、以下、排他条件付取引(拘束条件付取引)、排除型私的独占の各条項に焦点を絞り[49]、それぞれの一般的要件に即して、忠

---

45) 金井ほか編・前掲注40) 315頁注13〔川濱昇〕参照。なお、非効率な競争者の排除によって市場支配力が形成・維持・強化される場合、消費者厚生は害される。ただし、非効率な生産が排除されるので、社会的厚生の増減は場合による。川濱・前掲注41) 15-16頁参照。

46) 競争上の悪影響のない行為を悪影響のある行為として誤って判定してしまうこと。

47) 前掲芝浦と畜場事件(「原価を著しく下回る対価で継続して商品又は役務の供給を行うことは、企業努力又は正常な競争過程を反映せず、競争事業者の事業活動を困難にさせるなど公正な競争秩序に悪影響を及ぼすおそれが多いとみられる」)も参照。廉売が不当とされる根拠と費用基準の根拠につき、金井ほか編・前掲注40) 301頁以下、川濱昇「不当廉売規制における費用基準とその論拠」川濱昇ほか編『根岸哲先生古稀祝賀 競争法の理論と課題』209頁(有斐閣、2013年)参照。

48) 白石・前掲注43) 141頁参照。

49) 適用可能性のある他の条項として、法2条9項2号・3号や一般指定3項・4項・6項なども考えられるが、日本法も含め、比較法的に見ても拘束性の有無が最大の問題となってきたことに鑑み、以下、不公正な取引方法の文脈では、一般指定11項・12項の適用上の問題点に焦点を合わせる。

誠リベートにおける適用上の問題点を明らかにする[50]。なお、不公正な取引方法として一般指定11項等で問題となる場合と、排除型私的独占で問題となる場合との間で、問題点の実質が大きく異なるわけではないが、それぞれの要件に即して検討することが便宜であるから、以下、(2)と(3)とでそれぞれについての検討を行う。

(2) 排他条件付取引（拘束条件付取引）の要件と忠誠リベートへの適用上の問題点

ア　一般的要件

(ｱ)　行為要件：拘束性要件

一般指定11項と12項の行為要件、「条件として」（11項）、「拘束する条件を付けて」（12項）（以下、「拘束性要件」という。）は、「必ずしもその取引条件に従うことが契約上の義務として定められていることを要せず、それに従わない場合に経済上何らかの不利益を伴うことにより現実にその実効性が確保されていれば」満たされる[51]。流通・取引慣行ガイドラインは、「何らかの人為的手段」によって行為の実効性が確保されていればこの要件は満たされるとしている[52]。

(ｲ)　公正競争阻害性（「不当に」）

独占禁止法初期の事例では、排他条件付取引の公正競争阻害性は、競争手段の不公正さ（行為者が参入阻止や参入者の締め出しをねらって併売店を専売店に変更することを強要したこと、すなわち専売店への転換過程における手段の不当性）に見出されていたと解されている[53][54]。

---

50)　以下では、忠誠リベートの値引きの一種としての側面は、それらの条項の適用に際してどのように考慮されるべきかという観点から考察する。
51)　和光堂事件・前掲注37）、田中寿編『不公正な取引方法──新一般指定の解説』71頁（別冊NBLNo9）、金井ほか編・前掲注40）323頁参照。
52)　流通・取引慣行ガイドライン第1部第2の1(2)参照。
53)　根岸編・前掲注43）444-445頁〔泉水文雄〕、今村成和ほか編『注解経済法(上)』226頁〔稗貫俊文〕（青林書院、1985年）、厚谷襄児ほか編『条解独占禁止法』178-179頁〔内田耕作〕（弘文堂、1997年）参照。なお、内田・前掲は、通説を本文のように理解しつつ、手段の不当性を問題とした背景として、有力事業者が多数の併売店に対して実施した場合、流通経路が閉鎖的な状態に置かれるおそれが生じるという判断が暗黙裡に存在していたと指摘する。

もっとも、その後、排他条件付取引の公正競争阻害性は、流通経路が閉鎖的な状態に置かれるという市場閉鎖効果[55]に着目する自由競争減殺の観点で捉えられるようになり[56]、東洋精米機事件[57]の後に出された（当時の）流通・取引慣行ガイドラインは、市場における有力なメーカーによって行われ、「競争者の取引の機会が減少し、他に代わり得る取引先を容易に見いだすことができなくなるおそれがある場合」に不公正な取引方法に該当するとしていた[58]。

　排他条件付取引の公正競争阻害性が認められるためには、競争者が完全に締め出されるおそれのあることまでは必要ない。閉鎖が実質的な水準に達し、規模の経済の達成や効率的な流通手段へのアクセスなどを妨げられて競争者にとっての市場での競争費用が引き上げられるおそれのあるような状況があれば、公正競争阻害性は認められると解されてきた[59]。以上のような議論の展開を踏まえて、平成29年改正流通・取引慣行ガイドラインは、排他条件付取引などの競争品取扱い制限行為に関する考え方を、より

---

54)　なお、排他条件付取引の競争阻害性を、価格や品質を中心とする能率競争の観点から見た競争手段の不公正さに見出すという発想そのものは、ドイツのオルドーリベラリズムや「業績競争（*Leistungswettbewerb*）」概念の影響を受けてきたとしばしば指摘されるEUの伝統的判例法理における支配的事業者による排他的取引や忠誠リベートに対する規制原理と親和的に理解しうる部分もある。後記第2章、第4章第2節、第6章第1節2(2)イ、同章第2節1(3)参照。

55)　「閉鎖（foreclosure）」という語は、競争法において多義的に使われる。まず、排他条件付取引の公正競争阻害性の文脈で、以下の本文で述べる状況が、「市場閉鎖」「市場閉鎖効果」と呼ばれてきた（根岸編・前掲注43）449頁〔泉水文雄〕参照。「閉鎖」という語の最も一般的な用法であろう。なお、平成29年改正流通・取引慣行ガイドラインにおける「市場閉鎖効果」の定義は、以下の本文を参照。）。次に、「市場閉鎖」の前段階として、排他条件付取引の行為要件レベルにおいて、個々の顧客との関係で排他条件付取引が実効性をもって成立したことをもって、個々の顧客が（競争者から）「閉鎖」されたと言われることがある。さらに、欧州委員会のGPに見られるように、「市場閉鎖」を超えて市場支配力の形成・維持・強化や消費者厚生への害など反競争効果一般の意味で「閉鎖」という語が使われることもある。

56)　根岸編・前掲注43）445-447頁参照。

57)　東京高判昭和59年2月17日行集35巻2号144頁。

58)　平成29年改正前の流通・取引慣行ガイドライン第1部第四の2。同第2部第二の2も参照。

59)　根岸編・前掲注43）450頁参照。

充実させるに至った[60]。すなわち、平成29年改正流通・取引慣行ガイドラインは、「市場閉鎖効果」という用語に明示的に言及し、「『市場閉鎖効果が生じる場合』とは、非価格制限行為により、新規参入者や既存の競争者にとって、代替的な取引先を容易に確保することができなくなり、事業活動に要する費用が引き上げられる、新規参入や新商品開発等の意欲が損なわれるといった、新規参入者や既存の競争者が排除される又はこれらの取引機会が減少するような状態をもたらすおそれが生じる場合をいう。」とした上[61]、市場における有力な事業者が競争品取扱い制限行為を行うことにより、「市場閉鎖効果が生じる場合には、当該行為は不公正な取引方法に該当し、違法となる」としている[62]。

なお、ノウハウ保持などの正当な理由がある場合、排他条件付取引は違法とは認められない[63]。

イ　忠誠リベートへの適用上の問題点

(ア)　競争品の取扱い制限機能（拘束性）

忠誠リベートの事案では、特に行為要件（拘束性要件）が独自の問題を構成する。

平成29年改正流通・取引慣行ガイドラインは、占有率リベートや「著しく累進的なリベート」[64]に関し、問題のリベートが「競争品の取扱制限としての機能をもつこととなる」場合には競争品取扱い制限行為に関する考え方に従って違法性の有無を判断するとして、市場における有力な事業者がそれらのリベートを供与し、「①これによって取引先事業者の競争品の取扱いを制限することとなり、②その結果、市場閉鎖効果が生じる場合に

---

60)　平成29年改正流通・取引慣行ガイドラインの公表と同時に公正取引委員会HP上で公表された「改正のポイント」は、「『市場閉鎖効果の考え方』について、経済学的な考え方を踏まえ、内容を充実化」したとしている。公正取引委員会・流通・取引慣行と競争政策の在り方に関する研究会報告書（平成28年12月）10頁も参照。

61)　流通・取引慣行ガイドライン第1部3(2)ア。なお、「『市場閉鎖効果が生じる場合』に当たるかどうかの判断において、非価格制限行為により、具体的に上記のような状態が発生することを要するものではない」。なお、改正ガイドラインにおける「市場閉鎖効果」概念の外延については、議論の余地があろう。

62)　流通・取引慣行ガイドライン第1部第2の2(1)イ。

63)　流通・取引慣行ガイドライン第1部第2の2(1)ウ。

は、不公正な取引方法に該当し、違法となる」(①②加筆) としている[65]。同ガイドラインの記述のうちの②の部分は、排他条件付取引などの競争品取扱い制限行為一般に関して用いられる違法性判断基準そのものなので (上記ア(イ)参照)、その前提たる占有率リベートや著しく累進的なリベートをそもそも排他条件付取引と同様の方法で評価してよいのかどうかを考える際のポイントは、①の部分である。

占有率リベートや著しく累進的なリベートがどのような場合に「取引先事業者の競争品の取扱いを制限することと」なるのかとその根拠について、平成29年改正前の流通・取引慣行ガイドラインでは、それほど明確なことは述べられていなかった。改正前ガイドラインでは、占有率リベートについては、どのような場合に競争品の取扱いを制限する機能をもつと考えられるのか、はっきりしたことは述べられていなかったし[66]、「累進的なリベート」についても、「累進度が著しく高い」場合に自社製品を他社製品よりも優先的に取り扱わせる機能をもつという言及があったのみであった[67]。

占有率リベートの供与に関しては、その後、平成9年の山口県経済連事件において、山口県経済連が実施した占有率リベートが、違法な拘束条件

---

64) 後掲注67) 参照。なお、(単純な) 累進リベートの例として、山田昭雄ほか編著『解説 流通・取引慣行に関する独占禁止法ガイドライン』196頁 (商事法務研究会、1991年) は、「メーカーは、例えば、数量リベートを供与するに当たり、一定期間の流通業者の仕入高についてランクを設け、例えば、『年間500万円以上なら仕入高の2%のリベート、700万円以上なら3%、1,000万円以上なら4%』というように、ランク別に累進的な供与率を設定する場合がある」という例を挙げている。

65) 流通・取引慣行ガイドライン第1部第3の2(2)アイ。

66) 平成29年改正前の流通・取引慣行ガイドライン第2部第三の2(2)参照。なお、山田ほか編著・前掲注64) 195頁は、競争品の取扱い制限としての機能が生じにくい場合の例として、基準となる占有率が低い場合やリベートの額があまり魅力的でない場合を挙げていた。あるいは、矢部丈太郎ほか編『流通問題と独占禁止法』144頁〔山本和史〕(国際商業出版、1991年) は、「占有率リベートはフルラインで多品種の商品を製造している、いわゆる総合メーカーにとって実行が可能な、又は有利なリベートである」と指摘していた (これは、本書全体を通じて詳細に検討することとなるマストストックの発想と親和的とも言いうる)。平成29年改正前のガイドライン自体の記述は簡素であったが、背景的には、この辺りの問題意識は存在したのかもしれない。

付取引に当たるとされた[68]。同事件では、山口県経済連が、会員農協らに対し、彼らの仕入れる農薬及び肥料の仕入高全体に占める山口県経済連からの仕入高の比率等を基準にリベートを支給したことが、会員農協と山口県経済連の競争者との取引を不当に拘束する条件を付けて取引するものと

---

[67]　平成29年改正前の流通・取引慣行ガイドライン第2部第三の2(3)は、「著しく累進的なリベート」の項目で、次のように述べていた。「メーカーは、例えば、数量リベートを供与するに当たり、一定期間の流通業者の仕入れ高についてランクを設け、ランク別に累進的な供与率を設定する場合がある。累進的なリベートは、市場の実態に即した価格形成を促進するという側面を有するものであるが、その累進度が著しく高い場合には、自社製品を他社製品よりも優先的に取り扱わせる機能をもつ。」（傍点追加）（なお、平成29年改正ガイドライン第1部第3の2(2)本文並びに同イにおいても、ほぼ同様の記述は残っている）。同ガイドラインのこの記述は、リベートが累進的であること（すなわち、割り戻されるリベートの供与率が、いくつもの仕入れ高ランク（閾値）に応じて累進的・多段階に設定されていること。前掲注64）も参照。）それ自体を特に問題視しているわけではなく、あくまでその累進度が「著しく高い」場合に問題視するものであると考えられた。同ガイドラインのいう「累進度が著しく高い」の意味は、ガイドラインの記載ぶり（「累進的な供与率」）からして、いくつかの仕入れ高ランク（閾値）の間で、次のランク（閾値）に到達することによって、リベートの供与率が跳ね上がることの含意と思われる。とすると、これは、結局、本書全体を通じて詳細に検討することとなるリベートの遡及性を（暗に）前提とする問題意識のように思われる。

　なお、リベートの累進性の問題に関し、後述する2009年の排除型私的独占ガイドラインでは、「一定期間における取引数量等に応じて累進的にリベートの水準が設定されている場合は、そうでない場合と比較して、行為者の商品を競争品よりも優先的に取り扱わせる機能が強く働き、取引先が行為者からより多くの商品を購入する可能性が高くなる。したがって、競争品の取扱いを制限する効果が高くなる。」と述べている。リベートの累進性の問題に関し、前記平成29年改正前の流通・取引慣行ガイドラインの記述と排除型私的独占ガイドラインの記述を比較すると、微妙なニュアンスの違いが見て取れなくもなかった（ただし、平成29年改正後の流通・取引慣行ガイドライン第1部第3の2(2)注11は、「リベートの累進度」に関して排除型私的独占ガイドラインを参照している）。すなわち、前者はあくまで（リベートの供与率にかかる）累進度が「著しく高い」場合に競争品取扱い制限効果が強まるということを述べているにすぎないが、後者は、累進的に多段階のランク（閾値）を設定すること自体が、そうでない場合と比べ、競争品取扱い制限効果を強める要素となるとしているようにも見えた。

　リベートの累進性の問題に関しては、近時、特にEU法において議論になっている部分もあるので（後記第4章第2節 *Velux* 事件参照）、EU法の議論を踏まえつつ、後記第6章でさらに検討することとしたい。

して、問題となった[69]。もっとも、同事件の審決文では、問題のリベートが供与された事実の他に、背景的な事実関係として、山口県経済連が農薬・肥料の大部分を供給していたこと、山口県経済連と相手方との間の取引上の結び付きの強さ、相手方がリベートを重要な収益源として認識していたことなどへの言及はあるものの、問題のリベートが単純な誘因を超えて拘

---

[68] 山口県経済農業協同組合連合会事件・勧告審決平成9年8月6日審決集44巻248頁。この事件につき、甲田健「山口県経済農業協同組合連合会による独占禁止法違反事件」公正取引564号71頁(1997年)も参照。一般指定11項の排他条件付取引ではなく当時の13項の拘束条件付取引とされたのは、会員農協による山口県経済連の利用率が8割や9割であったため、競争者との取引を実質的に禁止しているとは必ずしも言えないと考えられたためとされる。甲田・74頁。

[69] なお、山口県経済連事件で問題となったスキームは、厳密には、単純な占有率リベートではなく、いくつかの追加的な特徴もある。第一に、問題のスキームは、単純な占有率リベートではなく、数量目標にかかる累進リベートとの複合的なスキームでもあった(審決集253頁別紙参照)。すなわち、仮に達成した占有率(なお、厳密には、山口県経済連からの「利用計画」の達成率である。「利用計画」については、同事件審決参照。)が同じ場合であっても、さらに、肥料と農薬の合計仕入高に応じてリベートの供与率が累進的に異なって設定されていた(例えば、占有率が同じ100％の場合であっても、リベートの供与率は、肥料と農薬の合計仕入高に応じて最大で6つのランク(閾値)で累進的に設定されており、例えば、同合計仕入高が1億円未満(最低ランク)の場合には肥料につき0.9％、農薬につき2.6％の供与率であり、同合計仕入高が8億円以上(最高ランク)の場合には肥料につき1.7％、農薬につき3.7％の供与率であった。)(なお、矢部ほか編・前掲注66)144頁〔山本和史〕は、累進リベートと占有率リベートが組み合わせて支給されることが多いことを指摘していた。)。第二に、前記第一の点からも明らかなように、問題のスキームは、肥料と農薬の双方にまたがる形で一体的に運用されていた。すなわち、厳密にはバンドルリベートの要素を含むものであった。

なお、本件において、リベートの供与を占有率条件とリンクさせた部分が違法とされたのは明らかであるが、リベートの供与を仕入高(数量)との間でも累進的な形でリンクさせた点(累進的な数量リベートの点)と、肥料と農薬の双方にまたがる形で仕入高目標を設定していた点が違法とされたのかどうかは、審決書の記載からは明白ではない(審決主文は、「……自己からの仕入高の比率等を基準に奨励金を支給すること」(傍点追加)とあり、この「等」に占有率(比率)に加えて仕入高そのものを基準にしていた部分も含まれるように見えなくはない。)。なお、第二次大正製薬事件・前掲7)では、問題となった大正製薬の契約条項のうち、リベートの供与を排他条件の遵守にかからしめた条項のみが削除を命じられ、数量目標による累進リベートの提供を規定した条項は削除を命じられていなかった。詳細は後掲注84)参照。

束的な効果を有するものであったことの根拠が積極的に説明されていたわけではなかった。

このように、我が国の伝統的な議論では、(目標占有率のある程度高い)占有率リベートが一般指定11項・12項の行為要件を満たすことを、(暗に)当然の前提としてきたようにも見受けられた[70]。確かに、拘束性要件を形式的に捉えるならば、所定の占有率を達成しなければリベートを失う点が「経済上の不利益」「何らかの人為的手段」に当たるという理解もありうる。また、拘束性要件は、拘束に従わない場合に不利益が発生する場合だけでなく、拘束に従った場合に利益が発生する場合も含むと理解するならば[71]、当然満たされると考えられるかもしれない。

しかしながら、これに対しては、拘束性要件をより実質的に捉えるならば、異論もありうる[72]。契約上の遵守義務や不履行時の契約解除(出荷停止)等のリスクによって、期間中の個々の顧客による競争品の取扱いが直接的に制限される典型的な排他条件付取引とは対照的に、忠誠リベートにおいては、定義上、顧客は、リベートさえ諦めることができるならば、期間中であっても競争者に全部又は一部を自由に転換することができる[73]。市場の状況にもよるが、競争が活発で競争者も同等のリベートを供与できるような場合、競争品の取扱いを制限する機能は生じないであろう。とりわけ、忠誠リベートが競争的な手段としても用いられうることを考慮する

---

[70] 根岸哲＝舟田正之『独占禁止法概説(第5版)』248頁(有斐閣、2015年)や栗田・前掲注14) 35-36頁注8も参照。なお、前掲注66)で指摘したような問題意識は背景に存在したのかもしれない。流通・取引慣行ガイドラインにおいても、当時から、「有力な事業者」によって提供されることが前提とされてはいた。ただし、同ガイドラインの「有力な事業者」は、それほど高度な水準のものではなく、一種のセーフハーバー的なものであることは学説から指摘されてきた。川濵昇ほか『ベーシック経済法(第4版)』244-245頁〔泉水文雄〕(有斐閣、2014年)、金井ほか編・前掲注40) 334頁参照。

[71] 白石忠志『独占禁止法(第3版)』391頁(有斐閣、2016年)参照。

[72] 後述するように、占有率リベートに拘束性を見出すかどうかは、比較法的には全く自明でない。

[73] See Herbert Hovenkamp, *The Law of Exclusionary Pricing*, 2 (1) Competition Pol'y Int'l 21, 28 (2006).

と、この行為によって個々の顧客に対する実質的な排他的拘束が生じるのはどのような場合であるのかについて、分析をより精緻化する必要がある[74]。なお、以上の点に関して、平成29年改正流通・取引慣行ガイドラインでは、リベートの供与が競争品の取扱制限としての機能をもつといえるかどうかを判断する際の考慮要素として、後述する排除型私的独占ガイドラインと同様に、①リベートの水準、②リベートを供与する基準、③リベートの累進度、④リベートの遡及性という4つの要素を明記するに至った[75]。流通・取引慣行ガイドラインにおいてそれらの考慮要素が明記されたのは好ましい動きであるが、他方、後述する排除型私的独占ガイドラインと同様に、それらの4つの要素がなぜ関連しうるのか、また、どのように関連しうるのかを、理論的観点から明らかにしておく必要があろう。

(イ) 市場閉鎖効果

拘束性要件が認められる場合、つまり、問題の占有率リベートや著しく累進的なリベートが顧客らに対して競争品の取扱いを制限する機能を有する場合、流通・取引慣行ガイドラインによると、排他条件付取引一般と同様に市場閉鎖効果にかかる分析を実施することになる[76]。同ガイドラインは、排他条件付取引などによって市場閉鎖効果が生じるかどうかの考慮要素として、①ブランド間競争の状況（市場集中度、商品特性、製品差別化の程度、流通経路、新規参入の難易性等）、②ブランド内競争の状況（価格のバラツキの状況、当該商品を取り扱っている流通業者等の業態等）、③垂直的制限行為を行う事業者の市場における地位（市場シェア、順位、ブランド力等）、④垂直的制限行為の対象となる取引先事業者の事業活動に及ぼす影響（制限の程度・態様等）、⑤垂直的制限行為の対象となる取引先事業者の数及び市場

---

[74] 拘束性要件に関する我が国の従前の議論は、再販売価格の拘束などブランド内制限の事例を念頭に置いてなされたものも多かったように思われるが、排他条件付取引のようなブランド間制限のケースでは、顧客に対して利益を提供することは、まさにブランド間競争の手段も構成しうる。確かに、不利益と利益とは表裏の関係にもあり、厳密に区別することは難しいが、後者のケースでは、特に慎重な認定が求められるように思われる。

[75] 流通・取引慣行ガイドライン第1部第3の2(2)。

[76] 流通・取引慣行ガイドライン第1部第3の2(2)。

における地位、を挙げている[77]。

　忠誠リベートのケースにおいても、市場閉鎖効果の有無を分析する際の考慮要素は、排他条件付取引一般にかかる考え方と共通する部分が多いであろうが、その中で、リベートのケースで特に問題となりうる事柄もある。すなわち、排他条件付取引一般の文脈では、前記④の要素（当該行為の対象となる取引先事業者の事業活動に及ぼす影響（制限の程度・態様等））に関連して、問題の排他的取り極めの存続期間の長さや解消が容易かどうかといった事柄が、市場閉鎖効果を評価する際の1つの重要な要素を構成している[78]。それらの要素は、相手方に対する拘束の程度や態様の問題でもあり、前記(ｱ)で検討した拘束性要件の評価に際しても問題になりうる事柄ではあるが、他方、競争者に対する市場閉鎖効果の有無を評価する際にも決して無関係なものではない。問題の取り極めの存続期間が長いことや、解消が困難であることなどは、市場閉鎖効果の重要な前提ないしそれを強める要素にもなりうる。なぜなら、仮に問題の排他的取り極めが市場全体の中で

---

77) 流通・取引慣行ガイドライン第1部3(1)及び(2)ア。さらに、ガイドラインの各論部分では、「例えば、このような制限を行う事業者の商品が強いブランド力を有している場合や競争者の供給余力が総じて小さい場合には、そうでない場合と比較して、取引先事業者にとって当該事業者から商品の供給を受けることがより重要となり、当該制限の実効性が高まることから、市場閉鎖効果が生じる可能性が高くなる。また、制限の期間が長期間にわたるほど、制限の相手方の数が多いほど、競争者にとって制限の相手方との取引が重要であるほど、そうでない場合と比較して、市場閉鎖効果が生じる可能性が高くなる」としている。同ガイドライン第1部第2の2(1)イ。
　この例示のうち、「制限の期間が長期間にわたる」場合に市場閉鎖効果が生じる可能性が高まる理由については、以下の本文を参照。「制限の相手方の数が多いほど、競争者にとって制限の相手方との取引が重要であるほど」市場閉鎖効果が生じる可能性が高まることは、排他条件付取引による市場閉鎖のメカニズムに照らして明らかであろう。「制限を行う事業者の商品が強いブランド力を有している場合や競争者の供給余力が総じて小さい場合」に市場閉鎖効果が生じる可能性が高まるという記述の理論的な含意については、本書全体並びに、特に後記第5章第2節第2款注106）と第6章第2節注61）参照。

78) 存続期間の長さは、流通・取引慣行ガイドラインも市場閉鎖効果の可能性を高める要素として例示している（前注参照）。米国の議論であるが、XI Phillip E. Areeda & Herbert Hovenkamp, Antitrust Law : An Analysis of Antitrust Principles and Their Application ¶ 1802 g（3d ed. 2011）も参照。

量的には同程度をカバーしていたとしても、その拘束性の程度が弱いほど、競争者にとって、当該排他的取引によってカバーされている顧客らに対抗オファーを出し、彼らとの取引を獲得するのは比較的容易になりうるし、反対に、拘束性の程度が強いほど、競争者にとって、彼らとの取引を獲得するのはより困難になりうる[79]。そして、とりわけ忠誠リベートのケースでは、定義上、競争者から購入しないことの実効性を確保する手段があくまでリベートや値引きであるため、少なくとも一般論としては、拘束の程度がそれほど強いとは必ずしも言えない[80]。したがって、市場閉鎖効果を評価する際の前提要素としても、拘束の程度、つまり当該リベートによって相手方がライバルに乗り換えるのがどの程度困難になるのかについての分析が、特に求められる[81]。いずれにせよ、以上の点も含め、忠誠リベートによって市場閉鎖効果が生じるのはどのような場合であるのか、どのような場合にその可能性が高まるのかについて、理論的な整理が必要であろう。

さらに、忠誠リベートには、値引きを提供する側面も含めていくつかの競争促進効果も指摘されているが[82]、そういった側面を考慮しなくてよいのかも、問題となりうる。

　ウ　補足：忠誠リベートそれ自体が顧客の競争品取扱いに対する拘束的な機能を担う場合と、排他条件付取引の実効性担保手段の１つとして用いられる場合との区別

なお、忠誠リベートの問題を考えるに際しては、忠誠リベートそれ自体が顧客に対する拘束の中核的役割を果たす場合と、現に排他条件付取引が存在し、忠誠リベートはその実効性担保手段の１つを構成するにすぎない場合とを区別しておく必要がある[83]。本書の分析対象は、基本的には前者である。我が国の先例における後者の例に第二次大正製薬事件がある[84]。

---

79)　例えば、問題の排他的取り極めの存続期間が短ければ、競争者は、問題の取り極めの期間が切れるタイミングで対抗オファーを出すのがより容易になるし、あるいは、問題の排他的取り極めが顧客の側からの解約申入れなどによって解消するのが比較的容易であれば、競争者にとっても、対抗オファーを出しやすくなろう。
80)　See Hovenkamp, supra note 73.
81)　以上の点に関し、伊永・前掲注23) 75頁も参照。
82)　詳細は、後記第３章参照。

後者の事案では、リベートの供与自体を排他条件付取引に準じて評価するわけではなく、あくまで、実効性担保手段の1つとして評価するにすぎない[85]。他方、前掲山口県経済連事件のように、排他的義務や出荷停止などのその他の抑圧的行為が認定されていないケースでは、リベートの供与そのものを排他条件付取引に準じて評価しなければならなくなる。両者の間では、拘束性要件の評価に際しての評価根拠事実としての位置付け・重要性が決定的に異なる。(なお、以上の区別は、特に米国の判例法を分析する際には、特に重要な問題となりうる。後記第5章参照。)

(3) 排除型私的独占の要件と忠誠リベートへの適用上の問題点
ア 一般的要件
(ア) 排除行為

法2条5項のいう「排除」行為とは、「他の事業者の事業活動の継続を困難にさせたり、新規参入者の事業開始を困難にさせたりする行為」である[86]。もっとも、事業者は、「自らの効率性の向上等の企業努力により低価

---

83) 植木邦之・独禁法審決・判例百選(第6版) 188頁(有斐閣、2002年)参照。なお、排除型私的独占ガイドライン第2の3(3)注14も参照。

84) 大正製薬は、顧客らに対して排他的義務を課し、違反者に対して出荷停止等による制裁を加えていた上、さらに、リベートの供与を排他的義務の遵守にかからせていた。出荷停止は昭和28年一般指定1号、リベートは同2号に違反するとされている。

   なお、この事件では、リベートの供与を排他条件にかからせていた契約条項は削除を命じられたが、累進的かつ遡及的な数量リベートの供与を定めていた条項自体は削除を命じられていない。大正チェイン規約第4条第1項によると、加盟薬局薬店は、大正からの6か月間の購入額が6万円以上であれば8%、10万円以上であれば10%、20万円以上であれば11%、50万円以上であれば12%のリベートを供与されるとされ、同条第2項が、このリベートを排他義務に条件付けていたが、公取委の審決主文では、第2項のみ削除を命じられ、第1項は削除を命じられていない(なお、後の流通・取引慣行ガイドラインの用語で言うと、「累進的」ではあっても「著しく累進的」ではないのかもしれない)。

85) なお、リベートの供与を競争的な手段と見るならば、当該行為を実効性担保手段の1つと見て排除措置において禁止を命じることの当否自体も議論の余地はある。この問題に関する米国法の議論につき、後記第5章第3節参照。

86) 排除型私的独占ガイドライン第2の1(1)、根岸編・前掲注43) 38頁〔川濱昇〕ほか参照。

格で良質な商品を提供したことによって」競争者の事業活動の継続を困難にすることもあり、そのような場合、排除行為には該当しない[87]。排除行為に該当するには、「自らの市場支配力の形成、維持ないし強化という観点からみて正常な競争手段の範囲を逸脱するような人為性を有する」ことが必要とされる[88]。

現在のところ、この「人為性」の問題を含め排除行為を一般的・統一的に説明できる包括的な識別基準は構築されていない[89]。我が国の学説の議論では、排除行為に関し、①略奪型行為（市場支配力を形成・維持・強化する以外に自己の利益とはならないタイプの行為）と、②ライバル費用引上げ型行為（他の事業者が事業活動を行う費用を人為的に引き上げるタイプの行為、以下、"RRC"という。）という大きく2つの類型に区別して把握しようとする立場が有力である[90]。

既に述べたように、値引き行為と排他的取引との扱いの相違は、特に「人為性」の評価に顕著に現れる。値引き行為は、基本的には競争的な行為に

---

[87] 排除型私的独占ガイドライン第2の1(1)。

[88] JASRAC事件・最判平成27年4月28日民集69巻3号518頁、NTT東日本事件・最判平成22年12月17日民集64巻8号2067頁参照。従来からの学説の議論につき、今村ほか編・前掲注53) 50頁〔根岸哲〕、根岸編・前掲注43) 39頁ほか参照。

なお、私的独占における排除行為要件の2つの構成要素、排除効果と人為性との関係については、JASRAC判決を契機として活発な議論がなされている。JASRAC事件最高裁判決の傍論は、当該事件に関し、JASRACの行為は「別異に解すべき特段の事情のない限り……人為性を有するものと解するのが相当である」としたが、同事件の事実関係を前提とすれば、この判断は、驚くことではない。同事件の調査官解説は、「人為性が排除効果と密接な関係を持つ要件であり排除行為の典型とされる行為（……）については排除効果と人為性が一体的に判断される場合が少なくない」と指摘していたが（清水知恵子・ジュリ1483号83頁、87頁（2015年））、実際に、従来から、後記RRC型の排除行為については、少なくとも排除効果を有する場合には、人為性を有することはほとんど当然視されてきた。以下の本文と後掲注92) 参照。

[89] 利潤犠牲基準や経済的有意味性基準、同等効率性基準などが議論の対象となるが、全ての排除行為を統一的に説明するのは困難とされる。川濱・前掲注41) 12頁以下参照。

[90] 川濱昇「独占禁止法二条五項（私的独占）の再検討」『京都大学法学部創立百周年記念論文集第3巻・民事法』336頁（1999年）、根岸編・前掲注43) 40-41頁、金井ほか編・前掲注40) 161頁〔山部俊文〕参照。

ほかならないため、排除効果を有する場合であっても、費用基準を満たさない限り原則として人為性が認められないのに対し[91]、排他的取引は、相手方の事業活動や取引先選択の自由に対する拘束を含むため、少なくとも排除効果が存在する場合には、人為性の存在は自明と考えられており、RRC 型の説明がなされてきた[92]。

(イ) 一定の取引分野における競争を実質的に制限すること

「一定の取引分野における競争を実質的に制限する」とは、市場支配力を形成・維持・強化することを意味する[93]。

日本法の私的独占の規制においては、行為主体が行為時点で市場支配力を有していることは要件ではないが、実際問題として、これまでの私的独

---

[91]　なお、費用割れでない差別的低価格の問題については、議論がありうる。金井ほか編・前掲注40）295-297 頁〔川濱昇〕や白石・前掲注43）146-147 頁等を参照。

[92]　なお、RRC 型の説明は、問題の行為に人為性の徴表が既に存在することを（暗に）前提として初めて可能となる点で、注意を要する。ライバルの費用が引き上げられるかどうかを分析する際には、問題の行為が不存在の場合を基準線として、問題の行為によってどう影響されるのかを考察する必要がある。ところが、例えば、単独の直接取引拒絶のような行為の場合、仮に取引が行われる場合と比べて取引が行われない場合の方がライバルの費用が大きくなるとしても、そもそも取引義務が存在しない場合には、取引を行うかどうかは原則的に拒絶者の自由である以上、それにもかかわらず、取引が行われる場合を基準線として費用引上げの有無を測るのは妥当でない。取引が行われない状態を基準線とするならば、競争者は、取引拒絶を受けても費用を引き上げられることはない。問題となっている単独かつ直接の取引拒絶自体の不当性が示されない限り、RRC 理論の枠組みに乗らない。これに対して、排他的取引や抱き合わせのような行為は、相手方の取引先選択の自由を制限する点に人為性の徴表を見出しうるからこそ、かかる行為を通じて競争者の競争費用を引き上げ、排除効果を発生させている場合、ライバル費用引上げ型の枠組みで人為性を把握することが可能となる。これらの人為性がある程度明白と考えられてきた行為については、「独禁法で従来から問題とされてきた取引の自由とそれに依拠した競争者の事業機会が、ライバル費用引上げ型戦略という認識枠組みを通じて、排除と見なされているのである。」。川濱・前掲注45）19-21 頁参照。あるいは、長澤哲也・ジュリ1483 号6 頁、7 頁（2015 年）が、第三者を利用して排除効果を惹起せしめる行為類型については、当該第三者の事業活動の自由を制約することが、「人為性を基礎付ける事実」となると述べているのも、この趣旨であろう。中川寛子・NBL1071 号90 頁、98 頁（2016 年）も参照。

[93]　NTT 東日本事件・最判平成22 年12 月17 日民集64 巻8 号2067 頁、排除型私的独占ガイドライン第3 の2(1)参照。

占の先例では、既に市場支配力を有していた事業者が、問題の排除行為を通じて、その力を維持・強化したケースが多かった[94]。

イ　忠誠リベートへの適用上の問題点

忠誠リベートの事案では、排除行為要件該当性が特に大きな問題となる。

我が国で忠誠リベートの供与が排除型私的独占に当たるとされた事例に、2005年のインテル事件がある[95]。インテル事件では、インテルが、パソコンメーカー5社に対して、彼らがパソコンに搭載するCPUの数量のうちインテル製CPUの数量の占める割合を100％や90％にすること等を条件としてリベートを提供した行為が問題となった。公取委の審決では、背景的な事実関係として、インテルのシェアの高さや強いブランド力、広範囲のパソコンに対応するCPUを安定供給していたことなどから、国内パソコンメーカーにとって、自身らの品ぞろえの中にインテル製CPUを搭載したパソコンを有することが重要となっていたこと、さらに、パソコンメーカー間の競争においてインテル製CPUをできるだけ有利な条件で調達することが重要となっており、パソコンメーカーがインテルからリベートを受けることを強く望んでいたといった事実関係が指摘されており、実際に、インテルの行為を受けてパソコンメーカーが問題の条件を遵守し、インテルの競争者らが市場シェアを大きく減らしたことを踏まえて、排除行為該当性を認定したと見られる[96]。インテル事件においては、インテルがパソコンメーカーらに対して占有率等に関する条件付けを行ったことを問題にしており、また、インテルの価格と費用に関する分析は一切行われていないことから、インテルの行為を排他条件付取引に準じて評価していたと考えられる[97]。もっとも、同事件については、インテルの行為はあくまで値引きの一種ではないかという指摘もなされてきたし[98]、あるいは、勧告審決ということもあり、どのような根拠によって拘束性を認定したのか定か

---

94)　金井ほか編・前掲注40) 188頁参照。

95)　インテル事件・勧告審決平成17年4月13日審決集52巻341頁。奥村豪・公正取引660号56頁（2005年）参照。拙稿・経済法判例百選（第2版）26頁（2017年）も参照。

96)　奥村・前掲注95) 60-61頁参照。

でないことも指摘されてきた[99]。実際に、同事件において、インテルの行為を排他条件付取引と同様に扱った論理構造は、必ずしも明快とは言い難い。

その後、2009年に公表された排除型私的独占ガイドラインは、①相手方に対し、自己の商品をどの程度取り扱っているか等を条件としてリベートを供与する行為が、「取引先に対する競争品の取扱いを制限する効果を有し、排他的取引と同様の機能を有する」かどうかを検討し、排他的取引と同様の機能を有する場合には、「排他的リベートの供与」[100]として、②排他的取引と同様の基準で判断する（すなわち、「他に代わり得る取引先を容易に見いだすことができない競争者の事業活動を困難にさせる」か否かを検討する）としている[101]。価格と費用の関係についての分析は、要求されていない。

排除型私的独占ガイドラインの立場は、上記(2)で述べた流通・取引慣行ガイドラインの立場とも共通し、排他条件付取引に類する顧客の事業活動に対する拘束性に人為性の源泉を見出す立場である。リベートの供与がどのような場合に「取引先に対する競争品の取扱いを制限する効果」を有するのかにつき、排除型私的独占ガイドラインでは、①リベートの水準、②リベートを供与する基準、③リベートの累進度、④リベートの遡及性という4つの考慮要素が挙げられている[102]。もっとも、この4つの要素が関連する理論的根拠について、排除型私的独占ガイドラインでは、統一的な説

---

97) 川島富士雄・経済法判例百選27頁（2010年）参照。なお、インテル事件の担当官解説は、「一般的にいえば、競争的な市場の下においては、需要者ができるだけ安価でかつ高品質の製品を選択する結果、そうした製品を供給し得ない事業者は市場から退出せざるを得ない。しかし、仮に、需要者の選択が、何らかの反競争的な行為によって歪められ、それによって事業者が市場から退出を余儀なくされる、あるいは退出しないまでも、そのシェアを奪われたとすれば、それは、市場における競争の結果ということはできないであろう。」と述べている。奥村・前掲注95）60頁。

98) 野木村・前掲注14）145-146頁。

99) 白石忠志『独禁法事例の勘所（第2版）』204-205頁（有斐閣、2010年）、平林・前掲注14）55頁、栗田・前掲注14）36-37頁。

100) 排除型私的独占ガイドラインにおける「排他的リベート」の定義につき、前掲注32）。

101) 排除型私的独占ガイドライン第2の3(3)(2)。

明はなされていない。4つの考慮要素が関連する理由については、これから見るように、欧米、特に欧州の伝統的な議論を踏まえつつ正当化・精緻化を図る余地はある。他方、排除型私的独占ガイドラインの立場に対しては、やはり、欧米で行われているのと同様の批判を受ける余地もある。すなわち、値引きの側面を重視してこの行為を競争促進的な行為の一種と見るならば、不当廉売同様に、費用基準等の人為性にかかる何らかの基準を満たさなくてよいのかという批判がありうる。

　結局、忠誠リベートの排除行為要件該当性を考える際に特に問題となるのは、問題のリベートが仮に排除効果を発生させるような場合には[103]、その排除の「仕組み」[104]に照らして、(特段の事情のない限り)人為性を肯定しうる行為と言えるのかどうか、また、それはいかなる場合なのかという点である。要するに、リベートスキームの仕組みに照らして、排他的取引と同様に顧客の取引先選択の自由を拘束し、当該事業者からの購入を余儀なくさせるような行為による排除と言えるのか、それとも、あくまで低価格

---

102) 排除型私的独占ガイドライン第2の3(3)ア～エ。具体的内容は、以下のとおりである。①リベートの水準につき、リベートの金額や供与率の水準が高く設定されているほど、競争品の取扱いを制限する効果が高まる。②リベートを供与する基準につき、リベートを供与する基準が取引先の達成可能な範囲内で高い水準に設定されているほど、競争品の取扱いを制限する効果は高まり、また、取引先ごとに設定されている場合(個別リベート)、取引先全体に対して一律に設定されている場合(標準リベート)と比べ(本章3参照)、競争品の取扱いを制限する効果が高まる。③リベートの累進度につき、一定期間における取引数量等に応じて累進的にリベートの水準が設定されている場合、競争品の取扱いを制限する効果は高まる。④リベートの遡及性につき、遡及的なリベートの方が、増分的なリベートと比べ(本章3参照)、競争品の取扱いを制限する効果が高まる。

103) 排除効果が発生するのは、排除型私的独占ガイドラインによると、当該排他的リベートの供与により、「他に代わり得る取引先を容易に見いだすことができない競争者の事業活動を困難にさせる」場合である(第2の3(3)(2))。同ガイドラインでは、その分析の際の考慮要素として、①商品にかかる市場全体の状況、②行為者の市場における地位、③競争者の市場における地位、④行為の期間及び相手方の数・シェア、⑤行為の態様を挙げている。排除効果に関する分析の基本的視点としては、前記(2)イ(イ)で市場閉鎖効果について述べた点が、概ね当てはまるであろう。

104) JASRAC判決・前掲注88)の傍論参照。清水・前掲注88) 87頁、中川・前掲注92) 98頁も参照。

という当該事業者の効率性の発揮による排除にすぎないのかという問題である[105]。

さらに、2条5項の要件のうちの競争の実質的制限要件に関し、忠誠リベート特有の問題意識として、リベートの供与が、値引き行為の一種として仮に消費者価格を引き下げているのであれば、価格に対する力を形成・維持・強化していると本当に言えるのかという問題提起もなされている[106]。

(4) 小括

以上のように、日本法の要件との関係でも、忠誠リベートには、未解明な課題が多く残されている。いかなる場合に排他条件付取引同様の実質的な拘束性が発生するのか、いかなる場合に市場閉鎖効果ないし排除効果、ひいては競争の実質的制限が発生するのか、その際、リベートの値引き行為としての側面をどのように勘案するのか、その他に正当な理由で用いられる可能性はないのかといった事柄が問題となる。忠誠リベートの経済的意義を分析した上で、日本法の要件の下での評価方法を再検討することが求められる。

本書では、これらの問題につき、第2章から第5章においてEU法、米国法、経済学の議論を分析した後、第6章において、日本法の既存の解釈論を踏まえつつ、改めて検討することとする。

---

105) 平林・前掲注14) 55頁も参照。
106) 栗田・前掲注14) 36頁。

第 2 章

欧州の伝統的判例法理の形成と展開(「形式ベース」のアプローチ時代)

欧州では、忠誠リベートは、市場支配的地位の濫用を規制するTFEU 102条[1]の規制対象となるところ、現在、102条規制は変革の最中にある。
　従前、欧州裁判所は、問題の行為の反競争効果の厳密な分析を行わないまま行為の形式に着目して支配的事業者の行為を厳格に規制する「形式ベース」のアプローチ（form-based approach）と呼ばれる判例法理を構築し、学説から多大な批判を浴びせられてきた。その結果、欧州委員会は、102条規制の「現代化」を企図し、より経済分析を重視する「効果ベース」のアプローチ（effects-based approach）への転換を図るべく、2005年にディスカッションペーパー[2]（以下、"DP"という。）を、2009年にガイダンスペーパー[3]（以下、"GP"という。）を公表し、以後、伝統的判例法理に配慮しつつも、新しいGPとも整合性のある運用を開始している。
　忠誠リベートに関する経済的な議論や欧州委員会の最近の動向、並びにそれを受けた欧州裁判所の最新の判断については、次章以降で検討することとし、本章では、伝統的判例法理の下での102条の要件論（第1節）と忠誠リベートの扱い（第2節）を整理する。ところで、102条規制にかかる伝統的判例法理は、しばしば、ドイツのオルドーリベラリズム[4]の影響に関連付けて論評されてきた。欧州では、最近の現代化の動きと相前後して、102条規制の目的と起源を探求する試みも活発化している[5]。102条規制にかかる欧州の伝統的判例法理の考え方は、最近の我が国や米国の排除行為規制とは異質な側面を有し、それらの議論抜きに正確に理解することは困難である。特に、忠誠リベートに対する欧州裁判所の極めて厳格な規制の背景は、オルドーリベラリズムとの連続性をもち出すことによって、もっ

---

1) 本書では、旧条約の86条、82条も102条と表記する。
2) European Commission, DG Competition Discussion Paper on the application of Article 82 of the Treaty to exclusionary abuses（Brussels, December 2005）.
3) European Commission, Guidance on the Commission's Enforcement Priorities in Applying Article 82 of the EC Treaty to Abusive Exclusionary Conduct by Dominant Undertakings［2009］OJ C 45/2.
4) オルドーリベラリズムとは、法学者Franz Böhm、Hans Grossmann-Doerth、経済学者Walter Eucken らによって1930年代頃から形成された理論を基に発展を遂げ、戦後のドイツで影響力を獲得した理論であり、フライブルク学派とも呼ばれる。「オルドー」は彼らの機関紙"ORDO"に由来し、「秩序」を意味する。

ともらしく説明されてきた。したがって、以下、第1節は、102条の個別の要件論に先立ち、102条規制の目的と起源に関する最近の欧州の議論の紹介から始める。

---

5) 議論の全体像を掴むには、EUROPEAN COMPETITION LAW ANNUAL 2007：A REFORMED APPROACH TO ARTICLE 82 EC（Claus-Dieter Ehlermann & Mel Marquis eds., 2008）(hereinafter ECLA 2007) の PANEL I 所収の諸論文、並びに THE HISTORICAL FOUNDATIONS OF EU COMPETITION LAW（Kiran Klaus Patel & Heike Schweitzer eds., 2013）(hereinafter THE HISTORICAL FOUNDATIONS) 所収の諸論文が有益である。欧州競争法の目的の変遷を分析する邦語文献としては、市川芳治「EU競争法の規範的考察に関する一試論(上)(中)(下)」公正取引714号〜716号（2010年）や、101条に関する検討として武田邦宣「EC競争法原理の生成」阪大法学56巻6号79頁（2007年）も参照。

第1節
102条規制の目的と伝統的要件論

1 102条規制にかかる伝統的アプローチの目的と起源をめぐる議論：オルドーリベラリズムの残滓か？

(1) 「オルドーリベラリズム」の残滓としての見方

　欧州の102条規制にかかる伝統的判例法理は、しばしば、オルドーリベラリズムの影響によって説明されてきた。そして、裁判所による伝統的な形式ベースのアプローチと欧州委員会の新しい効果ベースのアプローチとの間で、規制目的や競争観レベルでの断絶が指摘され[6]、そのステレオタイプ的な見方として、しばしば、次のような対立構図が描き出されてきた。すなわち、競争プロセスないし競争的な市場構造、経済的自由（economic freedom）、公正（fairness）、欧州統合といった価値[7]の保護を目的としてきた伝統的判例法理に対して、欧州委員会の新しいアプローチは、消費者厚生（ないし効率性）の保護を目的とするものである、と[8]。

　それらの論者は、「オルドーリベラリズム」という括りを、概ね次のような内容の意味で用いている[9][10]。

　まず、競争政策との関連で特に重要な事柄として、私的経済力（private economic power）に対する強い懸念が指摘される。初期のオルドーリベラリ

---

[6] David J. Gerber, *The Future of Article 82 : Dissecting the Conflict, in* ECLA 2007, supra note 5 37, 50–51.

[7] 論者によって重点の置き方は様々である。特に、競争プロセスや市場構造の問題が強調される場合と、経済的自由の問題が強調される場合とがあるが、それらはいわばコインの表と裏の関係であり、どちらを強調するかによって問題意識が大きく異なるわけではなかろう。

[8] ECLA 2007, supra note 5所収の諸論文参照。なお、前者と後者との間の強い因果性を肯定することによって両者を整合的に理解しようとする考え方もある（本節2(3)参照）。

ストらは、ワイマール期に、私的経済力（カルテルも含む）によってドイツの政治・社会システムが破壊されるのを目撃し、国家の力だけでなく、私的経済力の存在が自由にとって脅威となることを強調した[11]。彼らは、私的経済力が様々な形で社会に悪影響を及ぼすことを、レッセ・フェールを基礎とする体制の欠陥と認識した。なぜなら、レッセ・フェールの下では、経済秩序の形成自体も自由な闘いに委ねられてしまうので、カルテルや独占的地位の形成によって競争がいとも簡単に自壊し、私的経済力が容易に作り出されてしまうからである[12]。Euckenは、レッセ・フェールでも集権

---

9) なお、オルドーリベラリズムには統一見解があるわけではなく、本来、論者によって見解は様々であった。以下の本文の説明は、102条の目的論をめぐる最近の議論の中で、いわば「オルドー的なもの」として把握されている内容の紹介である。オルドーリベラリズムの真の内容を追求することは本書の目的ではない。「オルドーリベラリズム」という言葉が、その真の内容を問題とするのではなく、単に形式ベースの判例法を批判するためのレッテル貼りとして用いられる傾向があることも否めない。See Heike Schweitzer & Kiran Klaus Patel, *EU Competition Law in Historical Context：Continuity and Change, in* THE HISTORICAL FOUNDATIONS, supra note 5 207 (2013) ("Certain Authors have called it 'Ordoliberal', a notion which over time and particulary in the English-speaking world has taken on an iridescent meaning").

10) 以下の整理は、主として、次の文献とECLA 2007, supra note 5 所収の諸論文を参照している。DAVID J. GERBER, LAW AND COMPETITION IN TWENTIETH CENTURY EUROPE：PROTECTING PROMETHEUS (1998); Walter Eucken, *The Competitive Order and Its Implementation* (trans. Christian Ahlborn & Carsten Grave), reprinted in 2 (2) Competition Pol'y Int'l 219 (2006) (Walter Eucken, *Die Wettbewerbsordnung und ihre Verwirklichung*, 2 ORDO, JAHRBUCH FUR DIE ORDNUNG VON WIRTSCHAFT UND GESELLSCHAFT 1 (1949)); Wernhard Möschel, *Competition Policy from an Ordo Point of View in* GERMAN NEO-LIBERALS AND THE SOCIAL MARKET ECONOMY 142 (Alan Peacock & Hans Willgerodt eds., 1989); Christian Ahlborn & Carsten Grave, *Walter Eucken and Ordoliberalism：An Introduction from a Consumer Welfare Perspective*, 2 (2) Competition Pol'y Int'l 197 (2006); Adrian Kuenzler & Laurent Warlouzet, *National Traditions of Competition Law：A Belated Europeanization through Convergence?, in* THE HISTORICAL FOUNDATIONS, supra note 5, 89, at 97-98 (2013). オルドーリベラリズムについては、舟田正之「ドイツ『経済制度』理論史(5)(6)」国家学会雑誌89巻11・12号31頁（1976年）、90巻5・6号64頁（1977年）や、簡潔な解説として川濵昇「市場秩序法としての独禁法(1)」民商139巻3号1頁、13-14頁（2008年）も参照。経済学者による整理として、雨宮明彦『競争秩序のポリティクス——ドイツ経済政策思想の源流』（東京大学出版会、2005年）参照。

11) GERBER, supra note 10, at 240.

経済でもない第三の経済秩序として、「完備競争」[13]という市場形式を提唱した[14]。「経済憲法」としての競争法の下、完備競争という競争秩序を確立し、独立競争当局によって執行する[15]。完備競争とは何か。しばしば、市場のどの企業も他の企業に対して強制力をもたない競争として言及される[16]。例えば、独占的な地位の獲得を目指して行われる寡占企業間の競争は、完備競争ではない。そのような状況下では、取引相手方に対して容易に制限が課されるためである。完備競争とは、言うなれば、互いを傷つけたり足を引っ張ったりする闘いではなく、各人の成果を基礎とする競走のようなものである[17]。

　独占に関するオルドーリベラリズムの競争政策の標準型は、次のようなものとして把握されている。まず、以上の議論から明らかなように、独占は、その存在自体が完備競争に基づく競争秩序と抵触するので、原則として禁じられるべきものである。回避可能な独占は解体されなければならない。他方、回避不可能な独占については、行為規制に従属させる。すなわち、「あたかも、完備競争が存在するかのように」行動することを要求する。いわゆる"als ob"基準である[18]。その際、オルドーリベラリズムが勃興する以前からドイツ不正競争防止法（UWG）において提唱されていた妨害競

---

12)　Eucken, supra note 10, at 222-224. See also GERBER, supra note 10, at 250-251.
13)　ドイツ語原語"vollständiger Wettbewerb"は、「完全競争」の意であるが、ここでの含意は、新古典派経済学の「完全競争（perfect competition）」と同じではない。両者を区別するため、英訳では、しばしば"complete competition"の語が当てられる。本書でも、以下、「完備競争」という。
14)　Eucken, supra note 10, at 226-231.
15)　Id. at 231-232；GERBER, supra note 10, at 245-251. なお、当局は完備競争モデルの提供する原則に基づいて執行するのみで、裁量の余地があってはならないと考えられていた。
16)　Möschel, supra note 10, n. 16；GERBER, supra note 10, at 245；Ahlborn & Grave, supra note 10, at 200.
17)　Eucken, supra note 10, at 228-229.
18)　英文では、"as-if"基準と訳される。この"als ob"基準（つまるところ形式ベースの判断枠組み）は、オルドーリベラリズム競争政策の象徴のように言及されることが多いが、彼らの統一見解ではなく、反対する者も多かった。See GERBER, supra note 10, at 252.

争（Behinderungswettbewerb）と業績競争（Leistungswettbewerb）という概念上の区別[19]が借用され、"als ob"基準は、妨害競争を禁止するものと考えられた。本書の主題である忠誠リベートは、排他的取引、抱き合わせ、略奪価格などとともに、妨害競争の典型に挙げられていた[20]。

オルドーリベラリズム競争政策の直接的な目的は、あくまで、競争的な市場構造ないし形式的な競争プロセスの維持[21]（そして、それを通しての個人の経済的自由の確保[22]）それ自体であり、結果的に経済効率性の改善が達成されるとしても、それは副次的な効果にすぎなかったと理解されている[23]。（なお、既述のように、オルドーリベラリズム思想は、元来、経済的懸念だけでなく政治的・社会的目標と密接に結びついており、彼らにとって、競争政策は、究極的には、政治的自由や民主的な社会制度の前提として重要な意義を有するものであった[24]。102条規制の目的と起源に関する最近の議論の中でオルドーリベラリズムが言及される際には、その辺りの問題が十分に吟味されていないという指摘もある[25]。）

(2) 102条規制の起源をめぐる議論の整理

以上のようなオルドーリベラリズムの影響が指摘されるのは、次の2以降で見るように、欧州の伝統的判例法理が、競争的な市場構造の維持を重

---

[19] 業績競争は、品質の改善や価格引下げなど商品をより魅力的にする行為、妨害競争は、競争者が業績を上げる能力を阻害することを意図する行為とされるが（id. at 253）、ここでの含意は、業績競争が完備競争下で用いられる競争手段である一方、妨害競争は完備競争下では用いられない競争手段ということである。See Ahlborn & Grave, supra note 10, at 214-215. 業績競争概念については、岸井大太郎「ドイツ競争法における『業績競争（Leistungswettbewerb）』理論(1)(2)」法学志林83巻1号1頁、4号61頁（1985年及び1986年）、舟田正之『不公正な取引方法』34-35頁、185-198頁（有斐閣、2009年）参照。

[20] 以上につき、Eucken, supra note 10, at 230-243, GERBER, supra note 10, at 251-253, Ahlborn & Grave, supra note 10, at 204-205, 214-216 参照。

[21] See GERBER, supra note 10, at 250-251.

[22] See Möschel, supra note 10, at 146.

[23] Ibid.

[24] See GERBER, supra note 10, at 239-250; Frank Maier-Rigaud, *On the Normative Foundations of Competition Law: Efficiency, Political Freedom and the Freedom to Compete*, in THE GOALS OF COMPETITION LAW 132 (Daniel Zimmer ed., 2012).

[25] Frank Maier-Rigaud, supra note 24.

視して支配的事業者の行為について非常に形式主義的な判断を行ってきたことが、私的経済力に対する強い懸念や"als ob"基準といったオルドーリベラリズムの一部の発想と整合的に捉えられたためである。

以上の議論に対しては、近時、欧州競争法におけるオルドーリベラリズムの影響を過度に強調することへの異論も出てきている[26]。例えば、条約の起草過程の議論として、1950年代のローマ条約競争法条項の準備作業（travaux préparatoires）においては、効率性の促進が主要な関心事とされていたという指摘もある[27]。あるいは、1960年代に、欧州の経済政策としてフランス型の「経済計画（*planification*）」をモデルとする方針を採用するかどうかをめぐって、（特に仏独の代表の間での）論争が存在したことも指摘されている[28]。

さらに、実際問題として、102条（当時の86条）の解釈論のレベルでも、今日、「オルドーリベラリズム」の影響として説明されることの多い競争排除型行為を厳格に規制する発想が、当初から支配的であったわけではな

---

26) THE HISTORICAL FOUNDATIONS, supra note 5 所収の多くの論文は、欧州競争法にとって、オルドーリベラリズムの影響は重要ではあるもののあくまで1つの要素であったことを強調している。例えば、Sigfrido M. Ramirez Pérez & Sebastian van de Scheur, *The Evolution of the Law on Articles 85 and 86 EEC [Articles 101 and 102 TFEU]: Ordoliberalism and its Keynesian Challenge, in* THE HISTORICAL FOUNDATIONS, supra note 5 19, at 21（2013）は、オルドーリベラリズムだけでなくその他の様々な発想も含めて、「ジグソーパズルの異なるピース」として全体を構成していると指摘する。なお、オルドーリベラリズムの影響をめぐる欧州の最近の議論の状況につき、和久井理子「EU競争法における『支配的地位』概念について」法学雑誌61巻3号24頁、29頁注21（2015年）も参照。

27) Pinar Akman, *Searching for the Long-Lost Soul of Article 82 EC*, 29 Oxford J. Legal Studies 267（2009）。ローマ条約起草前の1950年代、欧州各国は、米ソ両大国の間で影響力を著しく低下させており、より広く開かれた市場において生産上の効率性を改善させ、経済を立て直すことが急務であった。Akmanの指摘によると、102条に関する起草過程での主要な関心事は、排除型濫用ではなく搾取型濫用の問題であった。See also Pérez & Scheur, supra note 26, at 20；Thorsten Käseberg & Arthe Van Laer, *Competition Law and Industrial Policy: Conflict, Adaptation, and Complementarity, in* THE HISTORICAL FOUNDATIONS, supra note 5 162, at 169（2013）（共通市場の核心的な目的は、規模の経済の実現を通しての欧州企業の競争性の獲得にあったと指摘）；RENATO NAZZINI, THE FOUNDATIONS OF EUROPEAN UNION COMPETITION LAW: THE OBJECTIVE AND PRINCIPLES OF ARTICLE 102 121-133（2011）。

かった。そもそも、ローマ条約が 1958 年に発効して以降、最初の重要事件である *Continental Can* 事件[29]に至るまでの 10 年以上の間、102 条は、ほとんど発動されなかった。102 条をめぐる今日の判例や議論の状況からすれば驚くことに、*Continental Can* 判決以前は、102 条がそもそも排除型行為にも適用されるのか、それとも、102 条の適用対象は搾取型行為に限定されるのかをめぐって、学説の対立さえ存在した。ドイツ出身のMestmäcker らが競争的な市場構造を保護する観点から排除型行為への 102 条の適用を主張していたのに対し、後に ECJ 判事を務めたベルギー出身のJoliet らは、102 条の適用対象は搾取型行為に限定され、排除型行為には適

28) See Ernst-Joachim Mestmäcker, *Towards a Concept of a Workable European Competition Law：Revisiting the Formative Period, in* THE HISTORICAL FOUNDATIONS, supra note 5 191, at 196-198（2013）; Käseberg & Laer, supra note 27, at 171, 173-176. フランス出身の経済・金融担当委員 Marjolin らが「経済計画（*planification*）」を基礎とする産業政策的な方針を提案していたのに対し、ドイツ出身の競争担当委員 von der Groeben ら（なお、Mestmäcker が彼のアドバイザーであった。後掲注 32）。）が「歪められていない競争（undistorted competition）」に基づくシステムを主張して抵抗していたとされる。THE HISTORICAL FOUNDATIONS, supra note 5 所収の多くの論文では、当時のフランスの産業政策的な発想（「ディリジズム（dirigisme）」）とドイツのオルドーリベラリズムとが対比されている。フランス型の基本的な発想につき、Kuenzler & Warlouzet, supra note 10, at 99-100 参照。また、当時のフランスとドイツの基本的な考え方の簡潔な対比として、和田聡子『EU とフランスの競争政策』15-19 頁（NTT 出版、2011 年）参照。See also Pérez & Scheur, supra note 26, at 21.

なお、当時のフランス国内における競争政策に関する考え方に関し、Kuenzler & Warlouzet は、第二次大戦直後のフランスでは、競争政策は価格政策を補完するものにすぎず、その主な役割はインフレの防止と闇市場の出現の抑止であったと指摘している。当時のフランスの国内競争法の考え方やその変遷に関する邦語文献として、奥島孝康『フランス競争法の形成過程』（企業法研究 第三巻）（成文堂、2001年）、和田・前掲書も参照。例えば、奥島 169 頁においても、60 年代までのフランスにおける支配的地位の規制が、「政府等による直接間接の物価統制の補完的な地位ないし役割を担うものにすぎな」かったと指摘されている。実際に、フランスにおいて価格の自由が原則化されたのは、1986 年のことであった。（なお奥島 316 頁以下では、競争法的な内容の条項を含むいくつかの法律（1945 年旧価格令、1986 年新価格令、1973 年ロワイエ法など）の日本語訳も掲載されており、参考になる）。1986年以降のフランスの路線転換の意義や背景につき、和田・前掲書 19 頁、42 頁以下参照。

29) Case 6/72 *Europemballage and Continental Can v. Commission,*［1973］ECR 215.

用されないと主張していた30)。

そのような当時の議論状況の中で、1973年の *Continental Can* 判決31)が、Mestmäcker の立場を容れて排除型行為への 102 条の適用を（暗に）承認し32)、その後の *Hoffmann-La Roche* 判決以下の一連の判決に連なっていくこととなったのであった。

---

30) RENÉ JOLIET, MONOPOLIZATION AND ABUSE OF DOMINANT POSITION : A COMPARATIVE STUDY OF THE AMERICAN AND EUROPEAN APPROACHES TO THE CONTROL OF ECONOMIC POWER 241-252（1970）. なお、Mestmäcker も、2013 年の Mestmäcker, supra note 28, at 200-203 において、当時の Joliet との間の論争を回顧している。

　Joliet の主張は、排除型濫用の事例は数多く蓄積してきたのに対して搾取型濫用の事例はそれほど多くはない今日では、奇異な主張にも見えるであろうから、その骨子を簡単に紹介しておく。Joliet によると、第一に、102 条の適用対象を搾取型行為に限定し、排除型行為には適用するべきでないことの条文上の根拠は、102 条(a)項から(d)項までの例示列挙のいずれもが、競争者ではなく、売手や買手に対して害を与えるような支配的市場支配力の利用の例であり、それらの例こそが、102 条の主要な懸念の反映であるということである。102 条(a)項の不公正な価格はもとより、(c)項の差別も「一次侵害」ではなく「二次侵害」（第 1 章注 16）参照）を問題にしているし、(d)項の抱き合わせは、確かに従たる市場において競争を破壊するために用いられることもあるが、同時に、買手に対する力の濫用の古典的な例でもあった。したがって、各項の例示列挙の中には、支配的地位の獲得や維持（排除型行為）に関連する例が、存在しない。第二に、Joliet は、排除型行為ではなく搾取型行為を規制対象とすることの利点として、価格や産出量に関する直接的な統制に服させることを挙げている。彼によると、搾取型行為を規制しておけば、支配的企業にとって、排除行為を行って力を強化しても直接的な価格・産出量規制を受けることになるだけであるので、排除行為を行う利益はない。むしろ、搾取型行為を規制対象とすることで、支配的地位がどのように獲得されたのかにかかわらず、支配的企業を直接的な価格統制に服させることが可能となる。したがって、第三に、Joliet によると、支配的地位の濫用に対する排除措置は、価格や産出量に対する直接的な統制である。結局、Joliet の書籍への序文で米国の James Rahl が整理しているように、支配的地位の濫用にかかる Joliet の考え方の要点は、「成果（performance）の直接的な統制」である。Joliet 自身、同書の別の箇所で、102 条の「目的は競争プロセスを維持することではなく、競争者に対してどのような戦略が用いられたのかに関係なく、相手方に害を与える形で市場支配的地位が現実に利用（exploit）されないことを確実にすることである」と明確に述べていた（at 293）。

　以上のような Joliet の主張は、今日的な視点では非現実的に見える部分も少なくないが、前掲注 28）後段の当時のフランス型の発想との関係も踏まえて理解されるべきものなのかもしれない。

結局、102条規制に関して今日通用する判例法上の重要な基本原則は、特に70年代後半から80年代にかけての一連の裁判例によって形成されたと言えるが[33]、70年代や80年代の欧州裁判所の判決からドイツの影響らしきものが窺われることは、確かに、多くの論者が指摘するところである（後記2も参照）。ひょっとすると、「オルドーリベラリズム」の影響は、特にその間の司法過程において生じたものなのかもしれない[34]。いずれにせよ、

---

31) なお、この事件自体は、直接的には企業結合への102条の適用の可否が問われた事例であるが、次注で述べるように、司法裁判所判決の判示は、Mestmäckerらと Jolietらとの間の解釈上の論争に結着を付けるものであった。この判決の意義につき、Heike Schweitzer, *The History, Interpretation and Underlying Principles of Section 2 Sherman Act and Article 82 EC, in* ECLA 2007, supra note 5 119, at 140 参照。

　なお、企業結合の点に関しても、当時、102条が企業結合に適用されるのかどうかをめぐって議論が存在し、Mestmäckerは企業結合への適用にも賛成していたのに対して、Jolietは企業結合への適用にも反対していた。See JOLIET, supra note 30, at 285-293.

　なお、企業結合をめぐる当時の問題状況として、Käseberg & Laer, supra note 27, at 174は、1960年代に米国企業が欧州を席捲する中で、むしろ欧州規模を有する規模の大きな企業の設立が望まれていた側面もあったことを指摘しており、興味深い（*Continental Can*事件自体、米国企業による欧州企業の統合の事例である）。当時のフランスの産業構造に関し、奥島・前掲注28) 157頁も参照。

32) See *Continental Can*, para. 26.「[102条]は、消費者らに対して直接的に害を生じさせうる行為のみを対象としているのではなく、有効な競争構造に対する影響を通して消費者らに害を与える行為も対象としている」。この判決は、競争的な市場構造の保護を目的として排除型濫用を含む広範な行為を規制対象とするというメッセージを送り、その後の委員会の運用の方向性を決定付けたとされる。*Continental Can*に先立つ草創期に、ドイツのMestmäckerが、委員会の初代競争担当委員Hans Von der Groebenのスペシャルアドバイザーとして強い影響力を及ぼしたことも指摘されている（ただし、Mestmäckerは、"als ob"基準には反対していたが）。See Schweitzer, supra note 31, at 138-145, 164, n. 216；Liza Lovdhal Gormsen, *The Parallels Between the Harvard Structural School and Article 82 EC and the Divergences Between the Chicago- and Post-Chicago Schools and Article 82 EC*, 4 Eur. Competition J. 221, 232-236 (2008). Mestmäckerによる草創期の回顧として、Mestmäcker, supra note 28, at 191-194.

　なお、Akman, supra note 27, at 296は、*Continental Can*判決によって、102条が起草者の意図しない方向で使われることになったと指摘している（前掲注27)も参照）。

33) 初期の判例法の展開については、根岸哲「EEC独禁法における市場支配的地位の濫用規制の展開」神戸法学30巻1号47頁（1980年）も参照。

その間の司法過程においてどのような影響が存在したのかについて十分に解明されているわけではないが、多くのドイツ出身者の手を通して少なからざる影響が存在したとする見方は、今日、根強く存在する[35]。

以上の議論を背景事情として、以下、102条の伝統的要件論を考察する[36]。

2　102条の要件と伝統的判例法による解釈

102条は、「一又は二以上の事業者が、域内市場又はその実質的部分における支配的地位を濫用することは、加盟国間取引に影響を与えるおそれのある場合、域内市場と両立せず、禁止される（各号略）」と規定する。102条の要件は、①事業者性、②支配的地位（関連市場の画定を前提とする）、③支配的地位が域内市場又はその実質的部分内部で保有されていること、④濫用、⑤加盟国間取引への影響の5つに分けられる[37]。以下、最も重要な支配的地位要件と濫用要件に関する裁判所の伝統的解釈の概要を述べる。

(1)　支配的地位[38]

ア　支配的地位要件の意義

「支配的地位」とは、判例法上、「事業者が、競争者ら、顧客ら、そして最終的には消費者らから相当程度独立して行動する力を与えられることによって、関連市場における有効な競争の維持を阻害することを可能にする

---

[34] 条約の起草過程でのオルドーリベラリズムの影響を否定的に見るAkman自身が、「ひょっとすると、オルドーリベラリズムによって影響されてきたのは、欧州委員会や欧州裁判所による102条の適用であったのかもしれない」（Akman, supra note 27, at 301）と述べる。

[35] See Ahlborn & Grave, supra note 10, at 206.「数多くのオルドーリベラリズムの概念が欧州のシステムに埋め込まれており、中には、オルドーリベラリズムとの結びつきが曖昧になったり忘れ去られたりしているものもある。」

[36] なお、市場構造への影響を重視して低い閾値で介入する発想がオルドーリベラリズムに特有なものでないことには、注意が必要であろう。かかる発想自体は、シカゴ学派が隆盛化する前の米国でも見られたものである。

[37] BELLAMY & CHILD：EUROPEAN UNION LAW OF COMPETITION ¶ 10.005（Vivien Rose & David Bailey eds., 7th ed. 2013）；ALISON JONES & BRENDA SUFRIN, EU COMPETITION LAW 259（6th ed. 2016）.

[38] EU競争法における「支配的地位」概念を整理する邦語文献として、和久井・前掲注26）参照。

経済力を有する地位」と定義されてきた[39]。この定義は、①有効な競争を阻害する能力、②独立して行動する能力の2つの要素から構成され、②については、しばしば、市場支配力を意味するものと解されてきた[40]。①②合わせて米国の独占力の定義（「価格を支配し、又は、競争を排除する力」[41]）との類似性が指摘されることもある[42]。

支配的地位要件は、行為主体の要件である[43]。

支配的地位の認定は、関連市場の画定とそこでの力の評価という2段階で行われるので、一見すると、日本法の「一定の取引分野における競争の実質的制限」と類似するようにも見えるが、日本法の当該要件とは位置付けが決定的に異なる。すなわち、日本法の当該要件が、問題の排除行為の競争に対する効果の要件であって、問題の行為の結果として市場支配力が形成・維持・強化されるかどうかを問うものであるのに対し、EUの支配的地位要件は、問題の濫用行為を行った行為主体が行為時点において支配的地位を現に有していたかどうかを問題とするもので、濫用行為の結果、市場支配力を形成・維持・強化したかどうかを問うものではない[44]。（なお、「濫用」要件の認定の際に反競争効果の立証がどの程度必要かという問題は別途存在する。後記(2)ウ。）

　イ　支配的地位の認定

支配的地位を認定する際の最も重要な要素は市場シェアである[45]。判例法によると、非常に高い市場シェアは、特段の事情がない限り、それ自体

---

[39] Case 27/76 *United Brands v. Commission* [1978] ECR 207, para. 65 ; Case 85/76 *Hoffmann-La Roche v. Commission* [1979] ECR 461, para. 38.

[40] VALENTINE KORAH, AN INTRODUCTORY GUIDE TO EC COMPETITION LAW AND PRACTICE ¶ 4.3 (9th ed. 2007).

[41] *United States v. E. I. du Pont de Nemours & Co.*, 351 U. S. 377, 391 (1956).

[42] EINER ELHAUGE & DAMIEN GERADIN, GLOBAL COMPETITION LAW AND ECONOMICS 285 (2d ed. 2011). See also JOLIET, supra note 30, at 227.

[43] 川濱昇「独占禁止法二条五項（私的独占）の再検討」『京都大学法学部創立百周年記念論文集第3巻・民事法』343-345頁（有斐閣、1999年）参照。

[44] See ELHAUGE & GERADIN, supra note 42, at 272.

[45] 支配的地位の認定における市場シェアの意義につき、和久井・前掲注26) 38頁以下参照。

において、支配的地位が存在することの証拠となる[46]。50％の市場シェアが「非常に高い」に当たるとされたケースもある[47]。支配的地位を認定された市場シェアの最も低いケースは、後述する *British Airways* 事件の39.7％である[48]。市場シェアの他には、参入障壁や買手の対抗力なども考慮される[49]。

なお、支配的地位を評価する際、当該事業者が顧客らにとって「避けることのできない取引相手（an unavoidable trading partner）」であることに言及されることがある[50]。この事実は、支配的地位の評価との関係では、判例法の定義のいう「顧客らから相当程度独立して行動する」力の根拠の1つとなりえ、また、買手の対抗力の欠落を示す事情にもなりうるが[51]（ただし、この事実のみから支配的地位が認定されるわけではない[52]）、それ以上に、本書の主題である忠誠リベートが反競争性をもつための1つの要素として、非常に重要な意味付けを与えられている（次節以下参照）。

ウ　支配的地位の帰結：特別の責任論

支配的地位ありと評価された企業は、「特別の責任」を負わされる。すなわち、「事業者は、支配的地位が存在すると認定されたからといって、それ自体によって非難されることはないが、当該事業者は、……共通市場での真に歪められていない競争を阻害する行為を行ってはならないという特別の責任を負う。」[53]

---

46)　*Hoffmann-La Roche*, para. 41.
47)　Case C-62/86 *AKZO Chemie BV v. Commission*［1991］ECR Ⅰ-3359, para. 60.
48)　See JONES & SUFRIN, supra note 37, at 325.
49)　BELLAMY & CHILD, supra note 37,¶¶10.020-10.042；RICHARD WHISH & DAVID BAILEY, COMPETITION LAW 194-197（8th ed. 2015）.
50)　E.g., *Hoffmann-La Roche*, para. 41.
51)　See JONES & SUFRIN, supra note 37, at 342.
52)　和久井・前掲注26）51頁参照。あくまで、支配的地位の考慮要素の1つを構成しうるということである。他方、次節以降で見るように、市場構造等に基づいて支配的地位を有することを既に認定された事業者に関しては、多くの顧客らにとって「避けることのできない取引相手」を構成するということはあろう。その意味で、この概念が「支配的地位の一側面を述べたにすぎない」（LUIS ORTIZ BLANCO, MARKET POWER IN EU ANTITRUST LAW 67（2012））とする評価（和久井・前掲も参照）は適切であろう。

特別の責任論は、102条事件において頻繁に言及され、支配的事業者の行為に対する特に厳格な規制の1つの根拠を構成してきた[54]。

(2) 濫用

ア 判例法による定義

「濫用」には、搾取型濫用と排除型濫用という2つの類型があるが[55]、本書の議論の対象は後者である。

ECJは、1979年の *Hoffmann-La Roche*（以下、"*Roche*"という。）判決において、「濫用という概念は、支配的地位にある事業者の行為に関する客観的な概念であり、それは、(i)問題の事業者がまさに存在する結果として競争の程度が弱められている市場の構造に影響し、かつ、(ii)製品やサービスにおける事業者の取引を基礎とする通常の競争を支配する方法とは異なる方法に頼ることを通して、市場に残存する競争の程度の維持又は競争の成長を妨げる効果を有する行為である。」（記号は加筆）と定義し[56]、以後、この定義を踏襲している。

この定義によると、「濫用」の評価は、①「……通常の競争とは異なる方法」という手段行為の評価に関連する部分と、②「……競争の程度が弱められている市場の構造に影響し、かつ、……市場に残存する競争の程度の維持又は競争の成長を妨げる効果」という競争に対する効果に関連する部分の2つの要素から構成される[57]。

---

53) E.g., Case T-203/01 *Manufacture Française Des Pneumatiques Michelin v. Commission* (*Michelin Ⅱ*) [2003] ECR Ⅱ-4071, para. 55. 初出は Case 322/81 *NV Nederlandsche Banden-Industrie Michelin v. Commission* (*Michelin Ⅰ*) [1983] ECR 3461, para. 57.

54) 例えば、「支配的地位にある事業者は、それ自体として濫用的ではなく、非支配的事業者が行った場合には違法となる余地のない一連の行為や手段を採用する権利を奪われうる。」(E.g., Case T-111/96 *ITT Promedia v. Commission* [1998] ECR Ⅱ-2937, para. 139)。

55) 搾取型濫用は、支配的事業者が市場支配力を利用して顧客を直接搾取する行為、排除型濫用は、競争者の排除や参入障壁の引上げを通じて市場での競争を阻害する行為である。See JONES & SUFRIN, supra note 37, at 351; BELLAMY & CHILD, supra note 37, ¶ 10.064.

56) *Hoffmann-La Roche*, para. 91.

イ　手段行為の識別問題：「……通常の競争とは異なる方法」の解釈（歴史的沿革と解釈論の現状）

　上記 *Roche* 判決の「濫用」の定義は、元々はドイツの議論からの継受であったという有力な指摘がある[58]。特に、*Roche* 判決の定義のうち手段行為の適切性に言及する部分については、判決本来の意図としては、ドイツ由来の概念である"Leistungswettbewerb"（業績競争）に当たるかどうかを基準としており、そのことは、同事件の使用言語ドイツ語原文からは明らかであったという指摘もある[59]。もっとも、非ドイツ語圏の学者・実務家にとって *Roche* 判決の意味内容は自明ではなく[60]、判決本来の意図が何であったにせよ、周知のように、その後、業績競争と非業績競争（妨害競争）の区別という形での解釈論が展開されることはなかった。

　現在では、*Roche* 判決の定義にかかる解釈論は、「通常の競争（normal competition）」という表現を軸に展開し、「ノーマルな」競争と「ノーマルでない」競争の識別問題という形で議論されることが多い[61]。しばしば、「通常の競争」とは、「能率に基づく競争（competition on the merits）」のことであると言い換えられる[62]。欧州の裁判所自身が、上記アの濫用の定義に引き続いて、「102条は、支配的事業者が能率に基づく競争以外の手段によって競争者を除去しその地位を強化することを禁止している」と述べることもある[63]。

　もっとも、「通常の競争」を「能率競争」という言葉に置き換えたからといって、問題は全く解決しない。「能率競争」という語自体、内容の不明確

---

57)　See John Kallaugher & Brian Sher, *Rebates Revisited : Anti-Competitive Effects and Exclusionary Abuse under Article 82*, 25（5）E.C.L.R. 263, 269-270（2004）; Denis Waelbroeck, *Michelin Ⅱ : A Per Se Rule Against Rebates by Dominant Companies?*, 1 J. Competition L. & Econ. 149, 160-161（2005）.

58)　Kallaugher & Sher, supra note 57, at 268-272 ; Liza Lovdahl Gormsen, *Article 82 EC : Where Are We Coming From and Where Are We Going To?*, 2（2）The Competition L. Rev. 1, 16-19（2006）. 彼らは、*Roche* 判決による濫用の定義全体が、当時、西ドイツ競争制限禁止法（GWB）の濫用規制の文脈で Peter Ulmer が提唱し、複数のベルリン高裁判例で採用された基準とほぼ同じであったと指摘する。（70年代の西ドイツの学説や裁判例の動向は、岸井・前掲注19）参照）。なお、*Roche* 判決をドイツの議論と関連付ける見方への批判として、NAZZINI, supra note 27, at 169-171 参照。

なものであり、「通常の競争」という概念と同様に、それ自体が判断基準として機能するものではない。そのため、欧州の裁判所は、従来、例えば、

---

59) Kallaugher & Sher, supra note 57, at 269-270；Gormsen, supra note 58, at16-19. 業績競争概念については、前掲注 19) とそこで引用した文献参照。

 　Roche 判決の問題の箇所（¶91 後段）の英語版は、"normal competition……on the basis of the transactions of commercial operators" というものである。ところが、"transactions" と英訳された箇所は、ドイツ語版では、"*Leistungen*"（ここでは、「業績」や「成果」の意味で捉えるのがより好ましいと思われる。業績競争をめぐる議論における "Leistung" という単語のニュアンスは、前掲注 19) 後段の文献参照。）という単語が用いられていた。Kallaugher らは、この「"*Leistungen*" を基礎とする通常の競争」という文言が、ドイツ語 "Leistungswettbewerb"（業績競争）概念を意味していたのは、前注の経緯も踏まえると自明であったと主張する。彼らは、*Roche* 判決がドイツ語 "*Leistungen*" を（欧州裁判所の作業原語である仏語 "prestations" を介して）"transactions" と英訳したことを、「誤訳」と断じている。ドイツ語の "Leistungswettbewerb"（業績競争）は、英語では "performance competition" と表現されることが多いので、彼らは、問題の箇所の英語版は、"normal competition on the basis of *performance*"（業績、成果を基礎とする通常の競争）とされるべきだったと指摘する。実際に、*Roche* 判決の数年後の *Michelin I* 判決では、問題の箇所は、"performance" という語に改められていた（¶70）。（ただし、*Michelin I* の後のほとんどの 102 条事件の英語版では、*Michelin I* 判決版の定義ではなく、彼らの言う「誤訳」を含む *Roche* 判決版の定義が引用されるのが常であるが）。なお、本書では、判決英語版で "transaction" という語が使われている箇所（次節にも登場する）は、便宜上、全て「取引」と訳出している。

 　ところで、*Roche* 判決では、上記濫用の定義を示した箇所とは全く別の文脈で、下流での買手段階の差別の問題に言及した箇所でも、差別を禁じる 102 条(c)項の「……同等の*取引（給付）*について異なる条件を適用し……」の「取引（給付）」の箇所の各国語の文言を受けて、英語版 "transactions"、独語版 "Leistungen"、（仏語版 "prestations"）の対応関係が見られる。筆者の憶測になるが、「濫用」の定義が問題となった場面でも "transactions" という英訳を当てたのは、単に、102 条(c)項の差別が問題となった場面と訳語を統一したためかもしれない。

60) See Kallaugher & Sher, supra note 57, at 270.
61) See ibid；Whish & Bailey, supra note 49, at 208.
62) Whish & Bailey, supra note 49, at 209；OECD Roundtable on Competition on the Merits：DAF/COMP 27, at 22（2005）；Waelbroeck, supra note 57, at 160-161. なお、業績競争概念と能率競争概念は、しばしば区別されずに言及されるが、厳密に同じというわけではない。両者の相違につき、川濵昇ほか「競争者排除型行為に係る不公正な取引方法・私的独占について——理論的整理」注 12（公正取引委員会競争政策研究センター、2008 年）参照。
63) E.g., Case T 228/97 *Irish Sugar plc v. Commission* [1999] ECR II-2969, para. 111.

略奪価格、忠誠リベート、取引拒絶など、行為形式ごとに通常の競争に当たらないと考えられるパターンを類型化し、それぞれについての判断基準を発展させることによって濫用性を判断してきた。

　ウ　競争に対する効果の内容と立証水準

　「形式ベース」という批判は受けるものの、欧州の裁判所は、決して、効果分析を不要としていたわけではない。Roche 判決の判示に見られるように、欧州裁判所は、競争制限効果の立証そのものは必要であると解してきた[64]。ただし、その視点が、市場構造に対する（形式的な）害の観点に大きく傾斜していた。Roche 判決の判示は、経済的な意味での閉鎖効果や反競争効果の真剣な検討を意図するものでは全くなく、上述したオルドーリベラリズム的発想から、参入者や競争者にとって潜在的な何らかの不利益があれば、それだけで上記のような「効果」ありと考えられたという指摘もある[65]。

　競争制限効果の立証に関し、裁判所は、一貫して、問題の行為が競争を制限する傾向、あるいは能力（capability）を有することを立証すれば十分であり、現実の効果や具体的な効果を立証する必要はないと判示してきた[66]。

(3)　小括

　伝統的判例法理による以上の枠組みには曖昧な点も多いが、欧州の裁判所は、明らかに、支配的事業者の「特別の責任」論の下で、支配的事業者が行った行為の形式や抽象的性質を重視して濫用性を認定し、市場の実態に基づく詳細な効果分析は実施してこなかった。それゆえ、しばしば「形式ベース」のアプローチあるいは「（事実上の）当然違法原則」と批判されてきた。実際に、次節で見るように、我が国でいう「市場支配力の形成・維持・強化」と同等のレベルの反競争効果の立証は要求されていなかった。確かに、競争的な市場構造の保護という観点からみると、彼らのアプロー

---

64)　Michelin II判決において、Roche 判決の定義の解釈が問題となった際、CFI は、102 条の文言は反競争効果に関する文言を含まないものの、濫用と認定されるのは問題の行為が競争を制限する場合のみであると判示した。Michelin II, paras. 235-239.

65)　Kallaugher & Sher, supra note 57, at 271.

66)　E.g., Michelin II, para. 239.

チにも合目的性がなかったわけではない。しかしながら、彼らのアプローチを消費者厚生や効率性の観点との間でも整合的に理解するためには、「競争者間の競い合い (rivalry) という構造的なプロセス」を保護することが長期での厚生に資する[67]という、因果性の強い存在を想定することが求められる[68]。確かに、市場構造への害が消費者厚生や効率性への害に結びつく場合もないわけではない。しかしながら、競争プロセスや市場構造に対する形式的な害は、単に支配的企業が自己の効率性を発揮する過程でも生じうるので、かかる理解は、ダイナミックな効率性や偽陽性の危険を重視する観点からすれば、危険性を有する[69]。それゆえ、問題の行為が消費者厚生や効率性への害をもたらしうるかどうかを判断するには、経済学の知見に基づく事案に即した検討が必要であると考えられ、効果ベースのアプローチへの流れが登場するのである。

以下で見るように、忠誠リベートという分野は、形式ベースのアプローチに対する批判が最も強く現れた分野であった。

---

67) 欧州委員会競争総局に長年所属し、2000年代初頭にユニット長も務めたGyselenは、この認識を示していた。See Luc Gyselen, *Rebates : Competition on the Merits or Exclusionary Practice?, in* EUROPEAN COMPETITION LAW ANNUAL 2003 : WHAT IS AN ABUSE OF A DOMINANT POSITION? 287, 290-291 (Claus Dieter Ehlermann & Isabela Atanasiu eds., 2006).

68) See Kallaugher & Sher, supra note 57, at 276-277.

69) See ibid ; Philip Marsden & Liza Lovdahl Gormsen, *Guidance on Abuse in Europe : The Continued Concern for Rivalry and A Competitive Structure*, 55 Antitrust Bull. 875 (2010).

第 2 節
形式ベースのアプローチの下での忠誠リベートにかかる伝統的判例法理（1970年代～2000年代前半）

第 1 款　判例法理の形成期（1970 年代～1980 年代）

1　*Suiker Unie（European Sugar Industry）*[70]：（狭義の）忠誠リベートと数量リベートの区別論の萌芽

　欧州での忠誠リベートにかかる最初の重要事件が、*Suiker Unie* 事件である。この事件は、欧州の広範囲で行われた砂糖業界でのカルテルを主要な関心とする事件であったが、同時に、カルテル参加者の 1 社ドイツ企業 Südzucker Verkauf GmbH（以下、"SZV" という。）が実施した忠誠リベートが支配的地位の濫用に当たるとされた事例である。

　ドイツ南部の砂糖市場で支配的地位を有していた SZV は、砂糖の年間必要量を同社から排他的に購入することを条件として、顧客らにリベートを供与した[71]。顧客らは、安定供給を必要としつつも貯蔵施設を十分には保有していなかったため、砂糖必要量の少なくとも一部を SZV に依存していた。そのため、顧客らにとって、SZV の競争供給業者らがより有利な価格を提示した場合でも、彼らから購入する利益よりも SZV からのリベートを失う不利益の方が大きかった[72]。

　ECJ は、SZV の行為が支配的地位の濫用に当たるとした委員会の判断を是認した。SZV の側が、本件のリベートは適法な「通常の価格引下げ」で

---

[70]　Commission Decision of 2 January 1973, Case Ⅳ/26 918, *European Sugar Industry* [1973] O.J. L 140/17 ; Joined Cases 40-48, 50, 54-56, 111, 113 and 114/73 *Suiker Unie and others v. Commission* [1975] ECR 1663.

[71]　リベート総額は、砂糖 100 kg 当たり 0.3 ドイツマルクの割合で算定された。*European Sugar Industry*, O.J. L 140/29 ; *Suiker Unie*, para. 499.

あると主張したのに対し、ECJ は、「問題のリベートは、当該生産者からの購入数量のみにリンクする数量リベートとして扱われるべきではない。……問題のリベートは、金銭的利益の供与を通して顧客が競争生産者から供給を受けることを妨げることを意図した『忠誠 (loyalty)』リベートとして扱われるべきである」と判示した[73]。また、ECJ は、問題のリベートは、SZV 以外の事業者からも砂糖を購入したかどうか次第で、SZV から同じ量の砂糖を購入した顧客らに請求される (リベート勘案後の) 価格が異なることを理由に、102 条(c)項の差別に該当することも認定した[74]。

この判決は、(狭義の) 忠誠リベートと数量リベートを概念上区別して前者を厳格に規制する方向性を曖昧ながらも初めて示したものであり[75]、以後の事案で頻繁に参照されている。ただし、「忠誠リベート」という概念の意味内容は抽象的な形でしか示されておらず、裁判所の考え方がより具体化・明確化されるには次の 2 以降の判例を待たねばならなかった。

次に取り上げる *Hoffmann-La Roche* 判決は、忠誠リベートにおける最重要判決である。

2 *Hoffmann-La Roche*[76]：支配的事業者による (狭義の) 忠誠リベートに対する事実上の当然違法宣言

(1) 事案の概要

バルクビタミンの世界最大の製造業者 Hoffmann-La Roche (以下、"Roche"という。) は、主要な大口顧客 22 社 (原決定によると、1974 年、これらの顧客は、Roche の売上の 26％、共通市場でのビタミンの総売上の 16％ を占めていた) との間で、排他的な協定を実施した。協定の内容は同じではなかっ

---

72) *European Sugar Industry*, O.J. L 140/39-40；*Suiker Unie*, paras. 503. 原決定によると、顧客の年間必要量が数万トンに上ることもまれではなく、SZV は砂糖を他から購入した顧客に対して実際にリベートを打ち切ることもあったため、SZV の競争相手である外国企業の価格が SZV の価格より 1 トン当たり 10〜20 ドイツマルク低いにもかかわらず顧客が輸入をやめてしまったケースもあった。
73) *Suiker Unie*, para. 518.
74) Id. paras. 522-523.
75) 用語につき、第 1 章 3 参照。

たが、次の共通の性質を有していた。①各顧客は、必要量の全て又は大部分（占有率の形で示されていた協定もある）を Roche から入手する義務を課され、あるいは、②そのような義務がない場合でも、必要量の全て又は大部分を Roche から入手する場合にリベートを与えられた。リベートは、しばしば、1つのビタミンではなく、様々な種類のビタミンの総購入量に基づいて計算された。Roche は、競争者と比べて多くの種類のビタミンを製造販売し、また、多くの種類のビタミンにおいて高い市場シェアを有しており、顧客らにとって「避けることのできない取引相手（an unavoidable trading partner）」[77]であった。

(2) ECJ の判断

ECJ は、Roche の行為の違法性を認め、後続の事件で頻繁に依拠されることになる以下の著名な一般論を提示した。

ア-1　支配的事業者による排他的購入義務の違法性

「市場において支配的地位にある事業者が、必要量の全て又は大部分を当該支配的事業者から排他的に入手するという義務や約束によって購入者らを拘束することは、（たとえそれが購入者らの要望によるものであったとしても）［102条］の意味で支配的地位を濫用するものである。」[78]

ア-2　支配的事業者による（狭義の）忠誠リベートの違法性

上記に引き続き、「当該事業者が、正式な義務によって購入者らを拘束するのではなく、購入者らとの間で締結した協定の条件の下で、又は一方的

---

76) Commission Decision of 9 June 1976, Case Ⅳ/29.020, *Vitamins*,［1976］O.J. L 223/27； Case 85/76 *Hoffmann-La Roche v. Commission*［1979］ECR 461. この事件は、102条規制全体を通じて最重要事件の1つであり、我が国でも数々の紹介がなされている。事案の詳細や本書で取り上げない争点については、根岸・前掲注33) 60-64, 78-79頁、越知保見『日米欧独占禁止法』542-543頁（商事法務、2005年）、村上政博『EC 競争法（第2版）』223-226頁（弘文堂、2001年）等を参照。本件では、忠誠リベートの他に、いわゆる英国条項（"English clause"、Roche の競争製造業者が顧客に Roche より低い価格をオファーした場合、当該顧客は Roche にこれを報告するものとされ、Roche は当該価格にマッチすることができる。）なども問題となった。

77) *Hoffmann-La Roche*, para. 41. この判示は、後の *Intel* 事件において、後述するマストストックの観点と結びつける形で参照されることになる。後記第4章参照。

78) *Hoffmann-La Roche*, para. 89 第一段。

に、忠誠リベートというシステム、すなわち、(その購入数量の多寡にかかわらず)顧客が必要量の全て又は大部分を当該支配的事業者から入手することを条件とする値引きシステムを適用する場合も、同様である。」[79](なお、本判決は、別の箇所で、購入者が排他条件を遵守しなかった場合に契約違反に問われることはなく、単に約束されたリベートの利益を失うだけであるとしても、かかるインセンティブを与えること自体、支配的地位の濫用を認定するのに十分であるという趣旨も述べる[80]。)

イ 上記アの根拠

「特定の事業者から排他的に供給を受けるというこの種の義務は、……共通市場内部での歪められない競争という目的[81]と両立しない。なぜなら、[101条]とりわけ同条(3)項の文脈で事業者間の協定を許容する特段の事情が存在しない限り、この種の行為は、その負担や利益を正当化する経済的な取引[82]に基づくものではなく、購入者から供給源の選択を奪い又は制限し、他の生産者らの市場へのアクセスを否定することを意図しているからである。

忠誠リベートは、当該生産者からの購入数量のみにリンクする数量リベートと異なり、金銭的利益の供与を通して、顧客らが競争生産者らから供給を受けることを妨げることを意図している。

さらに、忠誠リベートは、取引相手らに対して、同等の取引に関して異なる条件を適用する効果を有する。当該支配的事業者から排他的に供給を受けるか、それとも、複数の供給源を有するかによって、購入者らが、同じ製品・同じ数量について異なる価格を支払うことになる[83]。

最後に、支配的地位にある事業者が、とりわけ拡大しつつある市場においてこれらの行為を行うことは、達成された取引[84]に基づかない形式の競

---

79) Id. para. 89 第二段。
80) Id. para. 111.
81) 当時の EEC 条約3条(f)(「共通市場における競争が歪められないことを確実にするシステムの確立」を目的の1つに掲げる)参照。
82) ここでも、英語版では "transactions" だが、独語版では *Leistungen* である。前掲注59)参照。
83) 102条(c)項が念頭にあるのであろう。

争、つまり、歪められた形式の競争によって、その地位を強化する傾向を有する。」[85]

(3) 意義

ア 排他的購入義務・(狭義の) 忠誠リベートの先例としての受容

本件は、事実関係の点では、純然たる単一製品での排他的行為ではなく、Rocheが代替性のない広範囲のビタミンにまたがって有する強力な地位を背景にして行った、抱き合わせやバンドリングの要素を含んでいる。しかしながら、支配的事業者が排他的購入義務や(狭義の)忠誠リベートを実施することは支配的地位の濫用に該当するという一般準則を明確に宣言した上記(2)アの判示が、後続の事案を強く支配することになったため、本判決は、以後、排他的購入義務と(狭義の)忠誠リベートに関するリーディングケースとして広く読まれることとなった。

本判決は、支配的事業者によって行われる場合直ちに禁止対象となる「忠誠リベート」を、「必要量の全て又は大部分」の購入を条件とするリベートとして定義しており、この定義も以後の事案で踏襲される。

イ 効果分析の程度

本判決は、支配的事業者が排他的取引や(狭義の)忠誠リベートを行うこと自体を形式的に禁じる一般論を提示した結果、最近の我が国や米国であれば行われるような市場閉鎖効果に関する分析を明示的にはほとんど実施せず、また、要求もしなかった[86]。

ウ 小括

以上のような本判決は、市場閉鎖効果の分析を要求することなく、顧客の供給源選択の自由や競争者の市場へのアクセスを制限する性質を有する点を重視して支配的事業者による排他的取引やリベートスキームを厳格に規制するその後の方向性を、決定付けることとなった。本判決の文言は、

---

84) 前々注に同じ。
85) *Hoffmann-La Roche*, para. 90.
86) 原決定では、Rocheの売上の26%、共通市場でのビタミン総売上の16%を占める主要な顧客22社との間で協定が実施されたことの言及があるものの、濫用該当性の評価と結びつけられているわけではない。

裁判所による厳格なアプローチの象徴として、学説の厳しい批判の標的となってきた[87]。本判決の文言や考え方は、オルドーリベラリズムやドイツの学説との結びつきも指摘され、ECJ は Roche の行為が業績競争に当たるかどうかの検討を行っていたという見方もある[88]。

本判決は、必要量の全て又は大部分の購入を条件とする（狭義の）忠誠リベートと数量リベートの区別論を前提に、前者に該当する行為への 102 条の適用が問題となった事案であり、後者についての判断を含むものではない。次の *Michelin* I 事件において、数量リベートが違法となる場合についての初めての判断が下された[89]。

3 *Michelin* I[90]：数量リベートにかかる判断枠組みの形成

(1) 事案の概要

トラックやバスなどの重量車用の新規取替用タイヤにかかるオランダ市場で支配的地位にあった Michelin NV（市場シェアは概ね 60％程度）は、タイヤディーラーらに対して、以下の特徴を含む複雑な値引きシステムを構築した。

ア 個別数量目標とリンクする遡及的な値引きシステム

Michelin NV が供与する値引きの一部は、ディーラーが、Michelin 製重量車用タイヤの年間販売数量目標を達成することを条件としていた。数量目標は、ディーラーごとに個別的に設定されており、最も大きい数量目標は、概ね、各ディーラーの前年度の Michelin タイヤの販売量を上回っていた。Michelin NV の主張によると、数量目標を達成した場合に適用される値引き率と達成できなかった場合に適用される値引き率の差は、わずか 0.2％

---

87) See JONES & SUFRIN, supra note 37, at 431, 438-439.
88) See Kallaugher & Sher, supra note 57, at 270-271；Gormsen, supra note 58, at 18.
89) *Roche* 判決後の（狭義の）忠誠リベートに関する他の先例の概要は、Gyselen, supra note 67, at 296-307 を参照。
90) Commission Decision of 7 October 1981, Case Ⅳ/29.491, *Bandengroothandel Frieschebrug BV/NV Nederlandsche Banden-Industrie Michelin* ［1981］O.J. L 353/33；Case 322/81 *NV Nederlandsche Banden-Industrie Michelin v. Commission*（*Michelin* I）［1983］ECR 3461.

から0.4％にすぎなかったが[91]、それらの値引き率は1年間の全販売数量に対して適用されるため（遡及性）、値引き総額では大きな差が生じた。

　イ　不透明性

　Michelin NVの値引きシステムは透明性を欠いていた。ディーラーらは、値引きの基準や規模を文書では知らされず、不確実な立場に置かれ、しばしば、年度末に実際に値引きを受け取るまで最終的な値引き額がいくらになるのか計算することが困難であった。

　重量車用タイヤにかかるMichelin NVの製品範囲は競争者と比べて非常に広く、また、タイヤのエンドユーザーらがMichelin製品を強く選好していたため、オランダ国内のディーラーにとって、Michelinタイヤを扱わずに事業活動を行うことは困難であった[92]。

(2) ECJの判断

　Michelin NVが、同社の値引きは適法な数量値引きであると主張したのに対し、ECJは、ディーラーらに対する拘束性を理由として同社の行為の濫用性を認定し、以下のように判示した。

　ア　（狭義の）忠誠リベートと数量リベートの区別論

　「当裁判所は、*Suiker Unie*判決と*Hoffmann-La Roche*判決において、支配的製造業者からの購入数量のみにリンクする数量値引きとは対照的に、顧客らへの金銭的利益の供与を通して彼らが競争製造業者らから供給を受けることを妨げる傾向を有する忠誠リベートは、［102条］の意味で濫用を構成すると判示した。」[93]

　イ　本件のスキームの独自性

　「本件で問題のシステムは、販売目標の利用という特徴を有するところ、このシステムは、製品の購入数量のみにリンクする単なる数量値引きではない……。他方、問題のシステムは、ディーラーに対して、排他的取引協定に合意することや、必要量の特定割合をMichelin NVから購入するこ

---

91) *Michelin* I, para. 68. 委員会は、この率を最終的には争わなかった。
92) Id. paras. 55-56.
93) Id. para. 71.

とを要求していない。この点で、問題のシステムは、*Hoffmann-La Roche* 判決で当裁判所が検討しなければならなかったタイプの忠誠リベートからも区別される。」[94]

ウ 違法性判断基準の提示

「したがって、Michelin NV が値引きシステムの適用によって支配的地位を濫用したかどうかを判断する際には、全ての状況、とりわけ値引きを供与する基準とルールを検討し、(ⅰ)当該値引きを正当化する何らかの経済的なサービスに基づかない利益を与える際、(ⅱ-1)当該値引きが買い手の供給源選択の自由を除去又は制限する傾向を有するかどうか、(ⅱ-2)競争者らの市場へのアクセスを禁じる傾向を有するかどうか、(ⅱ-3)取引相手らに対して、同等の取引に関して異なる条件を適用する傾向を有するかどうか、又は(ⅱ-4)競争を歪めることによって支配的地位を強化する傾向を有するかどうかを検討することが必要である。」[95]

エ 本件の考察：拘束性

ECJ は、以上の一般論を前提として本件のスキームのディーラーに対する拘束性を検討し、特に次の(ア)〜(ウ)を指摘した[96]。

(ア) 遡及性と参照期間の長さ

問題の値引きシステムは、1年間の参照期間（reference period）に基づくところ、比較的長い参照期間中に販売された数量に応じて値引きが供与される場合、期末のわずかな注文によって当該年度の値引き額全体に大きく影響する。それゆえ、目標を達成する場合とそうでない場合の値引き率の差がわずかな場合でさえ、ディーラーらは相当なプレッシャーにさらされ

---

94) Id. para. 72. 以後の事案で、本件のようなスキームは、「ターゲットリベート」という括りで言及されることがある。なお、ここでの判示によると、排他性を条件とするリベートや占有率リベートが *Roche* 判決型の（狭義の）忠誠リベートに該当することは明らかであるが、他方、行為者が顧客らの必要量を予測した上で必要量ぎりぎりの数量閾値を設定したような場合、どのように扱われるのかは定かでない。そのような行為が「忠誠リベート」として扱われたと見られる事件も存在する一方で、後記 *Tomra* 事件では、次のウで述べる数量リベート型の枠組みの下で判断されている。

95) Id. para. 73. 記号は加筆。

96) Id. paras. 81-83.

る。

　(イ) Michelin NV と競争者の市場シェアの乖離

　Michelin NV の市場シェアが主要競争者の市場シェア（4%～8%）と比べて非常に大きいため、Michelin NV の値引きの年間総額を考慮すると、競争者は、Michelin NV に対抗するには、非常に大きな値引き率を設定しなければならなかった[97]。競争者らにとって、Michelin NV の販売数量目標を達成できない場合にディーラーらが受ける損失を補償することは、困難であった。

　(ウ) 不透明性（上記(1)イ参照、略）

　(エ) 総括

　ECJ は、以上の事実に基づき、問題の値引きスキームは、ディーラーらの供給源選択の自由を制限するものであるとして、「Michelin NV は、値引きシステムを通してオランダのディーラーらを自身に拘束することによって、重量車用の新規取替用タイヤにかかる市場において支配的地位の濫用を犯した」と判示した[98]。

　(3) **意義**

　本判決は、*Suiker Unie*、*Roche* 両判決で示唆された（狭義の）忠誠リベートと数量リベートの区別論を前提としつつ、前者には該当しないような数量目標を利用するスキームも違法となりうることを示し、その違法性判断基準を設定したものである。本判決が設定した基準は、本件以後の数量リベートの事案で依拠されることになる。本判決の基準は、*Roche* 判決が述べた（狭義の）忠誠リベートの違法性の根拠（上記2(2)イ）と内容的にほぼ重複しており、（狭義の）忠誠リベートの場合には性質上当然満たされると考えられたそれらの根拠が、問題の数量リベートスキームにも当てはまるかどうかを問うものと言えよう。

　なお、本判決は、*Suiker Unie*、*Roche* の両判決と異なり、102条(c)項の差

---

[97] 　法務官は、Michelin NV の 0.2% から 0.4% の値引きに対抗するには、競争者らは、それぞれ 2.8% から 6.4% の値引きを提供する必要があると指摘していた。See Opinion of MR Advocate General Verloren Van Themaat, [1983] ECR 3529, 3540.

[98] 　*Michelin* Ⅰ, paras. 84–86.

別を否定しており、ディーラーらに対する拘束性一本で濫用性を認定している[99]。

第2款　2003年の2つのCFI判決の波紋

2003年、CFIは、数量リベートに関する2つの委員会決定を相次いで是認した。*Michelin II*と*British Airways*である。両事件で問題となった行為は、以前の先例と比べても悪性が低いと考えられるものであったにもかかわらず、CFIは、極端に形式的な方法で違法と判断してしまったため、学説からの激しい批判を招いた。2003年は、大西洋の対岸である米国において、バンドルリベートに関する*LePage's*控訴審判決[100]が出た年でもあり、この年以後、忠誠リベートに関する論稿は欧州と米国で激増し、活発な議論が交わされることになった。

1　*Michelin II*[101]：標準数量リベートへの拡大

(1)　事案の概要

トラックやバスの新規取替用タイヤにかかる市場とトラックやバスの再生タイヤにかかる市場の各フランス市場において大きな市場シェア（概ね50%〜60%程度）を有していたMichelinは、複雑な流通政策を実施していた。本件では、同社の流通政策を構成する複数の行為のそれぞれが濫用に当たるとされたが、以下では、欧州において本件で初めて違法とされた標準数量リベートのみを取り上げる。

Michelinは、1年間の参照期間中にディーラーが達成したMichelinタイ

---

99) 委員会は102条(c)項違反も認定していたが、ECJは、差別の立証がないとして取消した。
100) *LePage's Inc. v. 3M*, 324 F.3d 141（3d Cir. 2003）(en banc)。
101) Commission Decision of 20 June 2001, Case COMP/E-2/36.401/PO—*Michelin* [2002] O.J. L 143/1；Case T-203/01 *Manufacture Française Des Pneumatiques Michelin v. Commission*（*Michelin II*）[2003] ECR II-4071. Michelin代理人弁護士によるCFI判決の評釈として、Waelbroeck, supra note 57、委員会の原決定の担当者によるCFI判決の評釈として、Christian Roques, *CFI Judgment, Case T-203/01, Manufacture Française Des Pneumatiques Michelin v Commission*, 25（11）E.C.L.R. 688（2004）がある。

ヤ売上高に応じて、予め累進的に設定されたリベートを翌年に供与した。目標売上高とリベート率の関係を示すリベート表は、ディーラーごとに個別化されてはおらず、全てのディーラーに対して同一の標準スキームであった。所定のリベート率は、当該 Michelin タイヤにかかるディーラーの1年間の全売上に対して適用されたので、売上高が1つ上の閾値に到達することによって、ディーラーは、前の閾値を上回った部分だけでなく全売上との関係で、1つ上のリベート率に基づいて算定されたリベートを獲得できた（遡及性）。本判決が典型例として言及したある時期のリベート表は、次のようなものであった[102]。

(T/O：売上（フランスフラン）、Rate：リベート率)

T/O	Rate	T/O	Rate	T/O	Rate	T/O	Rate
9,000	7.50	172,000	10.65	5,855,000	11.85	10,660,000	12.45
15,000	8.50	241,000	10.75	6,242,000	11.90	11,170,000	12.50
25,000	9.00	492,000	10.85	6,604,000	11.95	11,730,000	12.55
30,000	9.25	757,000	10.95	6,934,000	12.00	12,520,000	12.60
35,000	9.50	1,030,000	11.05	7,280,000	12.05	13,380,000	12.65
45,000	9.85	1,306,000	11.15	7,640,000	12.10	14,314,000	12.70
60,000	10.00	1,656,000	11.25	8,020,000	12.15	15,314,000	12.75
80,000	10.10	2,100,000	11.35	8,415,000	12.20	16,385,000	12.80
100,000	10.20	2,663,000	11.45	8,830,000	12.25	17,532,000	12.85
118,000	10.35	3,376,000	11.55	9,260,000	12.30	18,792,000	12.90
142,000	10.50	4,280,000	11.65	9,710,000	12.35	20,145,000	12.95
		5,136,000	11.75	10,180,000	12.40	22,000,000	13.00

---

[102] このリベート表の場合、数量閾値は全部で47段階から構成されており、売上高9,000フランを超えると最小の7.5％のリベートを、売上高2200万フランを超えると最大の13％のリベートを与えられた。なお、リベート表は、タイヤの種類に応じて数種類存在した。

原決定によると、ディーラーらは Michelin に経済的に依存しており、Michelin は彼らにとって「避けることのできない取引相手」であった。特に、本件では、ディーラーらの利益率が低く、ディーラーらは、Michelin からリベートを受け取る前は損失を出しながら販売していた。

(2) CFI の判断
ア　一般論

　CFI は、*Roche* 判決等から「濫用」の定義、支配的事業者の特別の責任論、（狭義の）忠誠リベートの違法性とその根拠を立て続けに引用した上、さらに以下の一般論を展開した。

　(ｱ)　リベートの濫用性に関する統一基準としての「閉鎖効果」

　「一般化すると、市場において閉鎖効果を有するリベートシステムは、支配的地位にある事業者によって適用される場合、[102 条]に違反するものと考えられる。」[103]

　(ｲ)　数量リベートの原則的許容性とその根拠の明示

　「支配的地位を有する事業者からの購入数量のみにリンクする数量リベートシステムは、一般的には、[102 条]によって禁じられる閉鎖効果をもたないものと考えられる。供給される数量の増加が供給業者にとってのコスト低下をもたらすのであれば、供給業者は、より有利な料金という形式で、顧客に対して当該コスト減を移転する資格がある。したがって、数量リベートは、支配的地位にある事業者による効率性と規模の経済の利得を反映するものと考えられる。」[104]

　(ｳ)　数量リベートが違法となる場合：*Michelin I* 判決の基準の踏襲

　CFI は、「したがって、数量リベートシステムが濫用的かどうかを判断する際には……」として、上記 *Michelin I* 判決の基準（前款 3(2)ウ）を引用した[105]。

---

[103]　*Michelin II*, para. 57. CFI は「閉鎖効果」の意味を明示していないが、おそらく拘束性の問題に重点があり、第 1 章注 55）の意味での「市場閉鎖効果」と比べてかなり低い水準で認識されていると思われる。

[104]　Id. para. 58.

[105]　Id. para. 60.

イ　本件の判断対象：忠誠心誘因性の有無と閉鎖効果の推認

CFIは、以上の一般論を提示した後、本件の検討に移り、突如、次のように判示した。

「判例法によると、支配的地位にある事業者によって適用される忠誠心誘引的な（loyalty-inducing）リベートシステムは、［102条］によって禁じられる閉鎖効果を有することを推認される。それは、当該リベートシステムが差別的かどうかを問わない。」[106]（「忠誠心誘引的」とは、「ディーラーらを申立人 Michelin に拘束し、同社の競争者らから供給を受けることを妨げようとしている」こととされる[107]。）

ウ　本件の評価

CFIは、様々な検討を経た後、最終的に、①（リベート表の）低い段階と高い段階との間で値引き率の有意な差が存在し、②参照期間が1年で、③参照期間中に達成された総売上に基づいて値引きが決定される数量リベートシステム（つまり遡及的な数量リベート）は、忠誠心誘引的な性質を有するものと判断した[108]。（なお、CFIは、問題のリベート表は透明であったとい

---

[106]　Id. para. 65. *Michelin I* 判決において差別の認定は否定されたが違法性の結論は維持されたことを指摘している。なお、本件では、［102条］(c)項の差別は元々問題となっていない。

[107]　Id. para. 66.

[108]　Id. para. 95. なお、CFIは、遡及リベートの効果を際立たせるため、仮に増分的なスキームであった場合との効果の違いを実際に計算して見せた。問題のリベート表によると、Michelin タイヤの1年間の売上が2万9999フランの場合リベート率は9％、3万フランの場合リベート率は9.25％で、両者の差は0.25％であった。増分的なスキームの下では、ディーラーが、売上を2万9999フランから3万フランに1フラン増やした場合、追加的に得られるリベートは0.0025フラン（増分売上1フラン×0.25％）である。ところが、遡及的なスキームの下では、リベート率の差0.25％が売上全体に対して遡及的に適用されるので、ディーラーが追加的に得られるリベートは、75フラン（全売上3万フラン×0.25％）となる。つまり、遡及的なスキームの下では、売上を1フラン増やすことによって、その75倍に達する75フランものリベートを得られる。CFIは、この分析に基づき、「数量リベートシステムによって作り出される購入インセンティブは、値引きが一定の期間中に達成される総売上に基づいて計算される場合、値引きが増分部分のみによって計算される場合よりもはるかに大きい。参照期間が長い程、数量リベートシステムは、より忠誠心誘引的となる」と判示した。Id. paras. 87-88.

うMichelinの主張に対し、「忠誠心誘引的なリベートシステムは、透明であろうがなかろうが［102条］に違反する」という判断も示している[109]。)

CFIは、客観的正当化を否定した上で、「申立人によって適用された数量リベートシステムは忠誠心誘引的であったので、委員会が、当該リベートシステムが［102条］に違反すると判断したことは正当であった」と判断した[110][111]。

エ　効果分析の程度に関する判断

最後に、Michelinは、委員会はより詳細な効果分析を実施するべきだったと主張した。これに対して、CFIは、濫用の認定に際しての効果分析の必要性を認めつつも、その程度につき、「濫用行為の現実の効果」の立証は

---

[109] Id. para. 111. もっとも、CFIは、数量リベートが他の複雑なシステムの一部を構成し、全体としてディーラーらにとって不確実性が存在したことも指摘はしている。
[110] Id. para. 113.
[111] なお、本件で問題となったMichelinの上記リベートに関し、欧州委員会決定では、濫用性の根拠として、「忠誠心誘引性」の問題の他に、「不公正さ」と「市場分割効果」も指摘されていた。すなわち、委員会は、当該リベートの不公正さの根拠として、①リベートは1年間の参照期間中の売上に応じて計算されるため、ディーラーらは、1年間の最後の注文を行うまで最終的な「真の」単位価格がいくらになるのかについて確信をもてず、不確実な立場に置かれ、リスクを最小化するためにMichelinから主に購入する衝動に駆られること、②利益率が3.7％と非常に低く、ディーラーらは、リベート獲得前は損失を出しながら販売し、リベートによって当該損失を埋め合わせているような状況であり、Michelinのシステムは、ディーラーらに対して不当な財務上の負担を課していること等を指摘した（Michelin II (Commission), paras. 218-225）。また、当該リベートの「市場分割効果」につき、委員会は、リベートはMichelin Franceからの購入に対してのみ適用され、したがって、外国での購入や輸入業者からの購入に水を差すものであったこと、Michelinの市場シェアや製品範囲が大きいため競争者らはMichelinスキームに対抗困難であったこと等を指摘していた（Id. paras. 240-247）。

これらの点に関して、CFI判決は、数量リベートが忠誠心誘引的であることを証明すれば［102条］違反は認定できるので不公正さと市場分割効果に関する検討は不要とし、実際にそれらに関する検討は行わなかった。Michelin II (CFI), para. 113. 判決において不公正さ等に関する分析が行われなかったことは、委員会の担当者にとってさえ本意ではなかったようである。See Roques, supra note 101. 委員会は、数量リベートの「運転資本（working capital）効果」、つまり、利益率が低いためにディーラーらがリベートを受け取る前は損失を出しながら販売していた事実を相当に重視していた。

不要であり、競争制限効果の傾向ないし能力の立証で足りると述べた上（前節2(2)ウ参照）、本件に関し、「申立人によって適用された値引きシステムの目的がディーラーらを申立人に拘束することであったことを、委員会は立証した。それらの慣行は、とりわけ、申立人らの競争者らの関連市場への参入をより困難にしようとしていたので、競争を制限する傾向を有した。」と判示した[112]。

2　British Airways[113]：参照期間の短い数量リベート

(1)　事案の概要

本件の関連市場は、連合王国における航空旅行代理店サービス[114]の「購入」にかかる市場である。本件では、British Airways（以下、"BA" という。）が、旅行代理店の供給する代理店サービスの「購入者」として代理店に対して支払う委託料スキームにインセンティブシステムを盛り込んだことが問題となった[115]。

BAのスキームの詳細は年によって同じではなかったが、いずれも、各代理店がBAチケットの販売にかかる個別売上成長目標を達成することによって、より多くの追加委託料を獲得できるというものであった。追加委託料率は、参照期間中の各代理店のBAチケットの売上全額に対して適用された（遡及性）。参照期間は、最も短いもので1か月であった[116]。

なお、この市場におけるBAの市場シェアは39.7％（1998年）で、1992年の46.3％から漸減傾向にあったが、なおも主要競争者らの市場シェアを大きく上回っていた（問題の期間、競争者のシェアは最大でも7％台）。BAは、

---

112)　*Michelin Ⅱ*（CFI）. 244-245. 期間中に自身の市場シェアと価格が下落したというMichelinの主張に対する検討も拒絶している。
113)　Commission Decision of 14 July 1999, Case Ⅳ/D-2/34.780-*Virgin/British Airways* [2000] O.J. L 30/1；Case T-219/99, *British Airways plc v. Commission*, [2003] ECR Ⅱ-5917；Case C-95/04 P, *British Airways plc v. Commission*, [2007] ECR Ⅰ-2331.
114)　航空会社が供給する航空旅客輸送サービスの販売促進、旅行者の選択の手助け、チケットの発行、チケット代金の回収等からなる。*BA*（CFI）, para. 21.
115)　本件ではBAの「買手」としてのスキームが問題となったが、旅行代理店はBAが提供する航空旅客輸送サービスの販売業者としての役割も果たしており、問題意識は、売手が買手に対して供与する忠誠リベート一般と異ならない。

競争者と比べて圧倒的な数の英国発着ルートを有しており、連合王国内の旅行代理店にとって「必須の取引相手（an obligatory business partner）」であった[117]。

(2) CFI の判断

（本件では、102 条(c)項の差別も認定されているが、この点は割愛する。）

CFI は、*Michelin II* 判決とほぼ同じ一般論を前提としつつ（前記 1(2)ア参照）[118]、本件では、「忠誠心構築的な（fidelity-building）効果」の有無を検討した。CFI は、①問題のスキームは、（遡及性のために）「限界での非常に顕著な効果」[119]を有し、代理店にとって、参照期間中の BA チケットにかかる売上のわずかな増減が委託料総額に大きく影響したこと、②BA と競争者との間で市場シェアに大きな差があるため、競争者らは、BA に対抗して BA 同様の報酬スキームを効果的に確立できる地位にはなかったことを指摘し、BA のスキームの忠誠心構築的な効果を認めた[120]。CFI は、客観的正当事由を否定した上で、BA が支配的地位を濫用したとする委員会の判断を是認し[121]、BA は ECJ に上訴した。

---

116) 問題となった BA のスキームの一例を本注で紹介しておく。BA は、全旅行代理店に対して一律に支給される基本委託料に加え、成果報酬として、国際線チケットにつき上限 3％、国内線チケットにつき上限 1％の追加委託料を設定した。追加委託料算定の基礎となる参照期間は 1 か月で、旅行代理店のある月の BA チケット売上が前年度同月の売上と比べてどのくらい成長したかによって計算された。すなわち、国際線、国内線それぞれにつき、各旅行代理店の前年度同月の BA チケットの売上総額の 95％に当たる金額をベンチマークとし、国際線については、当月の BA チケットの売上がベンチマークを 1％上回るごとに、国内線については、ベンチマークを 3％上回るごとに、0.1％の追加委託料を与えられた。前年度同月の売上の 125％の売上を達成すると、追加委託料の上限（国際線で 3％、国内線で 1％）に到達した。例えば、当月に前年度同月の BA チケット売上の 112％の売上を達成した場合、国際線の場合には 1.7％、国内線の場合には 0.5％の追加委託料を獲得できた。追加委託料率は、当月の BA チケットの売上全額に対して適用された（遡及性）。*BA*（CFI), paras. 14-19 参照。

117) *BA*（CFI), paras. 212-217.

118) ただし、*Michelin II* 判決が「閉鎖効果」という語を用いていた箇所につき、本判決は、「閉鎖効果」という語は使わず、端的に「顧客らが競争者らから供給を受けることを妨げる効果」と記載している。Id. paras. 245-246.

(3) ECJ の判断

ECJ は、まず、*Hoffman-La Roche* と *Michelin* Ⅰ の両判決に言及し、本件は、*Roche* 判決のいう（狭義の）「忠誠値引き」ではなく、個別販売目標の達成に左右されるシステムに関する事案という点で、*Michelin* Ⅰ 判決に特に関連することを指摘した。ECJ は、*Michelin* Ⅰ 判決の基準（前款3(2)ウ）を前提としつつ、同判決をさらに参照して、リベートシステムが顧客に与えるプレッシャーを強める事情として、次の3つの要素を識別した。①値引きやボーナスが、顧客ごとに個別的に設定された販売目標の達成にリンクして供与される場合（数量閾値の個別性）、②値引きやボーナスが、売上の増加分だけでなく期間中の全売上に対して与えられる場合（遡及性）、③当該支配的事業者の市場シェアが競争者の市場シェアをはるかに上回り、支配的事業者が「避けることのできない取引相手」を構成する場合。ECJ は、本件では、それら①〜③の要素が全て存在するとして、忠誠心構築的な効果ありとした CFI の判断を是認した[122]。

なお、BA の側は、行為の形式や効果の推定に基づいて結論を下すべきでなく、問題の行為の現実の又は蓋然的な効果を検討するべきであると主張したが、ECJ は、CFI は問題のスキームのメカニズムを検討した上で問題のボーナススキームが忠誠心構築的な効果を有したと判断した旨を指摘し、BA の主張を否定した[123]。

---

119) これは、委員会が算定した「限界委託料率」を念頭に置いていると思われる。すなわち、BA の最新のシステムの下では、前年同月の国際線 BA チケットの売上が例えば10万ポンドだった旅行代理店は、当月に10万ポンドの売上を達成すれば、基本委託料7%プラス追加委託料0.5%で合計7,500ポンドの委託料を獲得できた。ところが、同じ旅行代理店が仮に国際線チケットの1%を BA の競争者に転換したとすると、当月の国際線 BA チケットの売上が9万9千ポンドとなるため、委託料は、基本委託料7%プラス追加委託料0.4%で合計7,326ポンドとなった。両者を比較すると、当該旅行代理店は、国際線 BA チケット1千ポンドの売上減少に対して委託料収入を174ポンド失うことになる。したがって、「限界」委託料率は17.4%に達する。原決定¶30参照。

120) *BA*（CFI）, paras. 272-278.
121) Id. para. 292.
122) *BA*（ECJ）, paras. 70-77. 遡及性の評価に関し、ECJ も「限界での顕著な効果」を言及している。

（なお、BAの行為をめぐっては、BAの競争者 Virgin Atlantic が、シャーマン法違反を主張して米国でも訴訟を提起したものの、米国では、適法判断が示されている。後記第5章参照。）

第3款　忠誠リベートに関する欧州の伝統的判例法理の整理

1　忠誠リベートにおける濫用性評価の核心：顧客の供給源選択の自由に対する拘束性とそれに伴う市場構造への影響

以上のように、欧州の裁判所は、支配的事業者によるリベート政策を厳格に規制してきたが、全ての事案で共通して見出される最も根本的な視点は、顧客の供給源選択の自由に対する拘束である。

Roche 判決が（狭義の）忠誠リベートの違法性の根拠を述べた際（第1款2⑵イ）、また、*Michelin I* 判決が数量リベートの違法性判断基準を提示した際（同3⑵ウ）、正当化の問題を別にすると、4つの視点をもち出してはいる。すなわち、①顧客の供給源選択の自由に対する制限（顧客に対する拘束性）、②競争者らの市場へのアクセスの制限、③顧客間での差別、④歪められた競争による支配的地位の強化。しかしながら、上述した諸判例は、いずれも、顧客に対するプレッシャーや忠誠心誘引的・構築的な効果、つまり①（拘束性）の検討に終始していた[124]。②と④は、その文言を一見すると、近時の日本法や米国法の発想での市場閉鎖効果や市場支配力の強化の問題も想像されうるが、実際には、それらの問題の検討を要求するものではなかった。②と④は、いわば、支配的地位にあるほどの事業者が個々の顧客を拘束する行為を行ったことの当然の結果として捉えられていた要素であった。確かに、支配的事業者が排他的取引のような行為を行えば、競争者は、当該期間中、個々の対象顧客をめぐる競争から閉鎖されうる。その意味で、競争者による市場へのアクセスを阻害する側面が全くないわけではない。しかし、それが直ちに市場全体からの実質的な閉鎖を意味す

---

123)　Id. paras. 96-98.
124)　See Kallaugher & Sher, supra note 57, at 271. なお、③の差別が濫用性の認定に際して不要であることは、両 *Michelin* 判決によって明らかにされている。

るわけではない。競争者らの市場での競争費用や参入障壁が引き上げられ、その結果、市場支配力が維持・強化されるかどうかを判断するには、競争者が個々の顧客への供給を制限されることそれ自体だけではなく、それが、当該市場での競争に対してどのような意味をもつのかが明らかにされなければならない。これは、行為の及ぶ範囲や市場の状況に関するより広範な分析を必要とする。ところが、一連の裁判例は、その視点を十分には有しなかった。市場構造が競争的でなくなることへの懸念の下で、市場へのアクセスの阻害や支配的地位の強化を、非常に形式的に、低い水準で認識していたのである[125]。そのため、競争的な市場構造や顧客らの経済的自由の保護それ自体を目的として、「妨害競争」のリストにある忠誠リベートを支配的事業者が実施すること自体を形式的に禁じるものとして、前節で見たように、オルドーリベラリズムとの親和性を指摘されることにもなった[126][127]。

2 (狭義の)忠誠リベート、数量リベート区別論:それぞれに関する一般準則とその根拠

(1) 排他的購入義務と(狭義の)忠誠リベートに関する準則

上記のとおり、欧州の判例法は、支配的事業者が排他的購入義務や(狭義の)忠誠リベートを行うことを「(事実上)当然違法」とする準則を確立し

---

[125] 上記の諸判例の中には、各々の事実関係の下では実質的な市場閉鎖効果を認定することが可能なものもあったかもしれないが、それに関する明示的な分析は行われなかったし、要求もされていなかった。

[126] ただし、欧州の裁判所が支配的事業者によって拘束的な行為が行われることを問題視していた根拠について、最近のいくつかの判決では、より踏み込んだことも述べられている。詳細は後記第 4 章第 2 節参照。

[127] なお、一連の判決が、顧客の側の取引先選択の自由の保護を過度に強調する一方で、「特別の責任」論の下、支配的事業者の側の経済的自由が制約を受けることを当然視していたことは、興味深い。対照的に、オルドーリベラリズムによる批判の一方の標的である自由放任主義的発想が優勢であった 19 世紀末の英国では、行為者らの側の「自由」が強調されて海運同盟による忠誠リベートが適法とされていた。See *Mogul Steamship Co. v. McGregor, Gow & Co.*, [1892] A.C. 25, [1891-1894] All E.R. Rep. 263 (1891). 川濵昇「取引の自由と契約の自由――営業の自由論争再訪」田中成明編『現代法の展望 自己決定の諸相』57 頁(有斐閣、2004 年) も参照。

てきた[128]。要するに、契約上の義務でなくインセンティブを手段とする場合も含めて（*Roche* 判決参照）、行為形式上、顧客の供給源選択の自由に対する拘束性が明らかということである。

(2) **数量リベートに関する準則とその根拠**

数量リベートについては、*Suiker Unie* 判決以来、原則として適法なものとみなされてきたが、*Michelin* Ⅰ判決以降、顧客に対する拘束性をもつ場合には違法となりうることが明らかにされてきた。

ところで、興味深い問題は、数量リベートが原則的に許容されてきた根拠である。これは、初期の判例では明示されていなかったが、*Michelin* Ⅱと *British Airways* において、「供給数量の増加に伴うコスト減をより有利な値引きという形式で顧客へ移転する」という、供給費用の観点に正当な理由を見出す考え方が提示された[129]。この判示は、学説から厳しく批判されている。

確かに、両判決が言うように、数量リベートには、特定の顧客に対する供給数量が増加するにつれて供給に要する限界費用ないし平均費用が減少するという事情を反映する側面もある。しかしながら、数量リベートの理由はそれだけではなく、需要の弾力性の相違など需要側の事情に対応して行われる側面もある。したがって、現実の数量リベートの値引き幅は、取引数量拡大を通しての規模の経済等の達成による供給者側のコスト減の幅と厳密に一致するわけではない[130]。数量リベートは、市場の条件に対応して価格差別ないし値引きを行う行為として、原則的にそれ自体が「通常の

---

128) なお、判例法に批判的な学説がレッテル貼りの意味を含めて「当然違法」という言葉を使うだけでなく、委員会に所属していた Gyselen も、（狭義の）忠誠リベートは「事実上当然禁止される」と認識していた。Gyselen, supra note 67, at 319. なお、2017 年 *Intel* 事件司法裁判所判決は、*Roche* 判決の射程を限定した。詳細は、後記第4章第2節4、5参照。

129) 両判決とも、Opinion of Advocate General Mischo *in Portugal v. Commission* ［2001］ECR Ⅰ-2613, para. 106 に依拠している。（なお、*Portugal* は下流での差別が問題となった事案であり、本来、2003 年の両判決と問題状況は異なっていた。）

130) Derek Ridyard, *Exclusionary Pricing and Price Discrimination Abuses under Article 82—An Economic Analysis*, 23 (6) E.C.L.R. 286, 289 (2002); Kallaugher & Sher, supra note 57, n. 58; Waelbroeck, supra note 57, at 152-159.

競争」にほかならず、本来、供給費用の観点をわざわざ持ち出して正当化する必要はなかったのである。前記両判決の判示は、数量リベートの許容性を供給費用の相違の観点に限定してしまい、かえって広範な規制を可能にしうるものであった[131]。(以上の問題については、次章5も参照。)

3　数量リベートの拘束性の認定：重視される要素とその根拠

前款と前々款で検討した数量目標型のリベートの事案である両 Michelin 判決と British Airways 判決を踏まえると、数量リベートの拘束性を認定する際に最も重視されてきた要素は、問題の支配的事業者と競争者の市場シェアの乖離（あるいは、支配的事業者が顧客にとって「避けることのできない取引相手」であること）とスキームの遡及性である[132]。事案によっては、不透明性、参照期間の長さ、スキームの個別性といった要素にも言及されたが、これらの要素は、補強要素であったと考えられる。Michelin Ⅰでは不透明性も重視されていたが、Michelin Ⅱはその要素を不要とした。また、両 Michelin 判決のように参照期間の長さを強調する判決も存在する一方で、British Airways では参照期間わずか1か月のシステムが違法とされている。Michelin Ⅱにおいては、標準スキームの数量リベートさえ違法とされた[133]。2003年の両 CFI 判決を受け、判例法において「支配的企業による特定の形式の数量値引き—すなわち、遡及リベート—に対する事実上の当然違法原則」が存在するとさえ言われていた[134]。

一連の判決が一貫して遡及性を重視してきたのは、支配的事業者つまり「避けることのできない取引相手」によって遡及リベートが行われると、顧客らの転換コストが引き上げられ、競争者への乗換えが困難になるためと考えられる[135]。欧州の裁判所は、明らかに、次章1で詳述するマストストッ

---

131)　前注の諸論文参照。
132)　欧州で過去に非難された事案が全て遡及リベートの事案であったことも指摘されている。See Gyselen, supra note 67, at 317.
133)　ただし、同事件については、事実関係の特殊性もないわけではない。See ROBERT O'DONOGHUE & A JORGE PADILLA, THE LAW AND ECONOMICS OF ARTICLE 82 EC 386-387 (2006).
134)　Giulio Federico, *When Are Rebates Exclusionary?*, 26(9)E.C.L.R. 477 (2005).

ク型の問題意識を有していた[136]。

4　小括：判例批判

　以上のような判例法理は、行為の「形式」に基づいて支配的事業者のリベートスキームを「(事実上) 当然違法」とするものとして、激しい批判を浴びた。実際に、少なくとも *Michelin II* や *British Airways* のようなケースは、仮に我が国で発生したとしたならば、拘束性や反競争効果が認められるとは考えづらいものであった。欧州の裁判所が、個々の市場の状況に基づいて競争に対する効果を十分に吟味することなく、ほとんど行為の一般的性質のみによって違法と断じてしまったことは、正当とは言い難いであろう。

　学説による批判の対象は、概ね次の3点に集約される。

　第一に、問題のリベートスキームの顧客に対する拘束性を認定する際、リベートが価格競争の一種として、通常の競争手段としての側面も有することを考慮していない。同等に効率的な競争者が閉鎖されるかどうかを検討するべきである[137]。

　第二に、実質的な市場閉鎖効果の有無に関する検討が行われていない。閉鎖シェアや、参入障壁などの市場の状況の検討を通して、市場の実質的部分が競争者にとって閉鎖されるかどうかの分析を行う必要がある[138]。

　第三に、リベートは、値引きの一種として消費者厚生を改善しうる。そ

---

135)　Kallaugher & Sher, supra note 57, at 267-268.
136)　実際に、前述した多くの判例において、次章1で述べる「吸引効果 (suction effect)」型の問題意識が窺われる (最初期の *Suiker Unie* 事件においてさえ、その問題意識が見られる。前掲注72) 参照。)。そもそも、「吸引効果」という語の初出も、筆者が確認できた限りでは、*Michelin I* 事件の法務官意見であった (supra note 97, at 3542)。
137)　Gianluca Faella, *The Antitrust Assessment of Loyalty Discounts and Rebates*, 4 (2) J. Competition L. & Econ. 375, 400-404 (2008)；Damien Geradin, *A Proposed Test for Separating Pro-competitive Conditional Rebates from Anti-competitive Ones*, 32 World Competition 41, 50-62 (2009).
138)　Kallaugher & Sher, supra note 57, at 280；Faella, supra note 137, at 406-407；Geradin, supra note 137, at 62-63.

れゆえ、市場の実質的部分が閉鎖されるとしても、なお、全体として競争や消費者にとっての害悪が生じているのかどうかを検討する必要がある[139]。

---

[139] Faella, supra note 137, at 407-408.

第 3 章

忠誠リベートの経済学（反競争効果・競争促進効果のストーリー）：
2000 年代における議論の深化

前章で述べた判例法に対する批判を通じて、2000年代の欧州では、忠誠リベートに関する議論が大いに進展した。また、大西洋の対岸である米国においても、同じ頃から忠誠リベート特有の問題意識が共有され始め[1]、活発な議論がなされるようになった。

　以下、2000年代以降の欧州と米国の議論を通じて明らかにされた忠誠リベートの反競争効果・競争促進効果に関する理論のうちの主要なものを概略する。

1　反競争効果①：排他的取引類似の排除効果（個々の顧客の転換コストの引上げを通しての競争者の排除・市場閉鎖）

　忠誠リベートの最大の反競争効果として指摘されるのが、排他的取引類似のストーリーによる排除効果である。

　以下、まず、(1)において、欧州の判例法において危険視されてきた遡及的なリベートが有する「吸引効果（suction effect）」と呼ばれるメカニズムについて説明する。そして、(2)以降において、(1)の説明を踏まえつつ、忠誠リベートが反競争効果を引き起こすストーリーを考察するが、これは、次の3つの段階に分解して論じられることが多い[2]。①後記(1)で見る「吸引効果」というメカニズムが、どのような場合に個々の顧客の転換コストの人為的な引上げをもたらすのか（要するに、どのような場合に個々の顧客に対する排他的拘束性をもたらすのか）[3]、②拘束を受けた顧客が市場全体のうちで占める部分が実質的な水準に達しているのかどうか（市場閉鎖効果の有無）、③市場支配力の維持・強化ないし消費者厚生に対する害。①、②、③の問題

---

1) See Willard K. Tom, David A. Balto & Neil W. Averitt, *Anticompetitive Aspects of Market-Share Discounts and Other Incentives to Exclusive Dealing*, 67 Antitrust L.J. 615 (2000).

2) See Frank P. Maier-Rigaud, *Switching Costs in Retroactive Rebates—What's Time Got to Do With it?*, 26 (5) E.C.L.R. 272 (2005); Gianluca Faella, *The Antitrust Assessment of Loyalty Discounts and Rebates*, 4 J. Competition L. & Econ. 375 (2008); Damien Geradin, *A Proposed Test for Separating Pro-competitive Conditional Rebates from Anti-competitive Ones*, 32 World Competition 41, 50-62 (2009).

3) 排他的取引における拘束性の実質が、顧客らの転換コストを人為的に引き上げる点にあることにつき、後記第6章参照。

を、それぞれ(2)(3)(4)で取り上げる。

(1) 分析の視点：遡及リベートの「吸引効果（suction effect）」

　欧米における忠誠リベートをめぐる議論の中心は、遡及リベートの強力な誘引効果である。以下、単純な例を用いて、遡及リベートのメカニズムを説明する[4]。

（仮設例）

> 　支配的企業Ｘが、顧客Ａに対して、製品Ｐを１単位当たり１万円のリスト価格で販売すると同時に、「所定の期間内にＰをＸから閾値（100個）以上購入すると、購入したＰ全量について、5％のリベートを与える」という遡及リベートをオファーするとしよう。この遡及リベートは、顧客Ａや競争者Ｙに対してどのような効果をもつであろうか。

　まず、Ｘにとって、このスキームのリベート控除後の平均価格は9,500円である[5]。顧客Ａにとっても、所定の期間の最初の時点、つまりＸからの購入量がゼロの時点では、Ｘのオファーの実質価格は9,500円と考えられるかもしれない。すると、競争者Ｙは、Ａに対して１個当たり9,500円をわずかに下回る価格を提示すれば、Ｘに対抗できるようにも思われる。ところが、期間が進行し、ＡのＸからの既購入数量が増加するにつれ、閾値到達までの残りの数量にかかる実効価格（effective price）は低下する。実効価格は、例えば、ＡのＸからの既購入数量が50個（閾値まで残り50個）なら9,000円[6]、既購入数量が80個（閾値まで残り20個）なら7,500円、既

---

4) 以下の分析は、特に、Maier-Rigaud, supra note 2, at 274-275；Frank P. Maier-Rigaud, *Article 82 Rebates：Four Common Fallacies*, 2 Eur. Competition J.（Special Issue）85, 86-88（2006）；Faella, supra note 2, at 377-380 を参照。Maier-Rigaud は、当時、欧州委員会競争総局に所属していたエコノミストであり、彼の論文には、DPやGPの記述の理論的根拠が看取される。ただし、彼自身は、判例法の厳格な立場に好意的であった。See Maier-Rigaud, *Four Common Fallacies*.

5) １万円の5％引き。

6) Ａは、閾値までの残り50個を購入するために、リスト価格（１個当たり１万円）で算定した50万円を支払わなければならないが、閾値（100個）に到達すると合計５万円のリベートの給付を受けられるので、閾値までの残り50個にかかる実質支払額は計45万円となる。45万円を50個で除すると、１個当たり9,000円となる。以下の計算も同様。

購入数量が 99 個（閾値まで残り 1 個）ならマイナス 4 万円と、負の価格にさえなりうる。

閾値 1 つの単純な数量リベートスキームについては、リスト価格を $\bar{p}$、リベートによる割戻し率（以下、「リベート率」という。）を α、閾値を x^T として、閾値までの残りの数量 x^* の実効価格 $p(x^*)$ を一般化すると、次の式で表される[7]。

$p(x^*) = \bar{p}(x^* - \alpha x^T)/x^*$ （以下、式①という。）

実効価格が小さいほど、顧客 A が閾値までの残りの数量 x^* を X から購入する誘因は強まり、同時に、顧客 A の転換コストは大きくなる。この実効価格は、競争者 Y が数量 x^* について X にマッチする必要のある価格でもある。既購入数量が増加し、閾値までの残りの数量 x^* が少なくなるにつれ、実効価格は、急激な低下を見せる（下図[8]参照）。

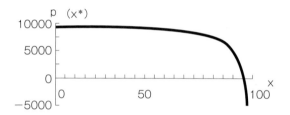

以上の現象は、しばしば、遡及リベートの「吸引効果（suction effect）」と呼ばれる[9]。この現象が生じる原因は、遡及リベートのような価格スキームにおいては、数量と支払総額の関係が連続性を欠き、かつ、単調増加しないことにある[10]。前章で見たように、欧州の両 *Michelin* 判決や *British Airways* 判決は、この現象を認識していたようである。

もっとも、以上の説明は、あくまで遡及リベートのメカニズムの説明に

---

7) Maier-Rigaud, supra note 2, at 274.
8) See ibid. 既購入数量を x（$=x^T-x^*$）として上の数値例をグラフにしている。
9) See European Commission, DP, para. 153. 最近は、欧州裁判所の判決の中でもこの語が使われている（後記第 4 章第 2 節）。なお、筆者が確認できた限り、この語が初めて使われたのは *Michelin* I 事件の法務官意見である。
10) Maier-Rigaud, supra note 2, at 274. 対照的に、増分リベートは、非線形価格の一種として数量と支払総額が比例はしないものの、連続性と単調増加性は保たれている。

すぎず、どのような場合に排除が生じるかの説明には至っていない。以上のメカニズムを通じて具体的に悪影響が生じうるのはどのような場合なのかを、さらに検討する必要がある。

(2) 個々の顧客の転換コストの人為的引上げ（個々の顧客に対する拘束性）

(1)の問題点を前提に、遡及リベートが対象顧客の転換コストを引き上げ、実質的な拘束性をもたらしうる場合として、リベート算定の基礎となる参照期間（reference period）が長い場合と、対象顧客にマストストックが存在する場合の2つが指摘された。

ア　参照期間が長い場合

両 *Michelin* 判決において参照期間の長さが重視されたように、当初は、この要素を重視する見解も有力であった[11]。これは、排他的取引一般において存続期間（duration）の長さが重視されることとパラレルな発想である。

上記(1)の分析によると、期間の進行に伴って支配的企業からの既購入数量が増加するにつれ、顧客の転換コストは増加する。もっとも、ある期間が満了して次の新しい期間が開始する時点、つまりXからの既購入数量がリセットされてゼロに戻った時点で、当該顧客の転換コストもゼロに戻り、競争者は対抗オファーが可能となる。それゆえ、参照期間が短い場合、顧客の転換コストは短期間の間に何度もゼロに戻るので、競争者は、対抗オファーの機会を頻繁に確保できる。したがって、遡及リベートによって顧客の転換コストが引き上げられ、競争者の対抗オファーの機会が奪われる危険性のあるのは、参照期間がある程度長い場合に限られる。

もっとも、この見解に対しては、次の2つの批判がある[12]。第一に、そして、最大の批判として、次に述べるマストストックが存在する場合には、参照期間が短い場合でも顧客の転換コストは引き上げられうる。第二に、

---

11) John Kallaugher & Brian Sher, *Rebates Revisited : Anti-Competitive Effects and Exclusionary Abuse under Article 82*, 25 (5) E.C.L.R. 263, 278, 280 (2004); ROBERT O'DONOGHUE & A JORGE PADILLA, THE LAW AND ECONOMICS OF ARTICLE 82 EC 391-392 (2006).

12) See Faella, supra note 2, at 404-406. See also Maier-Rigaud, supra note 2.

とりわけ数量リベートのケースで、需要が変動的な市場の場合、参照期間を長く設定することは、あまり実際的ではない。参照期間が短い方が、かえって、顧客の需要の変動に柔軟に適応して競争者への転換を困難にすることを可能としうる。これらの批判もあって、欧州では、参照期間の長さは、後述するマストストックの問題ほど決定的な要素ではないと見られているようであり、欧州委員会も欧州裁判所も、例えば、その後のガイダンスや *Tomra* 事件では、参照期間に関する評価は行っていない。ただし、参照期間の長さが関連性を全くもたないわけではなく、顧客らに対する拘束性を強める一要素となることはありうる[13]。

イ　マストストックが存在する場合

遡及リベートは、個々の顧客それぞれの需要の中に、どうしても問題の支配的企業から購入する必要があり、競争者に転換することが困難な領域（以下、「マストストック」という。顧客の需要の「非コンテスタブルな部分」「非弾力的な部分」と言われることもある[14][15]。対照的に、顧客の需要の「コンテスタブルな部分」「弾力的な部分」とは、個々の顧客の需要のうち、競争者への転換が現実的に可能な領域を指す。）が存在する場合に、当該マストストック部分を「梃子」とすることによって、顧客の転換コストを人為的に引き上げ、排他的取引同様の競争品取扱い制限効果をもたらしうるということが、近時、頻繁に指摘されている[16]。

以下、上記(1)の式①にマストストックの考え方を導入してみよう[17]。顧客Aの需要のうちのマストストック部分（非コンテスタブルな部分）の数量を x^M、コンテスタブルな部分の数量を x^C とおく。式①の x^* を x^C に見立て、$x^T = x^M + x^C$ とともに式①に代入して変形すると[18]、コンテスタブルな部分 x^C にかかる実効価格は、次の式で表される。

$p(x^C) = (1-\alpha)\bar{p} - (\alpha \bar{p} x^M / x^C)$　（以下、式②という。）

この式は、顧客にマストストックが存在する状況で遡及リベートが行われると、マストストック部分について顧客が期待するリベート総額（$\alpha \bar{p} x^M$）を支配的事業者にあたかも担保に取られているかのような状況が出現し、

---

[13]　例えば、2014年の *Post Danmark II* 判決では、参照期間の長さに関する言及も見られる（後記第4章第2節2参照）。

それが顧客にとっての転換コストを構成することを含意しうる[19]。競争者は、この $\bar{\alpha}px^M$ を肩代わりしなければ、当該顧客への供給を獲得できない。x^M が大きいほど、$p(x^c)$ つまり競争者がコンテスタブルな部分についてマッチする必要のある実効価格は低下する。前の数値例で、例えば顧客 A の X との関係でのマストストック（x^M）が 80 個であるとすると、この 80 個に

14) なお、用語の使われ方には曖昧な部分もある。本書では、「マストストック」という語と「非コンテスタブルな部分」という語を特に区別せず、互換的に用いるが、文献によっては、やや区別されたニュアンスで使われる場合もないわけではない。すなわち、顧客らにとってどうしても問題の支配的企業から購入する必要のある領域自体は、様々な要因によって発生する可能性があり、例えば、後述する欧州委員会のガイダンスではブランド選好によって生じる場合と競争者の設備上の制約によって生じる場合とが例示されているところ、「マストストック」という用語はブランド選好によって生じる場合に限定し、それ以外の様々な要因によって生じる場合と合わせて「非コンテスタブルな部分」と呼ぶ用法（要するに、「マストストック」を「非コンテスタブルな部分」の部分集合とする用法）も見られる。

なお、そもそもマストストックとは何かという肝心な点について、十分に突き詰められているわけではない。漠然と、ブランド力、転換コスト（ロックイン）、あるいは競争者が直面する設備制約の存在等の様々な要因によってそのような状況が生じうることが指摘されるにとどまってきた（See Adrian Majumdar, Simon Bishop, Derek Ridyard, Iestyn Williams & Ugur Akgun, *Selective Price Cuts and Fidelity rebates*, Economic Discussion Paper Prepared for the Office of Fair Trading by RBB Economics 117-118（July 2005）（available at http://webarchive.nationalarchives.gov.uk/20140402142426/http://www.oft.gov.uk/shared_oft/reports/comp_policy/oft804.pdf））。あるいは、市場の一部が制定法上の独占によってカバーされているために、そのような状況が生じることもありうる（第 4 章の *Post Danmark II* 事件参照）。

なお、欧州では、今のところ、マストストックがどのような原因によって発生しているのかによって評価上の大きな違いは生じていないようであるが（いずれにせよマストストック的なものが存在しさえすれば、それを梃子とする形で競争可能なコンテスタブルな部分において競争者を排除することは問題となりうる）、これに対して、米国では、マストストックの発生原因次第で、反競争性にかかる評価が変わる余地も顕在化しつつあるように思われる（米国の議論の詳細につき後記第 5 章第 2 節を、欧州と米国の対比につき後記第 6 章注 41）から注 45）の対応する本文を参照）。

15) 前章で見たように、欧州の裁判所は、しばしば、問題の支配的事業者が顧客らにとって「避けることのできない取引相手（an unavoidable trading partner）」であると表現してきたところ、この表現が、当該支配的事業者の供給する商品が顧客らにとってマストストックないし非コンテスタブルな部分を構成するという含意を含めて使われることもある（後記第 4 章も参照）。

ついてAの期待するリベート総額$\alpha\overline{\mathrm{px}}^{\mathrm{M}}=4$万円の存在がAにとって転換コストとなる結果、競争者Yは、コンテスタブルな残りの20個について、1個当たり平均7,500円という非常に低い価格でマッチしなければならなくなる[20]。仮に、XとYの費用がともにP1単位当たり8,000円の場合、Xは、費用割れすることなくYを排除できる（Xにとって供給量全体（100個）の平均価格は9,500円）。上記アの議論とは対照的に、マストストックが有意に存在する場合には、ある参照期間が満了して次の参照期間の初めになっても転換コストはゼロには戻らず、顧客らにとって、マストストック部分で期待されるリベート（得られるはずのリベート）の存在がそのまま新たな転換コストとなる。したがって、参照期間が短い場合でも、それらの転換コストの存在によって、競争者は対抗オファーの機会を実質的には閉ざされうる。

ところで、本書では、以上を、顧客の転換コストの観点から説明した。マストストック部分で「得られるはずの」リベートの存在が顧客らにとっての転換コストを構成し、その転換コストの存在が実質的に排他的取引の実効性を担保する違約金に類する効果をもち、排他的取引類似の拘束性が発生するというストーリーである。これに対しては、説明の仕方の問題であるが、競争者の観点から、コンテスタブルな部分についての略奪廉売が

---

16) 欧州の文献として、Maier-Rigaud, supra note 2, at 272 ほか多数、米国の代表的な文献として、Tom, Balto & Averitt, supra note 1, at 627-629。なお、マストストックが存在する場合に問題の行為が反競争性をもちやすいことは、忠誠リベート特有の問題ではなく、とりわけ欧州では、排他的取引一般についても同様に指摘されている。See European Commission, Guidance on the Commission's Enforcement Priorities in Applying Article 82 of the EC Treaty to Abusive Exclusionary Conduct by Dominant Undertakings［2009］OJ C 45/2, para. 36.
17) 以下の考察は、Faella, supra note 2, at 379 に手を加えた。
18) 分析の単純化のため、閾値x^{T}が顧客の必要量に一致することを仮定している。
19) 右辺のうちの右側の分子$\alpha\overline{\mathrm{px}}^{\mathrm{M}}$のうち、$\alpha\overline{\mathrm{p}}$は単位当たりリベート額（前の数値例では500円/個）なので、$\alpha\overline{\mathrm{px}}^{\mathrm{M}}$は、当該顧客がマストストック部分の数量について期待するリベート総額である。顧客は、閾値を達成すれば、（コンテスタブルな部分の実質的な低価格という形で）この$\alpha\overline{\mathrm{px}}^{\mathrm{M}}$を回収できる。マストストックが存在しない場合（$\mathrm{x}^{\mathrm{M}}=0$）の実効価格は、単純な値引き価格$(1-\alpha)\overline{\mathrm{p}}$である（前の数値例では9,500円）。

行われているという見方も成立しうる。通常の費用割れ廉売の場合には費用割れの結果としての損失が発生するが、忠誠リベートの場合、全供給量の平均で見ると「損失」を伴うことなく[21]競争者を排除できるので、「安上がりの略奪的価格設定」と言われることもある[22]。しかしながら、そのような見方が可能であるとしても、忠誠リベートのケースでは、あくまでマストストックの存在を梃子とすることによってコンテスタブルな部分での廉売が可能となっている点で[23]、梃子の存在しない単純な廉売事案と必ずしも同列には論じられない。結局、忠誠リベートの反競争性を、顧客の転

---

20) コンテスタブルな部分である 20 個分の実効価格 7,500 円という計算結果は、より具体的には、次のような計算過程によっても得られる。

　まず、前記(1)の仮設例の下で、製品 P にかかる顧客 A の必要量が 100 個であり、そのうち 80 個分が X から確実に購入する必要のあるマストストックであった（つまり X と Y のどちらから購入することも可能なコンテスタブルな部分は 20 個）とすると、仮設例の X のオファーの下で、顧客 A のとりうる選択肢としては、次の 2 つのパターンが想定される。100 個全てを X から購入するか（選択肢①）、それとも、マストストックである 80 個分は X から購入し、残りの 20 個分はライバルの Y から購入するか（選択肢②）。問題となるのは、選択肢①と選択肢②の各選択をとったときの支払総額の大小関係である。顧客 A が仮に選択肢①をとり、100 個全てを X から購入する場合の支払総額は、<u>95 万円</u>となる（9,500 円（1 万円/個の 5％引き）× 100 個）。これに対して、顧客 A が選択肢②をとろうとすると、どうなるか。まず、A が X から購入する 80 個分についての X への支払総額は、<u>80 万円</u>である（1 万円 × 80 個。閾値に到達しないため、X からのリベートを一切受けられない）。したがって、A にとって、Y から購入する 20 個分の支払総額が <u>15 万円</u>を超えると、選択肢①の支払総額である 95 万円を超えてしまう。ライバルの Y は、A に選択肢②をとって 20 個分を購入してもらおうと思うと、20 個分を合計 15 万円以内で提供する必要がある。すなわち、1 個当たりの実効価格は 7,500 円となる。結局、本文で述べたように、マストストックが存在する状況下で遡及リベートが行われると、コンテスタブルな部分も支配的企業から購入することではじめてマストストック部分に対するリベートも獲得できるようになることから、マストストックである 80 個分で「得られるはずの」リベートをあたかも担保にとられたかのような状況が出現する。

21) なお、「損失」（あるいは「犠牲」）という語の定義の問題であるが、本文の説明は、単に、供給量全体との関係では「赤字」が発生しないということにすぎない。利潤犠牲説の発想から「損失」を利潤最大化活動からの逸脱として定義するならば、「損失」は発生しうる。以上の点は、多くの文献において混同されている。

22) David Spector, *Loyalty Rebates：An Assessment of Competition Concerns and a Proposed Structured Rule of Reason*, 1（2）Competition Pol'y Int'l 89, 96-97（2005）.

換コストの観点から排他的取引に引き付けて説明するか、コンテスタブルな部分の略奪廉売として説明するかは、同じ現象に対する説明の仕方の問題にすぎないであろう。

（なお、以上のようにマストストックを梃子とすることによる顧客に対する拘束、さらには競争者の排除という視点をめぐっては、そもそもマストストックとは一体何なのか、また、そのような形での排除が生じる現実的危険性、とりわけ同等に効率的な競争者にとって脅威となる現実的危険性が実際にどの程度ありうるのかといった問題について、議論がありうる。この問題については、とりわけ米国の最新の裁判例において興味深い問題提起もなされており、また、米国とEUとの間での考え方の違いも窺われる。もっとも、それらの点に関する議論は複雑であるため、本章では、さしあたって議論の出発点としての基本的な認識枠組みを確認するにとどめ、それらのより複雑な問題については、第4章と第5章でEU法、米国法の最新の議論を確認した後、第6章でより詳細に検討することとする[24]。）

(3) 市場閉鎖：ライバル費用引上げ

上記(2)の考察は、あくまで、問題のリベートの相手方である個々の顧客が、競争者に乗り換える転換コストを引き上げられ、競争者から閉鎖されるかどうかという問題にすぎない。個々の顧客が閉鎖されることは、市場閉鎖の重要な前提を構成するが、十分条件ではない。協定の対象範囲が限定的で、競争者が代替的な取引先・流通経路を容易に見出せる場合、市場での競争に対して悪影響が生じるおそれは必ずしも大きくはない。個々の顧客の転換コストの増加は、競争者の市場全体での競争費用の増加を直ちには意味しない。競争者らの排除を通じての競争への悪影響が生じるには、問題の行為が市場の実質的部分をカバーし、競争者らが規模の経済を享受できる最少効率規模（the minimum efficient scale）に達することを妨げられ、あるいは、効率的な流通手段を利用することを妨げられる等することに

---

[23] 玉田康成＝垣内晋治「リベートと私的独占」岡田羊祐＝林秀弥編『独占禁止法の経済学』221頁（東京大学出版会、2009年）は、「略奪的価格としてのリベートの背後にはロックイン効果が働いている」と指摘する。

[24] 議論の1つの焦点として、前掲注14 最終段参照。

よって、競争者らの市場での競争費用が引き上げられる（Raising Rivals' Costs）おそれのあることが必要である[25]。

(4) 競争・消費者への悪影響：リベートによって消費者の状態は改善するか？

上記(2)(3)によって競争者の市場での競争費用が引き上げられると、問題の支配的企業は、競争者による競争上の制約を緩和し、市場支配力を維持・強化することが可能となる[26]。これは、価格上昇や産出量減少といった形で消費者厚生への悪影響をもたらしうる。

なお、以上に対しては、忠誠リベートの下では顧客らにリベートが供与されており、全体として反競争効果は生じていないのではないかという批判もなされる[27]。これは、排他的取引一般に関し、顧客らは排他権についての補償を受けるので排他的取引が反競争的に用いられることはありえないというシカゴ学派の論理にも通じる問題意識である。すなわち、排他的取引に関して、シカゴ学派は、「X が顧客 A に排他的取引条項を呑ませるためには、X の競争者 Y の排除によって A が失う消費者余剰を補償しなければならない。ところが、Y の排除によって X が獲得できる独占利潤は、Y の排除によって A が失う消費者余剰を下回るので、X は自らが獲得するもの以上を A に補償しなければならなくなる。これは不合理である。したがって、排他的取引が排除目的で行われることはありえず、現実に排他的取引が観察されるとすれば、それは何らかの効率性改善効果を伴うためである」という趣旨を主張した[28]。リベートを排他権の補償として解釈するならば[29]、排他的取引の文脈でのシカゴ学派対反シカゴ学派の議論の多く

---

25) Geradin, supra note 2, at 62-63；Faella, supra note 2, at 406-407；Lars Kjølbye, *Rebates Under Article 82 EC：Navigating Uncertain Waters*, 31（2）E.C.L.R. 66, 69-70（2010）. RRC の議論一般については、Thomas G. Krattenmaker & Steven C. Salop, *Anticompetitive Exclusion：Raising Rivals' Costs to Achieve Power over Price*, 96 Yale L.J. 209（1986）参照。

26) 根岸哲編『注釈独占禁止法』68-69 頁〔川濵昇〕（有斐閣、2009 年）参照。

27) 第 2 章第 2 節第 3 款 4 参照。See also Hans Zenger, *Loyalty Rebates and The Competitive Process*, 8 J. Competition L. & Econ. 717, 749-750（2012）.

28) See ROBERT H. BORK, THE ANTITRUST PARADOX：A POLICY AT WAR WITH ITSELF 309（1978）.

が援用可能である[30]。

　反シカゴ学派の議論の詳細は割愛するが[31]、第一に、とりわけマストストックの存在に起因する転換コストが生じる場合（上記(2)参照）、「マストストック部分で得られるはずのリベート」を忠誠条件が遵守されない場合の違約金に見立てることが可能である。これは、競争者が参入する際に違約金（=「マストストック部分で得られるはずのリベート」）の肩代わりを迫られることを意味するので、忠誠リベートによって参入が適正水準以下に抑制されてしまうという議論が成り立ちうる[32]。第二に、規模の経済などが存在する市場では、参入にとって重要な一部の顧客のみを狙い撃ちにしてリベートを供与し、彼らを囲い込むことによって、参入者の競争費用を引き上げ、有効に市場閉鎖を達成しうる（上記(3)参照）。その場合、仮にリベートを供与される一部の顧客の状態がリベートによって改善したとしても市場全体では悪影響が生じうるし、そもそも、リベートを獲得できる一部の顧客（(排除あり、リベートあり）という状態に置かれる）も、（排除あり、リベートなし）という状態と比べるとリベートによって状態が改善するのは確かだが、（排除なし、リベートなし）という状態と比べると、リベートによって状態が改善するとは限らない。規模の経済のために買手が1社単独では効率的な参入を誘導できず、それゆえ買手相互間に外部性が存在することを利用して、支配的企業は、些細な補償で排除に必要な数の排他的契約を獲得できてしまう可能性も指摘されている[33]。リベートが供与されているからといって消費者厚生が全体として改善するとは限らず、特に、排

---

29) この解釈が常に可能なわけではないが、目標占有率や目標数量の大きい遡及的な占有率リベート・数量リベートのケースでは、この解釈が可能なことも少なくないであろう。

30) See EINER ELHAUGE & DAMIEN GERADIN, GLOBAL COMPETITION LAW AND ECONOMICS 631-634（2d ed. 2011）.

31) 概略は、MASSIMO MOTTA, COMPETITION POLICY: THEORY AND PRACTICE 362-372（2004）のほか、邦語文献として、柳川隆＝川濵昇編『競争の戦略と政策』263-264頁〔泉水文雄＝山根智仁〕（有斐閣、2006年）等を参照。

32) 玉田＝垣内・前掲注23) 223-224頁参照。排他的取引における違約金のモデルは、Philippe Aghion & Patrick Bolton, *Contracts as a Barrier to Entry*, 77 Am. Econ. Rev. 388（1987）を参照。

除効果の発生しているケースでは、疑問も残る。

2　競争促進効果①：価格競争としての忠誠リベート

忠誠リベートの規制に対して慎重な見解を唱える論者らは、この行為が値引きの一形式であって消費者に直接的に利益を与える行為であり、この行為を禁止することは直ちに価格競争の停滞を招くおそれがあると主張する[34]。実際に、とりわけ前記1で述べた「梃子」の問題が存在しない場合

---

33) 要するに、仮に買手が複数社で協調して、問題の支配的企業のライバルが規模の経済を達成するのに必要なだけの購入数量を集めることができるのであれば、支配的企業による忠誠リベートのオファーを（協調的に）拒否してライバルからも購入することが最善となるとしても（排除なし、リベートなし）、買手間で協調することができない場合（それが通常であろう）、各買手にとって、支配的企業のオファーを単独で拒否したところで、ライバルの効率的な参入も誘導できず、かつ、自身はリベートを受けられないというだけの状況（排除あり、リベートなし）に陥ってしまうため、些細な補償でも支配的企業のオファーを受け入れてしまう（排除あり、リベートあり）という問題である。See Eric B. Rasmusen, J. Mark Ramseyer & John S. Wiley, Jr, *Naked Exclusion*, 81 Am. Econ. Rev. 1137（1991）；Ilya R. Segal & Michael D. Whinston, *Naked Exclusion：Comment*, 90 Am. Econ. Rev. 296（2000）. See also Chiara Fumagalli & Massimo Motta, *Exclusive Dealing and Entry, when Buyers Compete*, 96 Am. Econ. Rev. 785（2006）；John Simpson & Abraham L. Wickelgren, *Naked Exclusion, Efficient Breach, and Downstream Competition*, 97 Am. Econ. Rev. 1305（2007）. 玉田＝垣内・前掲注23）225-226頁も参照。

なお、この問題に関連して、後記第5章第2節第1款3で取り上げる米国の *Concord Boat Corp. et al v. Brunswick Corp.*, 207 F.3d 1039（8th Cir. 2000）では、ボート用エンジンの製造業者である被告Brunswickが、顧客である原告らボート建造業者（この事件の原告は24社）に対して実施した占有率値引きの適法性が最大の争点であったが、その他の争点として、原告らがエクイティ上の請求として、被告による占有率値引きの使用禁止を請求していたり、あるいは、被告Brunswickが提起した反訴において、原告らの共同行為（業界のボートショーでのBrunswick製エンジンの共同ボイコットや、Brunswick製エンジンの価格を競争者製エンジンと比べて不利な価格に設定する合意）も問題となっており（原審で法律問題としての判決で違法性が確定、See *Concord Boat*, 207 F.3d 1048）、興味深い。原告らが占有率値引きの使用禁止を請求していた理由は定かではないが、顧客ら20社以上が共同原告となって占有率値引きの使用禁止を求めていたという事実は、（忠誠リベートの顧客らにとっての利点を強調する多くの論者の主張に反して）、問題となった「値引き」スキームが顧客らにとってさえ好ましくなかった可能性（しかも個々のボート建造業者単独では被告Brunswickのオファーを拒否するのが難しかった可能性）を示唆しうる。

には、彼らの指摘が当てはまることも少なくないであろうとは思われる。もっとも、値引きの点を強調する立場に対しては、いくつかの異論もある。第一に、忠誠リベートが、短期的にさえ競争状態と比べて「真の値引き」を提供するとは限らず、その実態は、単に値引き前の名目価格（不遵守価格）を引き上げたにすぎない「不忠誠罰」である危険性も指摘されている[35]。第二に、前記1で述べたように、リベートが、単に競争者の効率性を阻害して長期的な害悪を引き起こすための排他性を獲得する手段を構成するにすぎない場合、値引きとしての側面は本当に考慮するに値するのかという点も問題である[36]。

3 反競争効果②：競争者の競争インセンティブの侵害（排除効果の補強）

忠誠リベートは、競争インセンティブの低下を招くおそれがあることも指摘されている。欧州委員会の2005年ディスカッションペーパー（以下、"DP"という。）においても、この観点の言及が存在した[37]。

この観点の議論には様々なバリエーションが存在するが、例えば、DP公表当時欧州委員会競争総局に所属していたMaier-Rigaudの説明は、次のようなものである[38]。上記1(1)の数値例において、例えば、顧客Aが製品を100個ではなく120個必要としていたとしよう（リベートの閾値は100

---

34) See Herbert Hovenkamp, *Discounts and Exclusion*, 3 Utah L. Rev. 841 (2006); Zenger, supra note 27, at 737.
35) ELHAUGE & GERADIN, supra note 30, at 629-630. Elhaugeは、「値引き」というネーミング自体がミスリーディングであると主張する。
36) 排他的取引一般の文脈でも、前記1(4)で述べたように排他的取引に関する経済モデルでは、相手方に対して排他権についての補償が与えられるのが通例であるが、その補償自体が競争促進的であるといったような議論がなされるわけではない。シカゴ学派も、排他的取引に伴う何らかの効率性改善効果を議論していた。本文1(4)。
37) European Commission, DG Competition Discussion Paper on the application of Article 82 of the Treaty to exclusionary abuses, para. 154 (Brussels, December 2005). なお、2009年のガイダンスではこの問題への言及はない。
38) Maier-Rigaud, supra note 4, at 89-92. See also Faella, supra note 2, at 380. 本文の以下の説明は、Maier-Rigaudのモデルを数値化している。なお、以下の本文の説明とはやや異なる観点からの競争インセンティブ低下に関する議論につき、後掲注39）。

個のまま)。支配的企業 X のライバルの Y は、リベートの閾値 (100 個) と A の必要量 (120 個) の差の 20 個分までであれば、1 個当たり 9,500 円をわずかに下回る価格を設定すれば X に対抗可能である。ところが、Y が閾値を突き破って A に 21 個目を供給しようとした途端、A が閾値 (100 個) に到達すれば X から得られるはずであった 100 個分のリベートの利益を全て肩代わりしなければならなくなってしまうため、Y は、1 個当たり平均で 7,100 円台の価格をオファーしなければならなくなってしまう。仮に、X と Y のコストがともに 7,000 円であったとすれば、Y は、費用割れすることなく A に 21 個以上供給することも可能ではあるが、わざわざそれを実行するインセンティブをもたないであろう (Y は、閾値を突き破るようなことをせずに A への供給量を 20 個にとどめておけば、1 個当たり 9,500 円をわずかに下回る価格を設定すればよいので、1 個当たり 2,500 円弱 (9,500 円弱マイナス 7,000 円) という多額のマージンを獲得できる)。閾値が壁のように作用することによって、一種の棲み分けが成立しうる。

以上の効果は、前記 1 で述べた排除効果をより強めうる[39]。

4 その他の競争促進効果?

忠誠リベートは、上記値引き効果の他にも様々な競争促進効果が指摘されている。以下、しばしば言及されるものを紹介する。

---

[39] なお、以上の他に、Elhauge も、やや異なる観点から競争インセンティブの低下を論じている。Elhauge は、忠誠リベートシステムを維持するためには遵守価格と不遵守価格との間での一定の価格差が維持される必要のある点に注目した。彼の主張によると、支配的企業は、忠誠リベートにカバーされない「フリーな」買手に対して低価格をオファーしてしまうと不遵守価格一般の低下を招いてしまうことから、「フリーな」買手をめぐって価格競争を仕掛けるインセンティブをもたず、結果的に、(遵守価格を含め) 全買手にとっての価格が競争水準と比べて引き上げられうる。See Einer Elhauge & Abraham L. Wickelgren, *Robust Exclusion and Market Division through Loyalty Discounts*, 43 Int'l J. Ind. Org. 111 (2015); Einer Elhauge, *How Loyalty Discounts Can Perversely Discourage Discounting*, 5 J. Competition L. & Econ. 189 (2009). See also Roman Inderst & Greg Shaffer, *Market-Share Contracts As Facilitating Practices*, 41 RAND J. Econ. 709 (2010).

(1) 二重限界化の解消

二重限界化（double marginalization）とは、川上市場と川下市場の双方に市場支配力が存在する状況において、川上市場、川下市場の二段階で限界費用を上回る価格が設定される結果、市場支配力が一段階のみの場合と比べて消費者厚生と社会的厚生が減少するだけでなく、川上企業と川下企業の利潤の合計（以下、「共同利潤」という。）さえ減少してしまうという問題である[40]。垂直統合のほか、二部料金制や最高価格再販、数量強制（quantity forcing）によってこの問題を解消しうることは、よく知られている。

ア （数量閾値型）遡及リベートの効果とメカニズム

忠誠リベートが二重限界化の解消に資することに言及する論者が参照するのは、専ら、Kolay = Shaffer = Ordover の経済モデルである[41]。増分リベートによって二部料金制と同じ結果を達成できることは以前から指摘されていたが[42]、Kolay らは、遡及リベート（数量閾値型のスキームに限る）によっても二重限界化の解消が可能であることを証明した。ただし、増分リベートと遡及リベートとで、そのメカニズムは異なる。以下、簡潔に説明する。

まず、垂直統合によって内部化することなく二重限界化を解消する条件には、次のものがある[43]。①川上企業が自身の限界費用に等しい卸売価格（厳密には限界卸売価格）を設定する（なお、付随的な何らかの方法で共同利潤からの分配を受けられない限り、川上企業にはこれを行うインセンティブはない[44]）、②川下企業の最高価格を制限する（最高価格再販）、③川下企業の最小販売数量を義務付ける（数量強制）。二部料金制や増分リベートが有効なのは、①を達成できるからである。川上企業は、二部料金制では従量料金

---

40) 産業組織論の教科書類のほか、川濱昇「再販売価格維持規制の再検討(4)」論叢 137 巻 3 号 1 頁、7-10 頁（1995 年）参照。

41) Sreya Kolay, Greg Shaffer & Janusz A. Ordover, *All-Units Discounts in Retail Contracts*, 13 J. Econ. & Mgmt Strategy 429 (2004).

42) 長岡貞男＝平尾由紀子『産業組織の経済学（第 2 版）』82 頁（日本評論社、2013 年）。

43) Dennis W. Carlton & Jeffrey M. Perloff, Modern Industrial Organization 418 (4th ed. 2005); Jean Tirole, the Theory of Industrial Organization 176-177 (1988).

44) 限界費用を限界価格に一致させるので、限界利潤はゼロとなるためである。

を、増分リベートでは閾値到達後の値引き価格を自身の限界費用に等しく設定し、二部料金制では基本料金、増分リベートでは閾値到達前の購入数量に対する高価格によって、共同利潤からの分配を確保する[45]。これに対して、数量閾値型の遡及リベートが有効なのは、前記①ではなく③（数量強制）に準ずる効果を発揮できるからである。川上企業は、リベート獲得の閾値となる数量を、共同利潤を最大化できる最適数量（垂直統合＝単一独占時の数量）に設定すればよく、値引き（卸売）価格を限界費用に等しく設定する必要はない。むしろ、遡及リベートのケースでは、増分リベートのケースと異なり、値引き価格を限界費用に等しく設定してしまうと、当該値引き価格が全数量に適用される結果、川上企業の利潤が完全に消失してゼロとなってしまうので、川上企業にそのようなオファーを行うインセンティブはない。上記1(1)で説明した遡及リベートのメカニズム——閾値到達の前後で川下企業の支払総額に巨額の差が生じる——のため、川下企業は、閾値数量（＝最適数量）を購入するようにピンポイントで誘導される（これによって、川下での最終的な供給数量が過度に減らされてしまうことを防げる）。落差の激しいリベートが、実質的に数量強制の実効性担保手段として機能するのである。リベート適用後の価格はなお限界費用を上回るので、川上企業は、共同利潤からの分配を確保できる[46]。

以上のように、数量閾値型の遡及リベートが二重限界化の解消に資する可能性はあるが、いくつか問題もある。まず、川上・川下両市場に市場支配力が存在することがこの理論の前提である。リベートの被供与者が末端の顧客である事案や、川下市場に市場支配力が存在しない事案では、この

---

45) 以下、増分リベートの例の要点を説明する。（詳細は、Kolay et al., supra note 41, at 432-433 を参照）。川上企業の限界費用を c（一定）とおき、問題のスキームの数量閾値、閾値到達前の数量にかかる卸売価格（リスト価格）、閾値到達後の数量にかかる値引き卸売価格をそれぞれ q^T、p、λp（$0<\lambda<1$）とおき、さらに、単一独占時の市場産出量（最適数量）を q^* とおく。これらは、少なくとも、$\lambda p=c$、$q^T<q^*$ を満たすように設定される。川下企業にとって、閾値 q^T を上回って購入する場合の限界費用（＝限界卸売価格）が λp（＝c）となるので、川下企業は、最適数量 q^* を川上企業から購入して単一独占時の価格で最終消費者に販売する（なお、各数値は、川下企業の購入数量が閾値割れとなることのないように設定されている）。川上企業は、閾値到達前の高価格部分で $(p-c)\,q^T$ の超過利潤を確保できる。

正当化の余地はない。さらに、それらの前提が当てはまるケースでも、二重限界化の解消自体は、遡及リベートではなく増分リベートによっても可能であるため、競争制限性の強い遡及リベートを容認する必要性はないという指摘もある[47]。

イ 占有率リベートの無効性

以上に対し、日本法や米国法の議論の中心であり、また、欧州法でも特に厳格な規制を受けてきた占有率リベート（遡及適用されるもの）の場合、二重限界化の解消に資することは理論的にありえない。このことにわざわざ言及する主要な文献は皆無であるが、占有率リベートには、数量閾値型の遡及リベートのような数量を事実上強制するメカニズムがなく（川下企業は、占有率条件を満たせば、購入数量の多寡にかかわらずリベートを獲得できる）、また、遡及的なスキームの下では、川上企業は値引き価格（限界価格）を限界費用と等しく設定するインセンティブももたないので（前記ア参照）、占有率リベートは、二重限界化問題を発生させた問題状況を改善しない。

(2) 小売業者のサービス提供や販売促進努力の誘引

忠誠リベートが小売業者に対して与えられる場合、小売業者のサービス提供や販売努力を促進する効果があるという指摘がなされる[48]。

ア 競争状態で十分に提供されない理由

この観点を競争促進効果の1つとして主張する場合、まず、それらのサー

---

46) See id. at 433-435. 前注の記号を用いて増分リベートとの違いの要点を説明する（詳細は Kolay らを参照）。前注とは対照的に、数量閾値型遡及リベートのケースでは、少なくとも、$q^T = q^*$、$\lambda p > c$（Kolay らは等号の場合も含めているが、本文で述べたように非現実的であろう）に設定される。川下企業は、川上企業から $q^T = q^*$ を購入して単一独占時の価格で販売し、川上企業は、$(\lambda p - c) q^*$ の超過利潤を確保できる。なお、閾値到達前の価格 p は、川下企業にとって機会損失の発生する水準に設定される。

47) European Commission, DP, para. 174; Maier-Rigaud, supra note 4, at 98, n. 43. 欧州委員会の 2005 年ディスカッションペーパーは、二重限界化の観点に言及していたが、増分リベートで事足り、遡及リベートを必要とすることはないとされていた。なお、最終消費者の需要に関して不確実性が存在する場合には、遡及リベートと増分リベートとの間で異なる結果が生じうるが、両者の間での厚生上の優劣は明確ではない。See Kolay et al., supra note 41.

ビスや販売努力が競争状態では十分に提供されない理由が明らかにされなければならない。そもそも、競争状態において消費者を惹きつけるのに必要なサービスや販売努力であれば、小売業者が自発的に提供するはずである[49]。

忠誠リベートの文脈にこの観点をもち込む多くの論者は、競争状態では小売業者によるサービス提供や販売努力が「過小」[50]水準となる理由を、垂直的外部性（ここでは、製造業者・小売業者間での、追加的なサービス提供から得られる限界便益の非対称）に求めている[51)52)]。そして、その直接的な是正手段として、具体的なサービスや販売努力の内容を契約に明記してそれらの実施を義務付けあるいはそれらの実施について報奨金を支給する方法も考えうるが、契約に全てを明記することや、小売業者らの履行の有無を

---

48) See, e.g., David E. Mills, *Inducing Downstream Selling Effort with Market Share Discounts*, 17 Int'l J. Econ. Business 129（2010）（なお、Mills の論文は、数理モデルを用いてこの観点を分析する稀少な例であり、彼のワーキングペーパーは、後述する米国司法省の2条報告書においても引用されていた。もっとも、彼自身が論文中で指摘するように、彼の分析は規模に関する収穫一定を仮定していたため、RRC 型の排除効果が生じうる市場（規模の経済等を前提）においては、彼の分析は妥当しない。Id. at 138）；Simon Bishop, *Delivering Benefits to Consumers or Per Se Illegal? Assessing the Competitive Effects of Loyalty Rebates*, in THE PROS AND CONS OF PRICE DISCRIMINATION, 65, 72-73（Swedish Competition Authority, 2005）（available at http://www.konkurrensverket.se/globalassets/english/research/the-pros-and-cons-of-price-discrimination-9356 kb.pdf）。以降の注で引用する諸文献も参照。排他的取引一般についてこの主張を詳細に行うものとして、Benjamin Klein & Andres V. Lerner, *The Expanded Economics of Free-Riding : How Exclusive Dealing Prevents Free-Riding and Creates Undivided Loyalty*, 74 Antitrust L.J. 473（2007）（彼らの分析は忠誠リベートにも部分的に妥当するとする）。なお、Klein らが指摘するように、小売業者らの製造業者に対する「引き裂かれざる忠誠心（undivided loyalty）」を構築する点に排他的取引の正当な理由を見出そうとする議論自体は、全く目新しいものではない。もっとも、米国では、Marvel がこの論拠を批判して以降は（後掲注52））、それほど好意的には受け止められてこなかったようである。
49) 小売業者は、メーカーの単純なエージェントではなく、自身の利潤最大化を目的として独立して事業活動を行う事業者であり、最終消費者が求めるサービスや販売努力の提供を怠った場合、自身の競争上の地位が危うくなりうる。
50) 多くの論者が想定する「過小」は、市場全体の最適水準にとっての「過小」とは限らない。しばしば、特定の支配的製造業者のみにとっての「過小」と市場の最適水準にとっての「過小」とが十分に区別されずに議論される。

監視することは困難であるため、そのような方法では十分に機能しないとする。忠誠リベートは、小売業者の成果を報奨することによって、彼らのサービス提供や販売努力を誘引する最善の手段となるとされる。

イ 「促進」されるサービス・販売努力の内容と厚生上の問題点

以上のような議論に対しては、根本的な問題として、忠誠リベートがサービスや販売努力の促進という目的に本当に資するのかという点への疑問もないではない。例えば、リベートを供与される小売業者が、結局は、（追加的な）サービスを提供するのではなく単にリベートを原資とする値引きを行うだけであったり、あるいは、（特に占有率リベートの場合）、競争製品の仕入れを抑制するだけであったりということも、考えうる[53]。(そもそも、問題となっているサービスが、例えば、品質維持のための保管方法の遵守、あるいは、安全確保のための消費者への事前説明といった類の本当に不可欠なものであれば、いずれにせよ製造業者は契約に明記して履行の確保に努めるはずであるし、忠誠リベートによってどこまで逸脱を防げるのかにも疑問が残る）。そして、それらの問題を脇に置き、仮に、何らかのサービスや販売努力がリベートによって実際に促進されるとしても、以下のような問題点が指摘されうる。

まず、垂直的外部性の是正という問題設定から明らかなように、多くの

---

51) See Bishop, supra note 48, at 72；Zenger, supra note 27, at 746-747；O'Donoghue & Padilla, supra note 11, at 377；Klein & Lerner, supra note 48, at 477, 484-490. 製造業者・小売業者間の非対称の原因としては、2つの観点が指摘されている（特に Klein & Lerner 参照）。第一に、マルチブランド小売業者の場合、小売業者が製造業者A社の製品特殊な販売努力を行ってA社製品の販売数を増やしても、その販売増の一部は消費者が同じ店舗内で競争製造業者B社製品から購入をシフトさせた結果にすぎず、B社製品の販売減によって相殺され、当該小売業者の利潤増加は限定的にとどまるが、製造業者A社にとっては同社製品の販売増の全てが自身の利潤増加に結びつく。第二に、製造業者と小売業者の利益率が一致しないことによっても、サービス提供の限界便益に相違が生じる。

52) なお、同じように小売業者のサービス提供や販売努力の促進という観点が頻繁にもち出される再販売価格維持行為の文脈では、競争状態で十分に提供されない理由が、小売業者間での水平的外部性の問題に求められる。しかし、排他的取引や忠誠リベートでは、他の小売店のサービスにフリーライドする低価格小売店の出現をコントロールできないので、小売業者間の水平的外部性の解決には役に立たない。排他的取引での議論に関し、Howard P. Marvel, *Exclusive Dealing*, 25 J.L. & Econ. 1, 4-5 (1982)；Klein & Lerner, supra note 48, at 485-486, 505 参照。

論者は、促進されるサービスや販売努力の内容として、特定の製造業者のための「ブランド特殊販売促進 (brand-specific promotion)」を念頭に置いているようである[54]。もちろん、ブランド特殊のサービスや販売努力には様々なものがあるが、忠誠リベートによって最も効果的に誘引されるのは、有利な棚空間の割り当てや消費者に対する優先的推奨のようなタイプの行為であると思われる[55]。要するに、単に製造業者間の需要の取り合いの中で、特定の製造業者を有利に扱うだけというタイプの販売努力である[56]。かかる行為は、単に製造業者間でのレントの移転をもたらすのみで（その意味で、「カニバリズム型販売促進」とも言われる)[57]、消費者厚生や効率性の改善につながらないことが多い[58]。

また、仮に、以上のような「カニバリズム型販売促進」ではなく、消費者の留保価格を高めるようなサービスや販売努力が結果的に提供されたと

---

53) 確かに、値引きはある意味では最大の「販売努力」かもしれないが、忠誠リベートの値引き効果は、既に十二分に考慮されている。そもそも、サービスや販売努力の促進を独自の競争促進効果として提示することの含意は、それらが需要曲線の上方シフトをもたらしうる点にあると思われるが、値引き行為は、需要曲線の上方シフトをもたらさない。仮に、製造業者がサービスや販売努力を促進する目的でリベートを供与したとすると、それらが提供されずに値引きが行われることは、製造業者の意図に反しうる。Klein らは、販売努力の代わりに値引きが行われること自体を、製造業者の給付にフリーライドして競争小売業者の販売を「盗む」ものとして問題視し、それゆえ、排他的取引と比べて忠誠リベートの効果を限定的にしか認めなかった。See Klein & Lerner, supra note 48, at 500-501.
54) See Klein & Lerner, supra note 48 ; Zenger, supra note 27, at 747. Klein = Lerner は、ブランド特殊でない販売努力については、競争状態で十分に提供されるとして排他的取引による是正の必要性を認めていない。
55) Klein & Lerner や Zenger 自身が棚空間の問題を例示している。
56) 川濵昇ほか「再販売価格維持行為の法と経済学」18-19 頁〔川濵〕（公正取引委員会競争政策研究センター共同研究報告書、2012 年）参照。
57) 例えば、小売業者が、複数の製造業者の製品を小売店の棚空間の中でどう配置するのかによって、各製造業者の製品の個別需要曲線には少なからず影響しうるとしても、当該製品全体の市場需要曲線にどこまで影響するのかには、疑問が残る。もちろん、個々の製造業者にとって、かかる販売努力が提供されることによる利点は大きかろうが、その利点の大部分は、個別需要曲線の単純な移転によるものにすぎないであろう。川濵ほか・前掲注56) 20 頁注 49 参照。
58) 川濵ほか・前掲注56) 18-19 頁参照。

しても、それらは、消費者全体ではなく、当該サービスや販売努力がなければ購入しなかったであろう「限界的な」消費者の留保価格を高めるだけであるので、当該製造業者の利潤は増加するとしても、消費者厚生や社会的厚生全体が改善するとは限らない[59]。

さらに、*British Airways* 欧州事件において、関連市場が「航空旅客代理店サービスの購入」にかかる市場として構成されたことも示唆的であるが、製造業者・小売業者間の関係は、製造業者を小売業者が提供する流通サービスの買手として構成することも可能である。その意味で、上述した小売業者のブランド特殊な販売努力の獲得をめぐる製造業者間の競争は、流通サービスの買手競争の側面も有する[60]。確かに、そのような競争が競争を活性化させる側面は多分にあるが、他方、上記1で述べた排除効果が製品の「売手」市場において生じている場合には、流通サービスの「買手」市場においても同様に排除効果が生じているのではないかという疑問も生じる[61]。

最後に、遡及リベートのような落差の激しいマージンによって消費者への販売促進を行わせること自体、製品の真価・能率に基づく小売業者の販売努力を歪曲し、消費者厚生に悪影響を生じさせるおそれもあろう[62]。

ウ 小括

したがって、忠誠リベートが結果的に社会的に望ましい販売努力をもたらす可能性を一切否定するわけではないが、結局のところ、消費者厚生や効率性の改善ではなく単に支配的製造業者の利潤増加に資するだけのケースが多いと思われる。製造業者にとっての事業上の合理性はあるとしても、排除効果が現に生じているような文脈では、なおも競争促進効果をもたら

---

59) 川濱ほか・前掲注56) 21-23頁参照。
60) 川濱ほか・前掲注56) 19-20頁参照。
61) とりわけ問題となっている販売努力が前掲注57) のようなタイプである場合、流通サービスの「買手」市場からライバルを排除しているだけではないかという懸念はより大きくなろう。
62) 川濱ほか・前掲注56) 20-21頁参照。小売店の役割に関する議論として、玉井克哉「ドイツ不正競争防止法における一般条項の経験」ジュリ1018号11頁、12頁（1993年）も参照。

すものとして評価に値する状況は少ないであろう[63]。

(3) 支配的企業による関係特殊投資の促進

忠誠リベートは、製造業者による関係特殊投資を促進する可能性も指摘されている[64]。例えば、製造業者は、小売業者のスタッフのトレーニングや店舗の充実などのために自ら投資を行ったとしても、当該小売業者がその成果を競争製造業者の製品を販売するためにも利用しうるため(製造業者段階での水平的外部性、フリーライド)、かかる投資を行うことに対して抑制的になりうる。忠誠リベートは、上記懸念を限定することによって、製造業者による投資を促進しうる。この主張は排他的取引の文脈で一般に了解された議論であり、同じ視点を忠誠リベートの文脈に持ち込むものである[65]。

(4) 固定費用の効率的回収

最後に、忠誠リベートは、固定費用を効率的に回収する手段となることが指摘されている[66]。これは、次に述べる価格差別の問題と関連するので、次の5で述べる[67]。

---

[63] 前掲注57)も参照。そもそも、垂直的外部性という問題設定、特に前掲注51)で述べた問題設定自体が、是正の必要性に疑義を抱かせるものであった。サービスや販売努力の促進の観点が頻繁に持ち出される再販売価格維持行為の文脈でさえ、是正の対象として垂直的外部性の問題が言われることはほとんどない。川濱昇「再販売価格維持規制の再検討(3)」論叢137巻1号1頁、5-11頁(1995年)参照。

[64] See European Commission, DP, para. 175；O'DONOGHUE & PADILLA, supra note 11, at 378.

[65] 排他的取引一般の文脈での議論は、David Besanko & Martin K. Perry, *Equilibrium Incentives for Exclusive Dealing in a Differentiated Products Oligopoly*, 24 RAND J. Econ. 646 (1993)、Ilya R. Segal & Michael D. Whinston, *Exclusive Contracts and Protection of Investments*, 31 RAND J. Econ. 603 (2000) を参照。なお、製造業者間での外部性が存在しない場合には、この議論が当てはまらないことには注意を要する。

[66] O'DONOGHUE & PADILLA, supra note 11, at 376；Geradin, supra note 2, at 64；Herbert Hovenkamp, *Antitrust and the Costs of Movement*, 78 Antitrust L.J. 67 (2012).

[67] なお、以上の他に、販売の確実性を確保することができ、生産計画に資するといった主張もなされるが(Hovenkamp, supra note 34, at 843)、基本的には事業上の合理性の問題にすぎないであろう。今村成和ほか編『注解経済法(上)』220頁〔稗貫俊文〕(青林書院、1985年)参照。

5 価格差別（非線形価格）としての忠誠リベート

　忠誠リベートは、価格差別、特に、非線形価格[68]の一種としても行われる。

　価格差別とは、狭義では、「類似の財・サービスが限界費用比率とは異なる相対価格比率で販売されること」であり[69]、需要の弾力性の相違などの需要側の要因によって行われるものを指す[70]。これに対して、供給に要する限界費用の相違などの供給側の要因によっても「価格差」は生じる[71]。以下の説明は、前者に関連する。

　支配的企業が価格差別の手段として忠誠リベートを実施する目的として、とりわけ2つの点が指摘される[72]。第一に、最大の目的は、より多くのレントを獲得することである。価格差別は、顧客の需要の弾力性の低い部分において高い価格費用マージンを維持しつつ、需要の弾力性の高い部分で低価格を請求することによって、統一的な独占的高価格と比べてより多くのレントを獲得することを可能とする。第二に、非線形価格は、買手の需要が不確実な場合、自己選択プロセスを通して、買手をよりよくスクリーニングすることを可能とする。以上の効果は、固定費用の負担が大きい産業においては、より有益である。すなわち、企業は、短期的には短期回避可能費用を上回る収入を得られる限り操業を継続するが、サンクした固定費を含む当期の投資に見合うだけの十分に大きな準レント[73]を獲得できていなければ、長期的には、次期の再投資が困難になりうる[74]。支配的企業にとって、固定費の存在のために統一的な低価格を設定することが困難

---

68) 　非線形価格（nonlinear pricing）は、価格差別の一種、いわゆる第二級価格差別であり、消費者の総支出が購入数量に応じて線形（比例的）に上昇しない価格体系のことである。CARLTON & PERLOFF, supra note 43, at 313.
69) 　岡田羊祐＝林秀弥「価格差別の公正競争阻害性」岡田＝林編・前掲注23）117頁、121頁、GEORGE J. STIGLER, THE THEORY OF PRICE 210（4th ed. 1987）（(p_1/p_2) ≠ (MC_1/MC_2)）。
70) 　依田高典『ネットワーク・エコノミクス』130頁（日本評論社、2001年）参照。
71) 　依田・前掲注70) 130頁、岡田＝林・前掲注69) 121頁参照。
72) 　玉田＝垣内・前掲注23) 227-228頁。See also Zenger supra note 27, at 730-733；Spector, supra note 22, at 92-94.

な場合であっても、需要の弾力性の低い部分の高価格で固定費用を効率的に回収することで、需要の弾力性の高い限界的な部分でより競争的に行動して産出量を拡大することが可能となる[75]。

価格差別の厚生に対する効果は明確ではない。特に非線形価格のケースでは、統一的高価格と比べると、総厚生に対してはプラスの効果をもつことが多いものの、消費者厚生を減少させるおそれもある[76]。もっとも、価格差別の効果は、静的な厚生のみでは測れない要素も多く、次期の投資を確保するために固定費を効率的に回収する行為を許容することの重要性も指摘されている[77]。

なお、非線形価格に関する一般的な経済分析の多くは、二部料金制やブロック料金制のようなスキームに関するものであり、占有率リベートや遡及リベートのようなスキームに関する分析は少ない[78]。価格差別に関する一般的な議論がそれらのスキームにどこまで当てはまるのかに関しては、さらなる検討が必要であろう。

以上の議論に対し、*Michelin II*と*British Airways*の両判決が提示した数量リベートをコスト差の観点から正当化する理論は、需要側の要因に応じて価格差別する行為一般を正当化するものではなく、単に、価格差がコス

---

73) 準レント（Quasi rents）とは、耐久生産財の受け取るリターンである（STIGLER, supra note 69, at 263）。一般に、企業の収入のうち短期回避可能費用を上回る部分として定義され、その正負は企業の退出判断（操業停止点）の基準となる（CARLTON & PERLOFF, supra note 43, at 59）。これは、（長期）独占利潤（総収入マイナス長期総費用）とは区別される。

74) See STIGLER, supra note 69, at 263 ; Derek Ridyard, *Exclusionary Pricing and Price Discrimination Abuses under Article 82—An Economic Analysis*, 23（6）E.C.L.R. 286, 287（2002）.

75) O'DONOGHUE & PADILLA, supra note 11, at 376 ; Ridyard, surpa note 74. なお、固定費の回収にとどまるのか、それとも固定費の回収に必要な水準を超える超過利潤を獲得しているのかは識別困難であろう。

76) 岡田＝林・前掲注69）123頁、玉田＝垣内・前掲注23）228頁参照。

77) See Ridyard, supra note 74, at 287.

78) 最新の研究として、Giacomo Calzolari & Vincenzo Denicolò, *Competition with Exclusive Contracts and Market-Share Discounts*, 103 Am. Econ. Rev. 2384（2013）; Adrian Majumdar & Greg Shaffer, *Market-Share Contracts with Asymmetric Information*, 18 J. Econ. & Mgmt Strategy 393（2009）参照。

ト差を反映する限度で数量値引きを許容する考え方を示したものにすぎなかった[79]。

6 小括

以上、忠誠リベートの様々な反競争効果と競争促進効果を見てきたが、それらのうちのどれをどの程度重視するべきかは論者によって争いがある。これから見るように、欧州委員会の最新のアプローチと米国のアプローチは、ともに経済学を重視するアプローチであるが、両者の内容は一致しない。各国の司法制度の相違等の事情も分析に影響を与えうる。

最後に、以上の理論は全て合理的選択論を前提とするものであった。これに対して、近時、行動経済学の観点から、忠誠リベートは、心理的な転換コストを引き上げることによって顧客らのリベートへの不合理な執着を引き起こし（閾値が新たな参照点（reference point）となり、顧客らが損失回避的な行動に出るようになる）[80]、排除効果をより強化する可能性も指摘されている[81]。

---

79) 第2章第2節第3款2(2)参照。
80) プロスペクト理論に関する基礎的内容につき、奥野正寛編著『ミクロ経済学』301頁（東京大学出版会、2008年）参照。
81) See Alexander Morell, Andreas Glöckner & Emanuel Towfigh, *Sticky Rebates*：*Loyalty Rebates Impede Rational Switching of Consumers*, 11（2）J. Competition L. & Econ. 431（2015）; Martin Beckenkamp & Frank P. Maier-Rigaud, *An Experimental Investigation of Article 82 Rebate Schemes*, 2（2）The Competition L. Rev. 1（2006）.

第4章

欧州委員会による「効果ベース」アプローチへの転換とその実践、並びにその後の裁判例の展開

第2章で述べたように、欧州裁判所は、伝統的に、支配的事業者による忠誠リベートを厳しく非難する判例法理を構築してきた。それに対しては、学説から数多くの批判が寄せられ（第2章第2節第3款4）、特に2000年代に入ってから、数多くの法学・経済学の研究者・実務家の間で、この行為の競争法上の評価について、経済的観点も踏まえた活発な議論が行われた（第3章参照）。同じ頃に、欧州の規制当局である欧州委員会においても、102条規制全般の見直し・現代化作業が行われ、その成果は、2005年のディスカッションペーパー[1]（以下、"DP"という。）を経て、2009年に公表されたガイダンスペーパー[2]（以下、"GP"という。）に結実した。欧州委員会は、同年の *Intel* 決定において、ガイダンスペーパーで表明した分析方法を実践した。

　欧州委員会の *Intel* 決定の後、欧州裁判所の裁判例では、目まぐるしい動きが見られた。当初は、2014年の *Intel* 事件一審判決や2015年の *Post Danmark II* 事件司法裁判所判決において、伝統的判例法理を踏まえつつ、欧州委員会がガイダンスで表明した分析の必要性を否定する判断が相次いで下され、欧州委員会ガイダンスと欧州裁判所の間の考え方の違いが顕在化するかに見えた。ところが、2017年9月、*Intel* 事件上訴審につき、司法裁判所は大法廷での判決を下し、事件を一般裁判所に破棄差戻した。

　以下、本章では、第1節において、欧州委員会の新しいアプローチを紹介し、第2節において、欧州裁判所の最新の動向を検討する。

---

1) European Commission, DG Competition Discussion Paper on the application of Article 82 of the Treaty to exclusionary abuses（Brussels, December 2005）.
2) European Commission, Guidance on the Commission's Enforcement Priorities in Applying Article 82 of the EC Treaty to Abusive Exclusionary Conduct by Dominant Undertakings［2009］OJ C 45/2.

第1節
欧州委員会の「効果ベース」アプローチの登場と実践

1　*Tomra*[3]：過渡期的事件

忠誠リベートをめぐって前章の議論が進行し、欧州委員会が102条規制の現代化作業を行う最中に発生したのが、*Tomra*事件である。

(1)　**事案の概要**

使用済み飲料容器自動回収機（reverse vending machine、以下、"RVM"という。）[4]にかかる欧州5か国（ドイツ、オランダ、オーストリア、スウェーデン、ノルウェー）の各国内市場で支配的地位を有していたTomra（同社の欧州で

---

3)　Commission Decision of 29 March 2006, Case COMP/E-1/38.113—*Prokent—Tomra*, [2009] 4 CMLR 101; Case T-155/06, *Tomra Systems ASA v. Commission*, [2010] ECR II-4361; Case C-549/10 P, *Tomra Systems ASA v. Commission*, EU：C：2012：221. 委員会の担当者による委員会決定の解説として、Frank P. Maier-Rigaud & Dovile Vaigauskaite, *Prokent/Tomra, a Textbook Case? Abuse of Dominance under Perfect Information*, (2) DG COMP Competition Policy Newsletter 19 (2006)、Tomraの経済専門家チームの一員による一審判決の評釈として、Giulio Federico, *Tomra v Commission of the European Communities : Reversing Progress on Rebates?*, 32 (3) E.C.L.R. 139 (2011). 一審判決の概要につき、拙稿「排他取引・忠誠リベートにかかる市場支配的地位の濫用事件——Case T-155/06 *Tomra v. Commission* 一般裁判所判決（2010年9月9日）」公正取引740号72頁（2012年）参照。

　なお、本件は、裁判所の判決が出されたのは欧州委員会ガイダンスが公表された後であるが、以下の本文で述べるように、あくまで過渡期的事件として位置付けるのが適切と考えられることから（本件は、一方では伝統的な形式ベースのアプローチに対する問題意識が共有され始め、他方では新しい効果ベースのアプローチの下での分析手法が明確に提示される前に発生した事件である）、ここで取り上げる。いずれにせよ、本件では、委員会の手続はガイダンスの公表よりかなり前に開始しており、それゆえガイダンスの適用対象事件ではないし、委員会決定においても、後にガイダンスで表明された分析の全ては用いられていない（部分的には、用いられているとも評価しうる）。

4)　使用済みの缶、瓶、ペットボトルを投入し、デポジットの返還を受ける機械である。

のシェアは、1997年以前継続的に70％を超えており、1997年以後95％を超えていた。)は、1998年から2002年の間、顧客である相当数のスーパーマーケットチェーンとの間で、欧州委員会決定において「排他的協定」「数量コミットメント」「遡及リベートスキーム」という3種類に分類された合計49の協定を実施した。このうちの「遡及リベートスキーム」は、一定期間のTomraからの購入数量が所定の閾値に到達すればTomraから遡及リベートを与えられるというもので、所定の閾値は、顧客ごとに個別化され、期間中の顧客の総必要量又はその大部分と概ね一致していた[5)6)]。

欧州委員会は、3種類の協定それぞれに固有の排除的性質と、それらの協定が市場の総需要の実質的部分をカバーしていたことを指摘した上で、Tomraの行為が支配的地位の濫用に当たると判断した。

(2) GC判決

本件では、いくつかの重要な問題が争点化している[7)]。

ア 遡及リベートの排除的性質と費用分析の要否

第一に、GCは、遡及リベートスキームの反競争性を判断する際の費用分析の必要性を否定した。GCは、①問題のリベートスキームが遡及的なシステムをとっていたこと、②リベート獲得のターゲット閾値が顧客ごと

---

5) なお、「遡及リベートスキーム」においては、数量閾値は、期間中の各顧客の総必要量又はその大部分と概ね一致するように設定されていたものの、GC判決では、Roche判決型の（狭義の）忠誠リベート（第1章3参照）に当たるという認定はなく、数量リベート型の枠組み（第2章第2節、特にMichelin Ⅰ判決参照）の下で処理されている。

6) なお、「排他的協定」は、Tomraの競争製造業者からの購入を制限する協定、「数量コミットメント」は、一定期間に一定数量（対象顧客各々の必要量又はその大部分に概ね一致）をTomraから購入するという顧客の側での確約である。排他性を条件に値引きやリベートが供与された協定は、「排他的協定」に含められている。

7) なお、以下の本文で取り上げる争点の他にも、Tomraは、委員会が協定の内容のみを検討してTomraの行為を102条の下で「当然違法」とし、それらの協定が機能していた市場の文脈を評価に含めなかったと主張していたが、GC判決は、Michelin Ⅱ判決の一般論部分（上記第2章第2節第2款1(2)ア参照）と概ね同じような一般論をこれまでの先例から引用した上で、本件ではTomraが主張するように「協定が実施された文脈の評価」を行うことが必要であるとしつつ、委員会はその評価を行ったとした。Tomra (GC), paras. 199-230.

に個別化され、各顧客の総必要量又はその大部分と概ね一致していたこと、③遡及リベートは、しばしば、Tomra の最大の顧客のいくつかを狙い撃ちにして適用されたこと、④Tomra が客観的正当化や効率性を証明できなかったことの 4 点を指摘し、遡及リベートスキームに競争制限の能力（capability）ありという委員会の判断を是認した[8]。その際、GC は、上記①②の要素によって顧客らの転換コストが人為的に引き上げられたという言及を行っている[9]。Tomra は費用分析の実施を求めたが、GC は、遡及リベートスキームの下ではコスト割れでなくても競争者を排除することが可能であることを理由に、Tomra の主張を取り合わなかった[10]。

イ　一連の協定が市場全体にもたらした閉鎖性

第二に、Tomra は、委員会は「協定を締結した顧客への供給から競争者らが閉鎖された」ことのみしか証明しておらず、「協定が市場の非常に広い範囲をカバーしているので、競争の有意な減殺を引き起こす程度まで、市場全体から十分な数の競争者を閉鎖し得た」ことまで立証すべきだったと主張した。そして、Tomra は、本件では、市場の残りの部分は十分に大きかったと主張した[11]。

これに対して、GC は、①総需要のうちの当該行為によって閉鎖された割合が 5 分の 2 に達しており、本件ではわずかとは言えないこと、②特に「キー・イヤー（key years）」[12]の間に非常に高い閉鎖シェアがもたらされて

---

8)　Id. paras. 259-264.

9)　Id. para. 262.

10)　Id. paras. 247, 267. なお、GC は、「需要の実質的部分について、支配的事業者によって供給される製品に対する適当な代替品が存在しないことは、Tomra が保有するような強力な支配的地位に固有のもの」であり、「支配的供給業者は、かなりの程度、避けることのできない取引相手である」ことから、「顧客の残りの需要はせいぜい限定的なものでしかなく、したがって、競争者の平均価格は構造的に魅力的でない状態」となるという言及も行っている。Id. paras. 269-270.

11)　Id. paras. 231-238. Tomra の主張によると、RVM 生産者の生存可能性を確実にするために必要な最小販売水準は、1 年当たり 500 台から 1,000 台であるところ、市場の残りの部分は、5 つの市場を合わせると、平均で約 61％、1 年当たり 2,000 台を上回っていた。

12)　各国の RVM 市場では、販売数が一時的に増大する年が存在した。

いたこと、③Tomra の行為は流通業者でなく末端の顧客の需要を直接拘束したため、競争者らは Tomra の行為の効果を緩和する代替的な流通手段を用いることができなかったことを指摘し、市場の有意な部分が閉鎖されて市場全体での競争の強度が制限されたとする委員会の評価を是認した[13]（なお、上記アで取り上げた最大の顧客の狙い撃ちという事情は、市場閉鎖の文脈で理解することも可能であろう。）

　GC は、市場の残りの部分が十分に大きかったという Tomra の主張を否定する文脈で、次のような判示も行っている。「支配的事業者が市場の実質的な部分を閉鎖することは、市場の残りの部分がなおも限定された数の競争者を受け入れるのには十分であることを証明することによっては正当化されえない。第一に、市場の閉鎖された側の顧客は、いかなる程度であれ市場において起こりうる競争の程度から利益を受ける機会を有するべきであり、競争者らは市場の一部だけではなく全体をめぐって能率に基づいて競争することができるべきである。第二に、何人の生存可能な競争者が需要の残りの部分をめぐって競争することが許されるのかを決定するのは、支配的事業者の役割ではない。」[14]

　　ウ　市場に対する現実の影響の立証の要否

　最後に、Tomra は、対象期間中に Tomra の市場シェアが低下し、競争者の市場シェアが増加したこと等を根拠として、彼らの行為は実際には競争を排除していないと主張したが、GC は、これまでの先例と同様に、「［102条］違反を立証するためには、検討対象の濫用行為が関連市場に対して現実の影響を与えたことを証明することは必要ではない。……支配的地位にある事業者の濫用行為が競争を制限する傾向があること、換言すると、当該行為がそのような効果を有し得ることを証明すれば十分である」として、「問題の協定が現実に競争を除去したことを立証したかどうかを検討する必要はない」とした[15]。

---

13)　*Tomra*（GC）, paras. 231, 240-245.
14)　Id. para. 241.
15)　Id. paras. 273-290.

(3) ECJ 判決

以上の GC 判決を不服として Tomra は ECJ に上訴したが、ECJ は、GC の判断を是認した。ECJ は、GC とほとんど同じ事柄を指摘して費用分析を不要としたほか[16]、市場閉鎖の問題に関しても、上記(2)イ第三段と同内容の判示を行っている[17]。

(4) 本件の意義

本件は、あくまで効果ベースのアプローチに関する検討が進められる中で発生した過渡期的な事件であり、後述する GP の適用対象事件ではない[18]。実際に、DP や GP の要求する価格費用テスト（後述）は原決定においても行われていない。GC 判決、ECJ 判決ともに、基本的には伝統的判例法理の枠組みを踏襲する形での判断となっており、裁判所も費用分析の必要性を否定していた。それゆえ、一方では、本判決を形式ベースの判断の残滓とする見方も根強い[19]。しかしながら、GC は、Tomra の行為が顧客らの転換コストを人為的に引き上げるものであったと指摘し、さらに、問題の行為が市場の需要全体の高割合（40%）をカバーしていたことや、末端の顧客が直接拘束されたため競争者らが代替的な流通手段を用いることができなかったこと等を指摘し、実質的な市場閉鎖に関する検討も加えており、本件で行われた効果分析は、以前の判決の効果分析と比べ、一歩踏み込むものであったとも言いうる[20]。

2　欧州委員会によるガイダンスペーパーの公表[21]

欧州委員会は、2009 年、排除型濫用のケースにおける 102 条の適用に関してガイダンスペーパー (GP) を公表し、より経済分析を重視する効果ベースアプローチの方向性を打ち出した。以下、(1)全ての行為類型に適用される総論的枠組み、(2)忠誠リベート固有の分析枠組み、の順にその内容を検討する。

---

16) *Tomra* (ECJ), paras. 67-80.
17) Id. para. 42.
18) Id. para. 81.
19) Federico, supra note 3.

(1) 総論的枠組み:「反競争的閉鎖」概念と消費者厚生への影響

GPは、優先的な介入の対象を、問題の濫用行為によって「反競争的閉鎖 (anti-competitive foreclosure)」が生じるおそれのある場合とする。「反競争的閉鎖」とは、「支配的事業者の行為の結果として、現実の又は潜在的な競争者らによる原材料や市場への効果的なアクセスが妨げられ又は除去され、これによって、支配的事業者が消費者を害して利益的に価格を引き上げる[22]ことのできる状況」を指す[23]。これは、①(能率に基づくものでない手段による)競争者らの排除と、②消費者への害悪という2つの要素から構成される[24]。GPは、¶20において、反競争的閉鎖の有無を評価する際の

---

20) Maier-Rigaud & Vaigauskaite, supra note 3 は、原決定を102条のリフォームに向けての「重要なステップ」と評していた。実際に、本判決が指摘したいくつかの点、つまり、本件の Tomra の行為が、市場全体の相当の割合をカバーし、大規模かつ末端の顧客を閉鎖していたという事実は、競争者らによる規模の経済の実現を困難にしてその費用を引き上げうるという点で、ライバル費用引上げ理論の観点からの市場閉鎖の問題点の説明(第3章1(3)参照)とも整合的なものであったと言える。

なお、後記第2節で述べるように、後の Intel 事件一審判決は、本判決が市場閉鎖について検討した部分の意義に大幅な限定を加えていたが、同判決は司法裁判所判決によって破棄された。後述するように、Intel 事件司法裁判所判決は、一般論として、「問題の行為によってカバーされる市場のシェア」を明示的に考慮要素に入れている。本文で述べたように、Tomra 判決は、一方では、実質的な市場閉鎖に関する検討も加えつつも、他方では、「市場の閉鎖される側の顧客」に対する効果を問題視する判示も行っており、Tomra 判決をどのように位置付けるのかは、議論がありうるところであろう。

21) European Commission, Guidance on the Commission's Enforcement Priorities in Applying Article 82 of the EC Treaty to Abusive Exclusionary Conduct by Dominant Undertakings [2009] OJ C 45/2. 内容の詳細や解説は、伊永大輔「EU における市場支配的地位の濫用に係る指針(以下)」公正取引710号43頁(2009年)、711号48頁(2010年)、林秀弥「支配的事業者による濫用的排除行為に対するEC条約82条の適用指針」名古屋大学法政論集234号95頁(2010年)、井上朗「EC条約第82条の適用に関する欧州委員会の方針書面について」国際商事法務37巻7号876頁(2009年)等を参照。

22)「価格を引き上げる」という表現は、産出量、技術革新、製品多様性等の競争変数に対する負の効果も含めて使われる。GP, para. 11.

23) Id. para. 19.

24) Id. paras. 6, 19. See ALISON JONES & BRENDA SUFRIN, EU COMPETITION LAW 367 (6th ed. 2016).

広範な考慮事項を掲げている（①支配的事業者の地位、②関連市場の条件、③支配的事業者の競争者らの地位、④顧客らやインプット供給業者らの地位、⑤問題の濫用行為の程度、⑥現実の閉鎖の証拠、⑦排除戦略の直接証拠）。

　GP は、価格に基づく排除行為に関しては、精力的な価格競争が消費者の利益になることを理由としていわゆる同等効率性基準を採用し、問題の支配的事業者と（仮定的に）同等に効率的な競争者が問題の行為によって閉鎖されるかどうかを検討するため、一定の費用分析を実施する方針を表明した[25]。（分析の方法は、具体的な価格濫用の種別（条件付きリベート、複数製品リベート、略奪、マージンスクイーズ）に応じて細分化されている。）

　GP は、さらに、客観的正当化として、客観的必要性（健康上や安全上の理由）と効率性という 2 つの抗弁も認識する。ただし、その立証の余地は、必須性や比例性などによって厳しく限定される[26]。

　以上のような GP の総論的枠組みは、単に行為の形式だけでなく市場の状況全般や行為の及ぶ範囲についての詳細な分析を行った上で消費者厚生への害を判断するもので、伝統的判例法理の形式ベースの考え方とは一線を画するものが窺われる。我が国の競争の実質的制限要件と同等水準の反競争効果を要求するものと言えよう[27]（市場支配力が維持・強化されれば、価格や数量、品質への影響という形で消費者厚生への害が生じる）。

(2) 「条件付きリベート」についての判断方法

ア　一般論

　GP は、忠誠リベートの問題に関して「条件付きリベート」という用語を用い[28]、この行為が、需要を喚起し消費者らに利益を与えうること、他方、

---

25) GP, paras. 23-27.
26) Id. paras. 28-31.
27) なお、GP においても、消費者厚生への害を判断する際の要素として、市場構造の問題が依然として重視されているという指摘はある。See Philip Marsden & Liza Lovdahl Gormsen, *Guidance on Abuse in Europe : The Continued Concern for Rivalry and A Competitive Structure*, 55 Antitrust Bull. 875（2010）. 効率性の抗弁への言及部分において、GP は、事業者間の競い合い（rivalry）の動的な観点での重要性を強調し、独占的な地位に接近するような市場の地位を維持、形成又は強化する排除行為は、通常は、効率性によっては正当化され得ないと断じている。GP, para. 30.

支配的事業者によって供与される場合には排他的購入義務類似の閉鎖効果を有するおそれのあることを指摘する[29]。GP は、競争者らが「個々の顧客それぞれの需要全体をめぐって同等の条件で競争できない場合」(つまり、個々の顧客の需要にマストストックないし「非コンテスタブルな部分」が存在する場合)[30]、反競争的閉鎖が生じるおそれは大きいと述べる。その理由は、「各顧客の需要の『非コンテスタブルな部分』(どのような場合でも当該支配的事業者から購入する数量) を、各顧客の需要の『コンテスタブルな部分』(顧客が代替品に転換することを好み、かつそれが可能な数量) について支払われる価格を引き下げるための梃子として利用」できるためである[31]。GP は、さらに、遡及リベートの危険性も特に言及しているが、遡及性それ自体が悪いというわけではなく、問題となるのは競争者らに対する閉鎖効果であることを明確にしている[32]。(以上の理論的背景は、前章1参照。)

イ　同等効率性基準の適用：実効価格と費用の比較

GP は、価格行為の一種であることを理由として、条件付きリベートにも同等効率性基準を適用する。もっとも、略奪的価格設定一般と同様の価格・費用分析は行わない。標準的な略奪廉売の事案であれば、略奪者の単純な値引き価格を基準費用と比較するが、条件付きリベートの事案では、「価格」概念の側を操作する。すなわち、上記アの特質に鑑み、遡及リベートの事案では、競争者が個々の顧客の需要のコンテスタブルな部分を支配的事業者から自身へと転換させるためにオファーする必要のある実効価格

---

28)　「条件付きリベートとは、特定の形式の購買行動を報奨するために顧客らに供与されるリベートである。条件付きリベートの一般的な性質は、所定の参照期間中の購買が一定の閾値を超えた場合にリベートを供与されるというものである……。」Id. para. 37. 概ね講学上の忠誠リベート (第1章3) に相当するであろう。

29)　Id. para. 37.

30)　GP は、ブランド選好が存在する場合と競争者に設備上の制約が存在する場合を例示する。Id. paras. 39, 36.

31)　Id. para. 39.

32)　Id. para. 40. なお、数量リベートに関する一部の判例法とは対照的に、GP の条件付きリベートの箇所では、存続期間や参照期間の長さに関する言及はない。参照期間に関し、第2章で取り上げた両 Michelin 判決のほか、第2章第2節第3款3、第3章1(2)参照。

(effective price) を算出し、当該実効価格を基準費用と比較することになる[33]。(実効価格の算出方法は、第 3 章 1(1)(2)で述べた考え方が妥当すると考えられる。第 3 章 1(2)の数値例で説明すると、実効価格 7,500 円を基準費用 8,000 円と比較することとなろう。)

　実効価格が低いほど、忠誠心促進効果は強まるが、支配的事業者の長期平均増分費用（LRAIC）を上回る限り、通常は、同等に効率的な競争者であれば利益的に競争可能であり、反競争的な方法での閉鎖は生じえない。他方、実効価格が支配的事業者の平均回避可能費用（AAC）を下回る場合、原則として、当該リベートスキームは、同等に効率的な競争者を閉鎖し得る。実効価格が AAC と LRAIC の間の場合、他の要素を総合考慮するとされる[34]。(以下、このテストを「実効価格テスト」という。なお、後記 Intel 判決においては、このテストは「AEC テスト」と呼ばれている。)

ウ　反競争的閉鎖にかかる総合評価

　実効価格テストの結果、同等に効率的な競争者にとって脅威となると判断されても、直ちに反競争的閉鎖ありと評価されるわけではない。あくまで、¶20（上記(1)参照）などで示された諸要素も含めて、「反競争的閉鎖」の有無にかかる総合判断に供される[35]。その際に、閉鎖シェアや標的顧客の重要性等を含めて実質的市場閉鎖効果に関する検討も行われると解され

---

33) Id. paras. 41-42. なお、増分リベートの場合、通常は、閾値を超える増分部分の値引き価格を費用と比較する（通常は、まさにリベートを適用した後の値引き価格に他ならないであろう）。

34) Id. paras. 43-44. GP における基準コストの定義は、次のとおりである。まず、平均回避可能費用（average avoidable cost）とは、当該企業が、（追加的な）アウトプットにかかる個別の数量（濫用行為に供されたと主張されている数量）を生産しなかったならば回避され得たコストの平均である。多くのケースで、AAC と平均可変費用（AVC）は同じになる。なぜなら、しばしば、可変費用のみが回避され得るからである。長期平均増分費用（long-run average incremental cost）とは、ある企業が特定の製品を生産するために負担する全ての（可変・固定）費用の平均である。LRAIC と平均総費用（ATC）は、相互によい代理変数であり、単一製品事業者の場合には同じである。複数製品事業者が範囲の経済を有する場合、各個々の製品について LRAIC は ATC を下回る。なぜなら、真の共通費用は LRAIC において考慮に入れられないからである。Id. para. 26, n.2.

35) Id. paras. 38, 45, 27. 個別リベートと標準リベートにつき、第 1 章 3 参照。

る36)。

　なお、GP は、他の考慮要素の 1 つとして、個別スキームか標準スキームかの重要性も指摘している37)。閾値が個別化されている場合、最大限の忠誠心促進効果が生じうるのに対し、標準数量閾値の場合、つまり、全顧客に対して同じ閾値が適用される場合、閾値は、ある顧客にとっては低すぎ、ある顧客にとっては高すぎるということになりうる。もっとも、標準数量閾値が相当数の顧客の必要量に近接する場合、委員会は、そのような標準リベートシステムが反競争的閉鎖効果をもたらしうるかどうかを検討する。

　エ　効率性38)

　GP は、条件付きリベートによる効率性のパターンを 3 つ認識している。一つ目が、取引に関連するコスト面での利点であり、個別スキームよりも標準スキームの方が目的に資するとされる39)。二つ目が、販売業者に対してより多くの数量を販売するインセンティブを与えることであり、遡及リベートよりも増分リベートの方が有効とされる40)。三つ目が、支配的企業による関係特殊投資の促進である41)。

　オ　小括

　以上のように、条件付きリベートに関し、GP の下では、値引きの点を考慮して同等効率性基準を踏まえた実効価格テストを行った上で、実質的市場閉鎖、消費者厚生への害を分析することとなり、伝統的判例法理に対す

---

36)　See Lars Kjølbye, *Rebates Under Article 82 EC : Navigating Uncertain Waters*, 31 (2) E.C.L.R. 66, 69-70 (2010).
37)　GP, para. 45.
38)　Id. para. 46.
39)　これは、*Michelin* II と *British Airways* 両 CFI 判決が提示したコスト正当化の問題と思われる。標準スキームの方が目的に資するとされたのは、占有率リベートや個別数量リベートは、購入数量の同じ顧客の値引き額が異なったり、購入数量の全く異なる顧客が同じ値引きを獲得したりするので、コスト差の観点から説明することが困難と考えられたためであろうか。なお、DP, para. 173 も参照。
40)　DP では二重限界化の解消として論じられていた箇所に対応するが (para. 174)、GP では二重限界化という語は消えている。増分リベートの方が有効とする点につき、第 3 章 4 (1)参照。
41)　第 3 章 4 (3)参照。

る学説の批判（第2章第2節第3款4）を概ね反映することとなった。実効価格テストは、マストストックを「梃子」とする排除の危険性（前章1）と値引きの一種としての有益性（前章2）の双方を前提としつつ両者の均衡を図るもので、（仮定的に）同等に効率的な競争者がコンテスタブルな部分について対抗困難となるかどうかという点に、能率競争からの逸脱の根拠を求めるものである[42]。

なお、GPは、「条件付きリベート」という小項目を、「排他的購入義務」という小項目と並べて「排他的取引」という大項目の中で言及しており、この行為をあくまで排他的取引の一種と認識している。GPは、「犠牲」を伴わないことを理由に、この行為を略奪廉売からも明確に区別しており[43]、実効価格テストは、あくまで排他的取引に準じた考察を行うことを正当化するための1つの基準という位置付けになろう。

以上の方法論は、理論的には好意的な評価を受けることもあるが、個々の顧客それぞれの需要のコンテスタブルな部分を特定しなければならないため、実際上の困難を伴う[44]。以下、*Intel*決定を通して、委員会がどのようにして以上の方法論を実践するのかについての検討を加える。

3　*Intel*事件欧州委員会決定[45]：「効果ベース」アプローチの実践

（本決定は、GP公表後に下されているが、手続はGP公表前から進行していたので、GPの適用対象ではない。もっとも、委員会は、本決定はGPの考え方に沿

---

42)　逆に言えば、競争インセンティブ低下論などの問題（第3章3参照）は考慮対象から外れている。

43)　GP, para. 37, n.1.「犠牲」という語の問題点につき、第3章注21）参照。

44)　JONES & SUFRIN, supra note 24, at 472；Kjølbye, supra note 36, at 72-73.

45)　Commission Decision of 13 May 2009, Case COMP/37-990—*Intel*（hereinafter *Intel Decision*）．解説ないし評釈として、Brice Allibert, Garbor Bartha, Barbara Bösze, Corneliu Hödlmayr, Damian Kaminski & Marieke Scholz, *Commission finds abuse of dominance in the Intel case*, (3) DG COMP Competition Policy Newsletter 31 (2009) や Damien Geradin, *The Decision of the Commission of 13 May 2009 in the Intel case: Where is the Foreclosure and Consumer Harm?*, 1 J. Eur. Competition L. & Prac. 112 (2010) 参照。小畑徳彦「米国およびEUのインテル事件」公正取引727号97頁（2011年）も参照。

うものであるとしている[46]。)

(1) 事案の概要

x86 CPU[47]の世界市場において支配的地位を有していた Intel（x86 CPU 全体でのシェアは80％を上回る）は、コンピュータ製造業者（以下、"OEM" という。）Dell, HP, NEC, Lenovo に対し、Intel から x86 CPU[48]を排他的に又は高割合購入することを（事実上）条件としてリベートを供与し、欧州最大のパーソナルコンピュータ小売業者 MSH に対し、Intel 搭載 PC を排他的に販売することを（事実上）条件として資金を提供した（条件付きリベート・資金提供、次表参照）[49]。

本件の市場には、参入に必要な生産施設・研究開発における埋没投資が有意に存在した[50]ほか、Intel のブランドが強力なために製品差別化が生じており、同社製品は OEM らにとって、「マストストック」を構成した。Intel は OEM らにとって「避けることのできない取引相手」であり、OEM らが製品ラインナップの全て又は大部分を Intel の競争者 AMD 製品に転換することは非現実的であった[51]。

---

46) *Intel Decision*, para. 916.
47) デスクトップ用、ノートブック用、サーバー用の3つの市場にさらに細分化する必要があるかどうかにつき、委員会は、支配的地位に関する結論に差は生じないとして判断しなかった。
48) なお、本文の表のとおり、顧客によっては、x86 CPU 全てではなく一部の用途（例えばノートブック用）のものに限定されている。
49) 条件性の認定は激しく争われている。なお、Intel は、以上の条件付きリベート・資金提供の他にも、委員会が「あからさまな制限（naked ristrictions）」と分類した行為、すなわち、PC メーカー HP, Acer, Lenovo に対して AMD 製 CPU 搭載製品の発売延期などを（事実上）条件として資金を提供する行為を行い、この行為についても支配的地位の濫用に当たるとされているが、本書では割愛する。なお、「あからさまな制限」については、GP, para. 22 も参照。
50) *Intel Decision*, paras. 854-866.
51) Id. paras. 867-874.

被供与者	期間	リベート・資金提供の条件
Dell	2002年12月〜2005年12月	x86 CPUを全てIntelから購入。
HP	2002年11月〜2005年5月	法人向けデスクトップ部門で使用するx86 CPUの95％をIntelから購入。
NEC	2002年10月〜2005年11月	クライアントPC[52]部門で使用するx86 CPUの80％をIntelから購入。
Lenovo	2007年1月〜同年12月	ノートブック部門で使用するx86 CPUを全てIntelから購入。
MSH（PC小売業者）	2002年10月〜2007年12月	Intel製x86 CPU搭載コンピュータのみを小売販売。

(2) **委員会の判断**

ア　伝統的判例法理の確認と新しい分析

　委員会は、まず、*Hoffmann-La Roche*判決等を引用し、Intelの上記行為が（狭義の）「忠誠リベート」に該当し、判例法の下で102条違反とされる条件（第2章第2節第1款参照）が満たされていることを指摘した[53]。それにもかかわらず、委員会は、本件では、判例法の要件に加え、Intelの行為が「反競争的閉鎖」を引き起こし得ることも立証すると述べ[54]、次のイ以下の分析を実施した。

イ　同等に効率的な競争者分析

　委員会は、まず、同等に効率的な競争者分析を実施した。その本質的内容は、上記GPで表明されたものと同様である。委員会は、Intelが各顧客にとって「避けることのできない取引相手」であり、各顧客の需要の非コンテスタブルな部分を、各顧客の需要のコンテスタブルな部分の価格を引き下げる梃子として用いることが可能であることから、Intelと同等に効率的であるがIntelほど広範な販売ベースをもたない「仮定上の」競争者が

---

52) デスクトップとノートブックを含み、サーバーコンピュータを除く。
53) *Intel Decision*, paras. 920-925, 1001.
54) Id. para. 925.

個々の顧客に対する供給から閉鎖されるかどうかを検討した[55]。委員会は、Dell, HP, NEC, Lenovo, MSH それぞれのスキームについて実効価格テストを実施し、(仮定的な) 同等に効率的な競争者がコンテスタブルな部分について Intel のオファーにマッチするためには、AAC 割れ価格で Dell, HP, NEC, Lenovo に CPU を販売しなければならず、MSH に対しても、AAC 割れを起こすような資金提供を行わなければならなかっただろうと結論付けた[56]。

ところで、以上の分析において最も重要な要素は、「コンテスタブルな部分」の認定である。欧州委員会の決定文では、委員会が認定したコンテスタブルな部分の割合やその認定に関連する数値は秘密扱いとされており、不明瞭な点も多い。しかしながら、委員会は、各 OEM それぞれのコンテスタブルな部分を認定する際、それらの企業の内部文書に大きく依拠し、彼らが現実に AMD 製品をどの程度導入する計画を立てていたのかを重視する傾向が顕著であった[57]。また、MSH に関しては、同社が Intel との間での排他性を一貫して維持し、頼りになる過去のデータや内部文書が存在しなかったため、委員会は、AMD の市場シェアをコンテスタブルな部分のプロキシとして参照した[58]。

ウ　主要 OEM らの戦略的重要性

委員会は、同等に効率的な競争者分析に引き続き、Intel の行為の標的となった一定の OEM、特に Dell と HP の、CPU 製造業者にとっての戦略的重要性に言及した。すなわち、標的となった Dell や HP らは、市場シェアが大きく、より高額な x86 CPU を多く販売する能力を有し、また、x86 CPU の新製品の性能に関して消費者の信頼を獲得する能力にも優れていたので、x86 CPU 製造業者の市場へのアクセスにとって戦略的に重要だった[59]。

---

55) Id. paras. 1004-1006.
56) Id. para. 1574.
57) Id. paras. 1202-1213 (Dell), 1339-1384 (HP), 1445-1451 (NEC) & 1473-1477 (Lenovo).
58) Id. paras. 1551-1558.
59) Id. paras. 1577-1596.

エ　競争と消費者への害

委員会は、Intel の条件付きリベートは、OEM と小売業者という流通連鎖の二段階にわたって適用され、かつ、市場の有意な割合を占める戦略的に重要な OEM を標的として行われたので、Intel の濫用的慣行の対象範囲は有意なものであったとした上で[60]、競争と消費者に対する2つの具体的な害悪を指摘した。すなわち、Intel の行為は、消費者から価格と品質に関する幅広い選択肢を奪い[61]、さらに、長期的な技術革新インセンティブの低下ももたらした[62]。

オ　総括

委員会は、Intel による客観的正当化の主張を否定した上で[63][64]、以上に基づき、Intel の行為の 102 条違反を認定した[65]。(Intel は、本決定を不服として欧州裁判所に取消訴訟を提起したが、その帰趨については次節で論じる。)

---

[60] Id. para. 1597.

[61] Id. paras. 1598-1611. OEM らが単なる再販売業者ではなく、各々が独自の PC を開発する事業者であるのに、彼らのうち消費者にとって特に重要な業者が AMD 製 CPU の搭載を妨げられたことも重要であった。

[62] Id. paras. 1612-1616. Intel の行為のため、AMD は、能率のみに基づいて競争が行われていたならば彼らの製品の品質・価格の下で期待されるような数量を売り出すことができなくなってしまい、将来の投資に見合うリターンを奪われたとされる。

[63] Id. paras. 1617-1639.

[64] なお、Intel は、その他にも、AMD が市場において十分な成果を出せなかったとしても、その原因は Intel の行為ではなく、AMD 自身の失敗によるものであったと主張した。Intel のこの主張に対し、欧州委員会は次のように判断している。

第一に、「同等に効率的な競争者分析は、仮定的な同等に効率的な競争者、換言すると当該支配的企業と仮定的に同等に効率的であるであろう企業に対する条件付きリベートの効果を検討するものである。したがって、当該分析の判断は、問題のリベートがそのような仮定的に同等に効率的な競争者を閉鎖し得るかどうかであって、現実の競争者らが当該支配的企業と同等に効率的であるか否かは関係しない」（下線ママ。Id. para. 1685)。

第二に、(Intel が客観的正当化の主張の中で競争対抗の抗弁も主張していたことから)、AMD が自身の失敗のために市場で苦しんでいたと「Intel が信じていたのであれば、Intel は『競争対抗』リベートを提供する必要はほとんどなく、それゆえ、AMD の成果に関する Intel の主張は、Intel の競争対抗の抗弁自体と矛盾する」(Id. para. 1686)。

[65] Id. para. 1640.

4　小括：Intel 決定の意義と欧州委員会ガイダンスの課題

　Intel 決定は、GP で表明された様々な点に関する手掛かりを与えている。以下、条件付きリベートに関する考え方を中心に、Intel 決定の意義と、同決定を通じて明らかになった欧州委員会の新しいアプローチの課題を考察する。

(1)　伝統的判例法理とガイダンスの基準の相違

　委員会は形式的には Hoffmann-La Roche 判決以下の伝統的判例法理を尊重していたが、GP の趣旨を受けて実施した一連の分析は、伝統的判例法理の要求するところをはるかに超えていた。このように、GP の公表によって、忠誠リベートについて、(この時点において)、判例法の下での違法基準と委員会が優先的に取り上げるかどうかを判断する際の基準が分離し、後者の基準の方が違法とされづらいという状況が生じることとなった[66]。

(2)　実効価格テストの方法と問題点

　GP の記載から明らかなように、委員会は、個々の顧客ごとに実効価格テストを実施し、Dell, HP, NEC, Lenovo, MSH のそれぞれに対する Intel のスキームの実効価格が費用割れであったかどうかを検討した。

　既述のように、GP で表明された実効価格テストを実施する際にキーとなるのは、「コンテスタブルな部分」の割合をどのように認定するのかである。Intel 決定におけるコンテスタブルな部分の認定方法には不明瞭な部分も多いが、各 OEM の現実の購入計画を重視する姿勢が顕著に見られ、それが存在しない場合には競争者 AMD の市場シェアを参照するという方法が取られた。

　そのような方法でコンテスタブルな部分の割合を認定することに対しては、いくつかの問題点が指摘される。第一に、各顧客の現実の購入計画は彼らの内部資料を通じて明らかにされるものであるが、顧客らの内部資料は行為者が行為時点で入手可能なものではないため、行為者の予見可能性を確保することによって過剰抑止の懸念を最小化するという費用基準の目

---

[66]　なお、Intel 事件司法裁判所判決を受けて、この状況は大幅に緩和されたように思われる。後記第 2 節 4、5 参照。

的の1つが損なわれるという批判がある[67]。第二に、顧客らの現実の購入計画や競争者の現実の市場シェアを重視してコンテスタブルな部分の割合を認定する方法自体が、コンテスタブルな部分を適切に反映しているのかという疑問も残しうる。確かに、顧客らの現実の購入計画などは、少なくとも当該部分がコンテスタブルな部分であることを強く裏付けるもので、その意味では有益である。しかしながら、コンテスタブルな部分が本当にそれだけであったとは限らない[68]。(支配的企業にとって、コンテスタブルな部分を少なく認定されるほど、実効価格テストにおいて不利になる。)

　結局、欧州委員会のテストは、理論的観点では一定の正当性を有しうるとしても[69]、とりわけ現実問題として、顧客にとって転換困難な領域がありそうだという大雑把な認定を超えて、コンテスタブルな部分の具体的な数量を特定することには困難を伴う。コンテスタブルな部分を特定するための方法論は、現時点では十分に確立されておらず、*Intel* 決定は、実効価格テストの難しさを改めて浮き彫りにしている。

(3) 消費者・競争に対する害の内容

　欧州委員会は、具体的な事実関係に基づいて消費者や競争に対する害を識別しようとする姿勢を見せており、第2章で述べた伝統的な裁判所の姿勢とは一線を画するものも窺われるものの、それらの害をどのように識別するべきなのかは、それほど明瞭ではない。

　Intel 決定において委員会が言及した害悪の内容は、単に排除の言い換えにすぎないのではないかという疑問も生じうるものである。特に、委員会は、消費者の選択肢の減少を重視しているが、これについては、顧客の供給源選択の自由を拘束する行為が行われた場合、選択肢の減少は必然的に生じるのではないかという疑問も招きうるものである。ただし、委員会は、単なる顧客に対する拘束性のみで消費者への害を認定したわけではなく、

---

[67] See Geradin, supra note 45, at 119. Geradin は、顧客らではなく Intel 側の資料に基づいて認定するべきだったと主張する（ただし、Intel 製品をどの程度必須としているのかという顧客側の事情を、Intel 側の資料のみで適切に認定できるのかには疑問も残る）。結局、実効価格テストの意義としては、予見可能性の問題よりも、能率競争ないし正当な競争手段から逸脱するような競争手段が用いられたのかどうかを識別する点に重点が置かれているものと言えよう。

特に重要な OEM らと小売業者から競争者が閉鎖されたことを踏まえて、市場全体での最終消費者や競争一般に不利益が生じたことを示そうと努めてはいた。委員会の認定方法に対しては批判もあるが[70]、実際問題として、委員会が認定した以上の害を通常の方法で識別・認定することは、必ずしも容易ではなかろう。

　なお、委員会は、消費者・競争への害の識別段階では、消費者は低価格

---

68)　See Damien Geradin, *A Proposed Test for Separating Pro-competitive Conditional Rebates from Anti-competitive Ones*, 32 World Competition 41, at 59（2009）.「支配的企業のライバル企業がある顧客の需要の5％を供給していたからといって、当該顧客の需要のコンテスタブルな部分の割合が5％になるわけではない。例えば、当該顧客の需要のコンテスタブルな部分の割合は20％であったにもかかわらず、高価格や品質の不十分さなどの他の理由のために、当該ライバル企業が当該顧客のコンテスタブルな部分の全てを獲得できなかっただけかもしれない」。委員会自身、2005年のDPでは、競争者の効率性が劣ることの立証が許されるかのような記述を行っており（para. 155. なお、GPにはそのような記述はない）、競争者の供給量が少ない原因が、GPの例示するブランド選好や設備上の制約に起因するのか、それとも単に競争者製品の質の劣位に起因するのかをめぐって、不毛な議論を誘発することも危惧される（なお、GPの例示するブランド選好や設備上の制約でさえ、見方によっては、他の競争者らの効率性が劣っていることを示すものにほかならないと考えられることもありうる。第5章第2節第2款参照。）。確かに、同等効率性基準は、本来、問題の支配的企業と「仮定的に」同等に効率的な競争者にとって脅威となるかどうかを問うものであり、通常の廉売ケースであれば、現実の競争者の効率性如何は問題にならない（前掲注64）の *Intel* 決定における欧州委員会の言及も参考）。しかしながら、忠誠リベートのケースでの実効価格テストの文脈では、テストを行う際に、各顧客の「現実の」マストストックの存在を前提とし、それをテストに取り込むこととなるため、例えば、問題の行為が行われる前の時点で、競争者らが品質の欠如のために市場の5％しか獲得できておらず、支配的企業の製品がまさに「優れた製品」であるがゆえに顧客らが一定数量をどうしても必要としていたような場合、支配的企業と「仮定的に」同等の品質の製品を製造する競争者であれば、「マストストック部分も含めて」支配的企業に対抗できたはずではないのかという疑問を引き起こしうる。

　なお、以上のようなコンテスタブルな部分あるいはマストストックをどう見るべきかという問題に関しては、米国法において重要な問題意識も出てきていることから（特に第5章第2節第2款3、4参照）、第5章で米国法について検討した後、第6章で改めて検討することとする。

69)　なお、理論的観点からの批判もありえなくはない。後記第6章第2節1(2)参照。
70)　See Geradin, supra note 45, at 120.

で購入できるので状態が悪化することはないというIntelの主張を拒絶した[71]。条件付きリベートの値引き行為としての側面は、能率競争かどうかの識別段階では考慮されるが、同等に効率的な競争者の脅威となる行為が行われて上述した悪影響が生じている以上、値引きの点を消費者厚生への正の効果としてさらに考慮するには値しないということであろう。

(4) まとめ

以上のような欧州委員会の新しいアプローチは、総論的な方向性や価格行為に対して同等効率性基準を原則的に導入したことにつき、学説からは好意的に論評されることが多い[72]。

条件付きリベートの評価方法について、欧州委員会の方法論の実行困難性の問題から、通常の廉売ルールの適用を求める声もあるが[73]、欧州では、同等効率性基準や少なくとも何らかの費用テストを介在させないアプローチを支持する論者は、それほど多くないようである。厳格にすぎた伝統的判例法理に対する批判も反映しているのかもしれない。

（なお、2015年12月8日、欧州委員会は、Qualcommが、2011年以降、スマートフォン・タブレットの主要製造業者に対し、Qualcomm製のベースバンドチップセットを排他的に使用することを条件として有意な金額の資金を提供した疑いで、Qualcommに対して異議告知書を送付している[74]。)

5　補論：*Velux*ケース[75]と増分リベート、累進リベートにおける実効価格テストの考え方（「段階平均価格」）

本節の最後に、*Velux*ケースを簡単に紹介しておく。この事件は、ポーランドの窓製造業者Veluxが実施したリベート政策について、委員会が調査

---

71) *Intel Decision*, para. 1612.
72) See Damien Geradin, supra note 68.
73) Id. at 60.
74) European Commission, Press Relaese, Antitrust：Commission sends two Statements of Objections on exclusivity payments and predatory pricing to Qualcomm（8 Dec. 2015）. なお、2011年以降の排他条件付資金提供の他に、2009年から2011年の間に行われた略奪的価格設定も問題になっている。

を開始したものの違反事実が確認されず終結したケースである。正式決定は存在しないが、欧州委員会のニュースレターで事件の概要が紹介され、GP の提案する実効価格テストの方法に関する示唆が与えられている。Velux ケースの現実の事案は増分リベートの事案だったようであるが、委員会のニュースレターでは、増分リベートに関する検討に加えて、仮に遡及リベートであったとした場合についての考察も行われており、特にこの事件が多段階からなる累進的な閾値が設定されていた事案であったことから、累進的な閾値を含む遡及的なリベートが用いられた場合の考え方についても参考になる。

(1) 事案及び委員会の判断の概要

Velux は、(同じ国内の) 全ての販売業者に対して同じ条件の増分リベート (参照期間は概ね 6 か月) を実施した。購入数量目標と (目標を達成した際に獲得できる) リベート率の関係が、最大 20 段階まで設けられており、一段階上の購入目標を上回ると、当該購入目標を上回った数量についてのみ、より高いリベート率が適用された (増分リベート)。リベート率は、一段階上の購入目標に到達するごとに 0.2%～0.5% ずつ上昇し、最大で 5% であった。Velux が用いた現実のリベートスキームの内容は明らかにされていないが、委員会のスタッフは、次のような仮設例を用いて本件を説明した[76]。

---

75) Case COMP/39.451—*Velux*. 委員会の担当者による解説として、Svend Albaek & Adina Claici, *The Velux Case—an in-depth look at rebates and more,* (2) DG COMP Competition Policy Newsletter 44 (2009)、本件の解説を含む論稿として、Bill Batchelor & Kayvan Hazemi Jebelli, *Rebates in a State of Velux : Filling in the Gaps in the Article 102 TFEU Enforcement Guidelines*, 32 (11) E.C.L.R. 545 (2011)。

76) Albaek & Claici, supra note 75, at 45-46.

（仮設例）

> V社製の窓のリスト価格は1単位当たり100ユーロである。流通業者の窓の購入数量が99単位以下の場合、リベートは与えられない。購入数量が100単位以上199単位以下の場合、100単位目から数えて100単位を上回る購入数量に対してのみ、1単位当たり0.5％のリベート率が適用される。以下、同様に、購入数量が100単位増えるごとに、閾値を上回る部分についてのリベート率が0.5％ずつ上昇し、最終的に、1,000単位を超えると、1,000単位目から数えて1,000単位を上回る購入数量に対して1単位当たり5％のリベート率が適用され、これが上限である。1,000単位を上回る部分については、いくら購入数量が増えようが、リベート率は常に単位当たり5％である。

（GPの分析の適用）

> 上記仮設例の下では、既に購入数量が1,000単位に達している流通業者は、その後のV社からの追加的な購入全てについて、1単位当たり95ユーロの実質価格を支払うことになる。同等に効率的な競争者がマッチするべき価格は95ユーロである。これがV社のコストを上回っているならば、このスキームが同等に効率的な競争者を排除するおそれは小さい[77]。

(2) 遡及リベートであったとした場合に関する考察

　委員会のスタッフは、さらに、本件の事案から離れ、上記仮設例が仮に遡及リベートであった場合、すなわち、1つ上の購入目標に到達すれば0.5％ずつ高くなるリベート率が、目標を上回る数量だけでなくV社からの全購入量に対して適用されたとしたならば、GPの下でどう判断されるのかの分析も行った[78]。委員会スタッフは、ここで、上記仮設例では数多くの累進的な段階が設けられていることに注目し、ある段階とその次の段階との間の数量をとり、その間の「段階平均価格」("step average" price) を実効価格として計算する方法を提案する。すなわち、最後の段階である900単位目から1,000単位目までの間の100単位の「段階平均価格」は、次のように算定される。まず、購入数量が900単位の場合リベート率は4.5％なので購入者の支払総額は85,950ユーロとなる[79]。他方、購入数量が

---

[77] Ibid.
[78] 以下、id. at 46-47 参照。

1,000単位の場合リベート率は5%なので購入者の支払総額は95,000ユーロである[80]。その間の100単位の平均価格は、(95,000 − 85,950)/100 = 90.5 (ユーロ)である。これがV社のコストを上回るならば同等に効率的な競争者を閉鎖するおそれは小さい。この仮設例では、数量目標に小刻みな段階が設けられているため、最も高い目標に到達せずその1つ前の段階でも相当な額のリベートを確保できた(つまり、900単位のときでも4.5%のリベートを確保できた)ことが、実効価格がそれほど低くはならなかったことに寄与している[81]。

　上記分析では、実効価格を計算する際の基礎となる数量を100単位として考察したが、委員会のスタッフは、リベートを獲得するための購入目標の「段階」がこの設例のように100単位ごとに進行する場合であっても、競争者が100単位分だけ現実的に競争することが望めないような場合については、実効価格を計算する際の基礎となる数量を段階の規模よりも小さくし、例えば100の代わりに50で考察する場合があることも示唆している[82]。

(3) まとめ

　以上の委員会スタッフの検討は、いくつかの点で参考になる[83]。

　まず、増分リベートの場合については、そもそも閾値を上回る購入部分

---

79) リスト価格での総額90,000ユーロから、リベート総額90,000×4.5% = 4,050ユーロを減ずる。

80) リスト価格での総額100,000ユーロから、リベート総額100,000×5% = 5,000ユーロを減ずる。なお、前注との比較で、1,000単位達成時に新たに950ユーロという膨大なリベートを獲得することがわかる。仮に、1,000単位目の限界価格を求めるならマイナス850ユーロになる。

81) 例えば、段階が小刻みに設けられておらず、999単位までの場合リベートはゼロだが1,000単位目の購入によっていきなり全量に対して5%のリベートが適用されるような場合、仮に同じ100単位分がコンテスタブルな部分であったとしても、実効価格は50ユーロという極めて低い水準になる。

82) 仮に950単位目から1,000単位目までの間の50単位分を基礎として実効価格を計算すれば、85.5ユーロとなり、100単位分を基礎として計算した場合の実効価格を下回る。

83) なお、JONES & SUFRIN, supra note 24, at 473 は、本件について、明らかにガイダンスの方法論を適用したものと評価している。

に対してのみ（一段階上の）リベートが供与されるスキームであり、遡及リベートの場合のように閾値に到達するかどうかで大きな落差が存在するわけではないため、特に複雑な計算をせずとも、閾値を上回る部分の単純な値引き価格を費用と比較すれば足りるということである。

　次に、遡及リベートの場合であっても、累進的に多段階の閾値が設けられている場合に関する上記(2)の考え方は、興味深い。我が国では、リベートの累進性がしばしば反競争性を強める要素として言及されてきたが[84]、上記欧州委員会スタッフの考察は、むしろ、累進的に多段階の閾値が設けられている場合、単一の閾値しか存在しない場合と比べ、顧客にとってリベートを確保しやすくなる側面があることを示唆している。実際に、少なくとも段階と段階の間の数量を競争者が供給し得る限り、その間の実質価格を算出してそれが費用を上回っている場合には、（仮定的に）同等に効率的な競争者であれば対抗可能であろうから、GP の考え方を前提とする限り、以上の整理は合理的と言えよう。以上の「段階平均価格」という発想は、小刻みな段階が設けられ、それゆえ目標を達成したときとそうでないときとの間のリベート総額の落差が緩和されているスキームにおいては、有益でありうる。実際に、欧州では、リベートを獲得できる条件となる閾値に小刻みな段階を設けることによって、競争法違反の嫌疑を回避できる可能性が高まることも指摘されている[85]。

---

84) 流通・取引慣行ガイドライン第 1 部第 3 の 2 (2)イ、排除型私的独占ガイドライン第 2 の 3 (3)ウ。なお、累進性それ自体に問題があるのか、それとも、あくまで累進性が著しい場合に問題なのかにつき、第 1 章注 67) 参照。

85) See J. FAULL & A. NIKPAY, THE EU LAW OF COMPETITION 437 (3d ed. 2014) (Manuel de la Mano, Renato Nazzini, & Hanz Zenger)；Bill Batchelor & Fientje Moerman, *A Practical Approach to Rebates*, 37（12）E.C.L.R. 479, 483（2016）.

第 2 節
欧州裁判所の最新動向と今後の展望

　第 2 章と本章第 1 節で検討したように、欧州の裁判所が支配的事業者による忠誠リベートの利用を伝統的に厳しく非難してきたのに対し、欧州委員会は、効果ベースのアプローチを採用し、判例法が要求していなかった同等効率性基準に基づく実効価格テストや、事案の状況を踏まえて実質的市場閉鎖効果や消費者厚生への害を個別的に評価する方法を採用し、実際に *Intel* 事件においてそれらの分析方法を実施した。その後のいくつかの裁判例では、当初は、伝統的判例法理の厳格な立場を前提とした（と見られる）判断が行われたものの、最終的に、*Intel* 事件司法裁判所大法廷判決において、欧州委員会の規制手法に好意的な判断が下された。

　以下、まず、1 で上記 *Intel* 事件にかかる GC 判決を、2 で *Post Danmark II* 事件司法裁判所判決を検討する。その後、3 以下で、*Intel* 事件司法裁判所判決について検討する。具体的には、3 で Wahl 法務官意見を、4 で司法裁判所判決を紹介し、最後に、5 において、司法裁判所判決を論評しつつ、欧州における支配的地位の濫用規制にかかる今後の展望を示すこととする。

1　*Intel* 事件第一審判決[86]

　基本的な事実関係は、第 1 節 3 同様である。第 1 節 3 で取り上げた欧州委員会決定について Intel から取消訴訟を提起された GC は、Intel の行為が支配的地位の濫用に当たるという結論を維持した。その際、以下のように、Intel の主張を全面的に退けたばかりか、欧州委員会が GP で表明し、本件の原決定で補完的に実施していた実効価格テストや事案の状況に基づいた反競争効果の総合的評価の必要性も否定した。（なお、本件の争点は多岐にわたるが、以下では、PC メーカーらに対する条件付きリベートと、PC 小売業者に対する条件付き資金提供に関する判断のみを取り上げる[87]）。

(1) IntelがOEMらに対して実施した条件付きリベートの「濫用」該当性
ア　GCの評価
(ア)　排他的購入義務・忠誠リベートに関する確立した判例法
「確立した判例法によると、市場において支配的地位にある事業者が、必要量の全て又は大部分を当該事業者から排他的に購入するという義務や約束によって購入者らを拘束することは、それがたとえ購入者らの要望によるものであったとしても、102条の意味で支配的地位を濫用するものである……。当該事業者が、正式な義務によって購入者らを拘束するのではなく、購入者らとの間で締結した協定の条件の下で、又は一方的に、忠誠リベートというシステム、すなわち、(その購入数量の多寡に関わらず)顧客が必要量の全て又は大部分を当該事業者から購入することを条件とする値引

---

86) Case T-286/09 *Intel Corp. v. Commission*, EU：T：2014：547. 拙稿「EUのIntel事件一般裁判所判決――忠誠リベート、域外適用」公正取引773号66頁(2015年)参照。本判決の評釈ないし解説を含む論稿として、James S. Venit, *Case T-286/09 Intel v Commission—The Judgment of The General Court：All Steps Backward and No Steps Forward*, 10(2) Eur. Competition J. 203 (2014)；James S. Venit, *The Intel Judgment, File Access, and Confidentiality in EU Competition Cases：Has the Time Come for Reform?*, 5 (10) J. Eur. Competition L. & Prac. 681 (2014)；Wouter P. J. Wils, *The Judgment of the EU General Court in Intel and the So-Called 'More Economic approach' to abuse of dominance*, 37(4) World Competition 405 (2014)；Patric Rey & James S. Venit, *An Effects-Based Approach to Article 102：A Response to Wouter Wils*, 38(1) World Competition 3 (2015)；Damien Geradin, *Loyalty Rebates After Intel：Time for the European Court of Justice to Overrule Hoffmann-La Roche*, 11(3) J. Competition L. & Econ. 579 (2015)；Nicolas Petit, *Intel Leveraging Rebates and the Goals of Article 102 TFEU*, 11(1) Eur. Competition J. 26 (2015)；Ahmet Fatih Özkan, *The Intel Judgment：the Commission Threw the First Stone but the EU Courts Will Throw the Last*, 11(1) Eur. Competition J. 69 (2015)；Romano Subiotto QC, David R. Little, & Romi Lepetska, *The Application of Article 102 TFEU by the European Commission and the European Courts*, 6(4) J. Eur. Competition L. & Prac. 277 (2015)；Richard Whish, *Intel v Commission：Keep Calm and Carry on!*, 6(1) J. Eur. Competition L. & Prac. 1 (2015). 総じて本判決に批判的な論稿が多いが、本判決に好意的な論稿として、Wils教授の論稿とWhish教授の論稿がある。
87) そのほかに、一部のPCメーカーとの関係で行われた「あからさまな制限」(前掲注49)参照)や、域外適用も争点になったが、本書では割愛する。それらの争点に関する判断の概略は、拙稿・前掲注86)参照。

きシステムを適用する場合も、同様である。」[88]

　(イ)　3つのカテゴリのリベートの区別

　支配的事業者によるリベートの供与が濫用に当たると評価されるかどうかに関し、3つのカテゴリのリベートが区別される。

　第一に、支配的事業者からの購入数量のみにリンクする数量リベートシステムは、一般的には、102条によって禁じられる閉鎖効果をもたない。

　第二に、必要量の全て又は大部分を当該事業者から購入することを供与の条件とするリベート（委員会が「*Hoffmann-La Roche* 判決の意味での忠誠リベート」と呼ぶもの。以下、「排他条件付きリベート（exclusivity rebates）」[89]という。）は、支配的事業者によって適用される場合、共通市場内部での歪められない競争という目的と両立しない。

　第三に、金銭的インセンティブの供与が、支配的事業者からの排他的又は準排他的供給という条件と直接的にはリンクしないものの、リベート供与のメカニズムが忠誠心構築的な効果を有するリベートシステムが存在する（「第三のカテゴリのリベート」）[90]。この行為が支配的地位の濫用に当たるかどうかを検討する際には、全ての状況を検討することが必要である[91]。

　(ウ)　事案の状況の検討の不要性

　Dell, HP, NEC, Lenovo に対して供与されたリベートは、第二のカテゴリのリベート、排他条件付きリベートである[92]。

　Hoffmann-La Roche 判決によると、このタイプのリベートは、客観的正当事由が存在しない場合、支配的地位の濫用に当たる。判例法によると、濫用に当たるかどうかを判断する際に事案の全状況を評価する必要がある

---

88)　Intel（GC）, paras. 72-73. *Hoffmann-La Roche*, para.89 等より引用。
89)　我が国の排除型私的独占ガイドラインのいう「排他的リベート」と定義が同じではないので、本書では「排他条件付きリベート」と訳出する。用語の対応関係につき、第1章3参照。
90)　筆者注：典型的には、全量購入条件や高割合の占有率条件を課するものが第二のカテゴリ、購入数量目標の達成などを条件とするものが第三のカテゴリである。
91)　Intel（GC）, paras. 74-78. なお、本判決は、「第三のカテゴリのリベート」が支配的地位の濫用に当たるかどうかを判断する際の基準につき、前記第2章第2節第1款で紹介した *Michelin* I 判決の基準とほぼ同内容を述べている。See para. 78.
92)　Id. para. 79.

のは第三のカテゴリのリベートの事案[93]のみであり、第二のカテゴリの排他条件付きリベートの事案ではその必要はない[94]。

申立人は、*Deutsche Telekom* 判決[95]、*TeliaSonera* 判決[96]、*Post Danmark* [Ⅰ] 判決[97]に依拠して委員会は事案の状況を検討しなければならないと主張するが、それらの判決は価格行為を対象としており（前二者はマージンスクイーズ、後者は 'primary-line' 価格差別）、排他条件付きリベートの法的評価には影響しない。本件は、価格行為に関する事件ではない。本件は、申立人の請求した価格ではなく、リベートの供与が排他的又は準排他的供給を条件としていたという事実を基礎としていた[98]。

(エ) 以上の法理の正当化根拠

a 行為形式面での理由

以上のアプローチは、支配的事業者によって供与される排他条件付きリベートはその性質上競争を制限し得るという事実によって正当化される。顧客らを当該支配的事業者に拘束する能力は、排他条件付きリベートに内在的であり、当該リベートが、顧客らが競争者から供給を受けることを妨げるよう意図されているかどうかを判断するために、事案の状況を検討する必要はない。さらに、支配的事業者によって供与される排他条件付きリベートは、その性質上、競争者らを閉鎖し得る。閉鎖効果は、競争者にとって市場へのアクセスが不可能となる場合だけでなく市場へのアクセスがより困難になる場合にも生じるところ、支配的事業者が、必要量のうちの排他的な条件によってカバーされる部分に関して競争者から供給を受けない

---

93) 本判決によると、次の先例がこの類型に属する（See id. paras. 96-97. なお、Tomra については遡及リベートの部分）。Case 322/81 *NV Nederlandsche Banden-Industrie-Michelin v. Commission* [1983] ECR 3461（*Michelin Ⅰ*）；Case C-95/04 P *British Airways v. Commission* [2007] ECR Ⅰ-2331；Case C-549/10 P *Tomra Systems and Others v. Commission*, EU：C：2012：221.

94) *Intel* (GC), paras. 80-84. See also id. paras. 95-101.

95) Case C-280/08 P *Deutsche Telekom AG v. Commission* [2010] ECR Ⅰ-9555.

96) Case C-52/09 *Konkurrensverket v. TeliaSonera Sverige* [2011] ECR Ⅰ-527.

97) Case C-209/10 *Post Danmark A/S v. Konkurrenceradet*（*Post Danmark Ⅰ*）EU：C：2012：172.

98) *Intel* (GC), paras. 98-101.

よう顧客らを誘引するために金銭的インセンティブを供与することは、その性質上、競争者らの市場へのアクセスをより困難にし得る[99]。

　b　本質的な理由

　排他条件は、原理上は、競争にとって有益な効果を有する可能性があり、競争的な市場における通常の状況では、その固有の文脈において市場に対する効果を評価する必要がある。しかしながら、まさに1つの事業者の支配的地位のために競争が既に制限されている市場のケースでは、そのような考慮を行うことは認められない。このアプローチは、支配的事業者は自身の行為によって共通市場における真に歪曲されない競争を阻害してはならないという特別の責任によって、並びに、事業者が市場において強力な地位を有する場合、顧客の購入の実質的な割合にかかる排他的供給条件は市場へのアクセスにとって容認し難い障害を構成するという事実によって、正当化される。そのようなケースでは、供給の排他性は、市場における競争の構造に追加的な干渉を引き起こす[100]。

　さらに、需要の実質的部分について、支配的事業者の供給する製品にかかる適切な代替品が存在しないことは、申立人の保有するような強力な支配的地位に内在的である。支配的地位にある供給業者は、多分に、避けることのできない取引相手（an unavoidable trading partner）であり、顧客らは、いずれにせよ、自身の必要量の一部は当該支配的事業者から購入することになる（「非コンテスタブルな部分」）。したがって、支配的事業者の競争者は、顧客への完全な供給をめぐって競争する立場にはなく、需要のうちの非コンテスタブルな部分を上回る部分（「コンテスタブルな部分」、顧客の必要量のうちの支配的事業者の競争者に現実的に転換可能な部分）をめぐって競争する立場にあるのみである。支配的事業者の顧客が競争者から供給を受けて排他条件を遵守しない場合、当該顧客は、競争者に乗り換えたユニットについてのリベートだけでなく、排他条件付きリベート全体を失うリスクを負うことになる。したがって、競争者が魅力的なオファーを行うためには、当該競争者自身が顧客に供給できるユニット（コンテスタブルな部分）につ

---

99)　Id. paras. 85-88.
100)　Id. paras. 89-90.

いて魅力的な条件をオファーするだけでは十分ではない。当該競争者は、排他条件付きリベート全体についての補償も顧客に提供しなければならない。したがって、競争者は、支配的事業者が当該顧客の必要量の全て又はほぼ全て（非コンテスタブルな部分を含む）との関係で供与するリベートを、コンテスタブルな部分のみに配賦しなければならない。それゆえ、避けることのできない取引相手によって排他条件付きリベートが供与される場合、競争者が魅力的な価格をオファーして市場へのアクセスを獲得することが、構造的により困難となる。排他条件付きリベートの供与によって、支配的事業者は、顧客の需要の非コンテスタブルな部分における経済力を、コンテスタブルな部分を確保するための梃子として利用し、競争者の市場へのアクセスをより困難にしうる[101]。

イ　Intel の主張に対する判断（全て否定）

(ア)　委員会は現実の閉鎖効果と、問題の行為と市場に対する効果との間の因果関係とを証明しなければならないという主張

第一に、事案の状況の分析が必要な場合でさえ、委員会は、行為が競争を制限し得ることを証明すれば足りる。競争に対するリベートの現実の効果を分析する必要はない。第二に、リベートの現実の効果を証明する必要がないことから、必然的に、委員会は、問題の行為と市場に対する現実の効果との間の因果関係を証明する必要もない[102]。最後に、委員会は、消費者に対する直接的な害も、そのような害と問題の行為との間の因果関係も証明する必要はない。102条は、消費者らに直接害を引き起こしうる行為だけでなく、有効な競争構造に対する影響を通して消費者らに不利益を与える行為も標的としている[103]。

---

[101]　Id. paras. 91-93.
[102]　したがって、顧客らがリベートから全く独立して事業上の理由によって申立人から排他的に購入したことが仮に証明されたとしても、それらのリベートが顧客らに対して申立人から排他的に供給を受けるよう誘引し得なかったことを意味するものではない。Id. para. 104.
[103]　Id. paras. 103-105.

㈦　問題の行為が関係したのは x86 CPU 市場のうちのわずかな部分のみであったという主張

　問題の行為の関係するのが市場のわずかな部分であることは、関連する主張にはならない。一連の行為が、支配的地位の存在によって競争の構造が既に弱められていた市場において支配的地位を有する事業者の行為である場合、競争の構造をさらに弱めることは何であれ、支配的地位の濫用を構成しうる。さらに、市場の閉鎖された側の顧客らも、どの程度であろうと市場において起こりうる競争から利益を受ける機会を有するべきであるし、競争者らは、市場の一部ではなく市場全体をめぐって能率に基づいて競争することができるべきである。したがって、支配的事業者は、競争者らが依然として他の顧客らに対しては自由に供給できるという事実によって、一定の顧客らに対する排他条件付きリベートの供与を正当化することはできない[104]（筆者注：後記(3)イ第二段も参照）。

　なお、Tomra 判決において、司法裁判所は同事件で閉鎖された市場の部分は「有意」であったとする GC の論拠を承認したが、同事件の GC 判決は、「申立人 Tomra の法的主張（市場のうちの閉鎖される部分がわずかである場合には違法ではない）を仮定的に受け入れたとしてもなお本件で Tomra によって閉鎖された部分はわずかではない」と判断していたものである。したがって、Tomra 判決において、司法裁判所は、市場の有意な部分が閉鎖されることを濫用の認定の必要条件とする立場を採用したものではない[105]。

㈢　「Hoffmann-La Roche 判決の意味での排他条件付きリベート」該当性

　申立人は、HP, NEC, Lenovo に対する排他条件は、x86 CPU のうち一部の部門しか対象としておらず（事案の概要参照）、彼らの x86 CPU 必要量の「全て又は大部分」に関するものではなかったので、排他条件付きリベートには当たらないと主張している[106][107]。

　HP に対するリベートに関し、法人向けデスクトップで使用する x86

104）　Id. paras. 115-118.
105）　Id. paras. 119-120.

CPUをAMDから購入するHPの自由は、Intelの供与する排他条件付きリベートによって制限された。問題のリベートの反競争的メカニズムは、消費者向けコンピュータ全てと法人向けノートブックに関してAMDがHPにx86 CPUを供給できたという事実によっては、打ち消されない。支配的事業者の競争者らは、市場の一部だけでなく市場全体をめぐって能率に基づいて競争することができなければならない。支配的事業者は、競争者らが他の顧客らに自由に供給することができるという事実によっては、一定の顧客らに対する排他条件付きリベートの供与を正当化できない（上記(イ)参照）のと同様に、顧客らが他の部門において競争者らから自由に供給を受けることが可能であるという事実によっては、市場の一部の部門における準排他的購入条件に従うリベートの供与を正当化できない[108]。

なお、問題のリベートの反競争的メカニズムは、法人向けコンピュータと消費者向けコンピュータで使用されるCPUが交換可能（interchangeable）かどうかにかかわらず機能する。両者が交換可能であったとしても、HPはリベートの条件に違反することなく法人向けデスクトップの5％以上で競争者らのCPUを使用することができなかったので、両者で使用されるx86 CPUが異なるかどうかという問題は関連しない[109]。

したがって、HPに供与されたリベートは排他条件付きリベートと認められる[110]。

NEC、Lenovoに供与されたリベートについても以上と同様である[111]。

(エ) AECテストの要否

第一に、排他条件付きリベートを違法と判断するには事案の状況の検討

---

106) 筆者注：例えば、HPに対する条件は「法人向けデスクトップ部門で使用するx86 CPUの95％」の購入であったが（上記第1節3(1)の表を参照）、申立人Intelの主張によると、HPが法人向けデスクトップ部門で使用するx86 CPUの量は同社の使用するx86 CPU全体の30％だったので、問題の条件がカバーしたのはHPのx86 CPU総必要量の28％（30％×95％）のみであった。See id. paras. 125-126.
107) Id. paras. 125-127.
108) Id. paras. 129-132.
109) Id. para. 133.
110) Id. para. 134.
111) Id. paras. 135-137.

を必要としないので（上記ア参照）、委員会は、ケースバイケースベースで排他条件付きリベートの閉鎖能力を立証する必要はない。第二に、判例法によると、事案の状況の検討が必要な第三のカテゴリのリベートのケースにおいてさえ、AEC テストは不可欠ではなく、忠誠メカニズムの存在を立証することで十分である。したがって、仮に排他条件付きリベートの潜在的反競争効果を立証するために事案の状況の検討が必要であるとしてもなお、AEC テストは必要ない[112]。

閉鎖効果は、市場へのアクセスが競争者にとって不可能となる場合にのみ発生するわけではなく、アクセスがより困難になることで十分である（上記ア(エ)参照）。しかしながら、AEC テストは、市場へのアクセスが不可能とされたという仮説を立証しうるのみであり、市場へのアクセスがより困難にされた蓋然性を否定することはできない。AEC テストの陽性の結果は、同等に効率的な競争者であればコストをカバーできることを意味するのみで、閉鎖効果が存在しないことを意味するわけではない。排他条件付きリベートのメカニズム（上記ア(エ)）は、なおも、競争者の市場へのアクセスをより困難にし得る[113]。

以上から、委員会が適用可能なルールに則って AEC テストを実施したかどうかを検討する必要はない。この結論は、価格費用分析を要求した *TeliaSonera* 判決や *Deutsche Telekom* 判決、*Post Danmark*［Ⅰ］判決によっては、損なわれない（本件ではリベートの額ではなく排他的な条件が問題であるため）[114]。

この結論は、委員会のガイダンスによっても損なわれない。ガイダンスは、その公表前に既に開始されていた手続には適用されない[115]。

申立人は、AEC テストは行政手続の間重要な役割を果たしており、同テストは正当な期待の保護の原則の観点からも関連性を有すると主張するが、102 条違反を立証するために AEC テストが不可欠であることの明確な保

---

112) Id. paras. 142-146, 153.
113) Id. paras. 148-150.
114) Id. paras. 151-152.
115) Id. paras. 154-159.

証（precise assurance）を申立人は行政手続中に与えられておらず、委員会は正当な期待の保護の原則には違反しなかった[116]。

(2) Intel が PC 小売業者 MSH に対して実施した条件付き資金提供の「濫用」該当性

申立人は、MSH が OEM らと異なり小売事業者であったことなどから、MSH に対する申立人の行為が競争を制限し得ることを立証するために、委員会は小売市場における事案の状況の分析を実施するべきだったと主張している。

委員会が正しく観察したように、申立人の OEM らに対する行為と MSH に対する行為の反競争的メカニズムは同じである。唯一の違いは、MSH に対する排他条件付き資金提供が、申立人の直接の顧客に対する競争者の供給を妨げることを意図していたのではなく、供給連鎖のさらに下流にいる小売業者による競争製品の販売を妨げようとしていたことである。OEM らは CPU をコンピュータに搭載し、その後、MSH などの小売業者がコンピュータを消費者らに販売する。小売業者らに対して Intel CPU 搭載コンピュータを排他的に販売するよう誘引することによって、申立人は、OEM らから、競争事業者製 CPU 搭載コンピュータにかかる流通チャンネルを奪った。そして、MSH から販売に関する選択の自由を奪うことによって、申立人は、流通チャンネルに関する OEM の選択の自由を制限した。そのような制限が AMD 製 CPU に対する OEM の需要に影響し得ることを考慮すると、MSH に対して排他的な販売を誘引することは、AMD が x86 CPU 市場へのアクセスを獲得することをより困難にする傾向を有した。双方の状況において、申立人は、需要の非コンテスタブルな部分に関する経済力を、需要のコンテスタブルな部分も確保するための梃子として利用し、AMD にとって市場へのアクセスをより困難にした。したがって、MSH に対する資金提供に関しても、委員会は、事案の状況の検討を要求されず、申立人が排他条件に左右される金銭的インセンティブを供与したことの立証を要求されるのみである[117]。

---

116) Id. paras. 160-165.
117) Id. paras. 167-171.

⑶　本件の状況の下での問題のリベートの競争制限能力に関する分析（予備的評価）

ア　本判決の検討

「万全を期するため (for the sake of completeness)」[118]、以下、委員会が事案の状況の分析によって問題の排他条件付きリベート・資金提供の競争制限能力を立証したかどうかを検討する。事案の状況を分析する場合も委員会は現実の効果を立証する必要はなく、問題の行為が競争を制限し得ることを立証すれば足りる[119]。

GC 判決は、問題の行為の競争制限能力を基礎付ける事情として、以下の事柄を指摘した。①支配的事業者による排他条件付きリベートの供与それ自体が競争を制限し得るわけではないという立場を採ったとしても、申立人のような避けることのできない取引相手がかかる金銭的インセンティブを供与する場合、競争を制限し得ることの少なくとも１つの徴表となる。②OEM 市場の激しい競争と低マージンのため、リベートは OEM らにとって特に重要であった。③Dell, HP, NEC, Lenovo が申立人から必要量の全て又は大部分を購入するという判断を行った際、また、MSH が AMD 搭載製品を販売しないという判断を行った際、問題の排他条件付きリベート・資金提供が少なくとも１つの考慮要素であった。④申立人は排他条件付きリベート・資金提供、あからさまな制限という２つのタイプの濫用行為を実施したが、それらは、相互に補完的で補強し合う。⑤問題の行為は、市場へのアクセスにとって特に戦略的に重要な OEM（Dell と HP）を標的としていた。⑥MSH は、欧州における x86 CPU 搭載消費者向けコンピュータの流通に関して戦略的に特に重要であった。⑦問題の行為は、最も重要な販売チャンネルへの AMD のアクセスを禁じることを目的とする全般的な戦略の一部である[120]。

---

118)　以上のように、GC は、判例法の枠組みの下では以下の分析は必須ではないと考えていた。
119)　*Intel*（GC）, paras. 172-177.
120)　Id. paras. 178-184.

イ　申立人の主張について

　申立人は、第一に、関連期間中の AMD の商業的成功や市場シェアの増加などを主張する。しかしながら、AMD が商業的に成功した事実は、せいぜい、申立人の行為が現実の効果を引き起こさなかったことを示しうるにすぎず、申立人の実施した行為が競争を制限し得なかったことを立証するのに十分ではない[121]。さらに、AMD の市場シェアの増加や x86 CPU の価格下落も、申立人の行為が全く効果をもたなかったことを意味するものではなく、問題の行為がなかったならばそれらはより大きなものであったかもしれない[122]。

　申立人は、第二に、問題の行為が関係したのは x86 CPU の世界市場のうちのわずかな部分のみであったと主張する。しかしながら、上記(1)イ(イ)の議論に加え、本件で問題の行為の関係するグローバル市場のシェアは違反期間全体の間の平均で[123]約 14％であった。支配的地位にある事業者の競争者らは、市場の一部だけではなく、市場全体をめぐって、能率に基づく競争の便益を受ける資格があるという観点からすると、そのようなシェアは有意なものと考えられる[124]。

　申立人は、さらに、当該供給契約の存続期間は短く、あるいは、30 日間の告知で解消できたと主張する。しかしながら、関連する基準は、契約の解消にかかる告知期間でもなければ、一連の継続的契約の一部を構成する個々の契約の存続期間でもなく、申立人が顧客に対して排他条件付きリベート・資金提供を適用する期間の全体である。本件では、その期間は、MSH のケースでは約 5 年、Dell と NEC のケースでは約 3 年、HP のケー

---

121)　「支配的事業者が競争を制限し得る行為を現実に行う場合、当該行為の競争制限能力が現実の効果を引き起こしてはいないという事実は、102 条の適用を妨げるのに十分ではない。」
122)　Id. paras. 185-186.
123)　なお、2006 年から 2007 年の間に影響を受ける市場シェアは小さかったが（この期間に関係したのは MSH と Lenovo に対する行為のみであった）、本判決は、単一の継続的な違反行為のケースでは、「対象期間全体を通じて市場の有意な部分が影響を受けたこと」は必要なく、「平均」での評価を実施すれば十分とした。(Id. paras. 192-193)
124)　Id. paras. 187-194.

スでは約2年、Lenovo のケースでは約1年であり、そのような期間、排他条件付きリベート・資金を提供することは、一般的に、競争を制限し得る。それは、高度なダイナミズムと製品のライフサイクルの短さによって特徴付けられる CPU 市場のような市場においては、特に当てはまる[125]。

(4) Intel 事件 GC 判決の意義

以上のように、Intel 事件 GC 判決は、Hoffnamm-La Roche 判決以来の伝統的判例法理を踏襲し、x86 CPU の市場における支配的事業者 Intel が（狭義の）忠誠リベート（「排他条件付きリベート（exclusivity rebates）」=「Hoffnamm-La Roche 判決の意味での忠誠リベート」=「第二のカテゴリ」のリベート）を行ったことから、Intel の行為を「濫用」に当たると判断し、（欧州委員会の AEC テストも含め）事案の具体的な状況に基づく反競争性の検討を不要とした[126]。

GC 判決は、後の司法裁判所判決によって破棄されることにはなったが、それ以前の判例法においては必ずしも明瞭に述べられていたわけではない忠誠リベートを厳しく非難する理論的根拠を、最も明瞭に述べた判決であり、その意味での検討の必要性を有する判決である。すなわち、GC 判決の特に注目される点は、①支配的事業者による（狭義の）忠誠リベートがそれ自体で原則として支配的地位の濫用に当たると考えられる本質的な理由を明瞭に述べたこと、②市場のうちの有意な部分が閉鎖されたこと（実質的な市場閉鎖効果）の立証を要求しないことの根拠（上記 Tomra 判決で述べられていた）を改めて確認したことである。

ア 支配的事業者による忠誠リベートの濫用性の実質的根拠

本判決は、支配的事業者による（狭義の）忠誠リベートが「濫用」に当たること、事案の状況の検討さえ不要であることの根拠について、行為形式面での理由（上記1(1)ア(エ)a）にとどまらず、より本質的な理由を明瞭に述べている。本判決によると、「避けることのできない取引相手」[127]によって行われる場合、当該事業者が、各顧客の需要の非コンテスタブルな部分の経済力を「梃子」として利用することによって、各顧客の需要のうちのコ

---

125) Id. para. 195.
126) なお、念のための検討（「万全を期する」ための検討）は行っている（上記(3)）。

ンテスタブルな部分まで確保し、競争者の市場へのアクセスをより困難にし得るというのが（同 b）、忠誠リベートの問題の本質である。これは、まさに第 3 章 1(2)で指摘した問題である。本判決は、支配的事業者の「特別の責任」の下で、支配的事業者が顧客に対して排他的な条件を課することは、市場へのアクセスにとって「容認し難い障害」を構成し、市場における競争の構造に追加的な干渉を引き起こすとしている。

　本判決は、AEC テストの要否に関しても、以上のような（狭義の）忠誠リベートの「反競争的メカニズム」を踏まえて、仮に事案の状況の分析が必要であるとしてもなお同テストは不要と断定した（同等に効率的な競争者であればコストをカバーできる場合であってもなお、「競争者の市場へのアクセスをより困難にし得る」）。本判決は、本件が価格行為の事案であること自体も否定しており、少なくとも Intel のような支配的事業者によって行われる場合、忠誠リベートという行為に値引きの一種としての競争促進的な側面を全く見出していなかったことが窺われる。

イ　市場のうちの閉鎖された部分の有意性の立証を要求しない根拠

　本判決は、少なくとも法理上は、支配的事業者が（狭義の）忠誠リベートを実施すること自体で「濫用」に該当するとしており、それゆえ、市場全体のうちの一連の行為によって閉鎖される部分の有意性・質的な実質性に関する評価を要求していない。上記第 1 節 1 で紹介した *Tomra* 判決においては、同事件の事実関係の下で「市場の有意な部分が閉鎖された」という言及もなされていたが、本判決は、*Tomra* 判決における当該判示を傍論と解した（上記 1(1)イ(イ)）。

　さらに、本判決の判示の中で特に注目されるのは、問題の行為の関係するのが市場のわずかな部分であるから自身の行為は違法ではないという Intel の主張を否定する文脈で、「市場の閉鎖された側の顧客ら」に対する

---

127)　なお、本判決は、「避けることのできない取引相手」であることを認定する際に、支配的地位の強弱を区別しているように見えなくもない（para. 91）。もっとも、先例では、支配的地位を認定された中でも特に市場シェアの小さかった事例（40％弱）である *British Airways* 事件でも、British Airways は「必須の取引相手」と認定されている（第 2 章第 2 節第 2 款 2）。

効果も直接的に問題にしている点である。本判決は、「市場の閉鎖された側の顧客らも、どの程度であろうと市場において起こり得る競争から利益を受ける機会を有するべきであるし、競争者らは、市場の一部ではなく市場全体をめぐって能率に基づいて競争することができるべきである」と述べたが、この判示は、排他的取引の規制における保護法益を考える上で、示唆的である。

　日本法や米国法においては、排他的取引の反競争性を判断する際に、基本的には、競争者に対する実質的な市場閉鎖効果を問題にする[128]。もちろん、日本法や米国法においても、排他的取引の反競争性について議論する際、顧客の取引先選択の自由の制限にもしばしば言及はされる。しかし、それは、あくまで実質的な市場閉鎖効果を有するような排他的取引が原則として反競争性をもつことの前提要素（第1章4で述べた人為性の徴表）としてであり[129]、市場閉鎖効果から離れて取引先選択の自由の制限だけで問題視するわけではない。ところが、本判決の上記判示[130]は、実質的な市場閉鎖効果を必ずしも前提とすることなく、閉鎖された側の顧客に対する効果（とその裏面としての競争者の機会に対する形式的な効果、あるいは形式的な競争プロセスへの害）それ自体を問題視していたようにも見える。要するに、市場の閉鎖される部分が質的実質性の観点からは実質的とまでは言えなくても、支配的事業者の「特別の責任」も踏まえ、閉鎖される側の顧客が競争からの利益を受ける機会を制約されてしまうという効果、（そして、その裏面として、競争者らが、閉鎖される側の顧客に向けて競争する機会を制限されてしまうという効果）それ自体に反競争性を見出しているのではないか

---

128) 日本法につき第1章4を、米国法につき第5章第1節(4)参照。ただし、日本法においても、不公正な取引方法において問題となるケースでは、常に（質的な意味での）実質的な市場閉鎖効果が要求されてきたのかという問題はあるし、米国法においても、やはり競争の排除が問題となる類型である抱き合わせ販売においては、今日もなお、量的実質性で足りるという連邦最高裁判例が生き残っている。この辺りの問題については、後記第6章で詳述する。

129) 顧客の取引先選択の自由を制限することは、排他的取引が不当なライバル費用引上げ戦略と評価されることの前提要素である。第1章注92) 参照。

130) なお、第1節1で述べたように、この判示は、元々は *Tomra* 判決においてなされたものである。

ということである(なお、本判決は、予備的評価においても、本件で問題の行為によって閉鎖された市場のシェア(14%)が「有意」であったことの根拠として、「支配的地位にある事業者の競争者らは、市場の一部だけではなく、市場全体をめぐって、能率に基づく競争の便益を受ける資格がある」としている。)。

　以上の問題については、競争者排除型行為規制の目的をどのように把握するのかというより本質的な問題にも関係し、比較法的な考察も特に重要となることから、後記第6章において、米国法や日本法の議論を踏まえつつさらなる考察を行うこととする。(なお、GC判決は後述する司法裁判所判決によって破棄されることとなったが、前掲注128)ただし書きで述べた問題意識との関係でも、以上の問題を検討しておく意義はあろう。)

2　Post Danmark II 判決[131]：標準数量目標型リベート

(1)　事案の概要

　本件で問題となったのは、デンマークにおける大口郵便物(bulk mail)の市場[132]で支配的地位を有していたPost Danmark(以下、"PD"という。同社の関連期間中の市場シェアは約95%。)が、同市場の一部を構成するダイレクトメール(direct advertising mail, 以下、"DM"という。)[133]の取引に関して実施

---

131)　Case C-23/14 Post Danmark A/S v. Konkurrenceradet (Post Danmark II) EU：C：2015：651. 邦語解説として、伊永大輔「欧州：市場支配的地位の濫用におけるリベート制度の評価枠組み」NBL1078号94頁(2016年)、多田英明「市場支配的地位を有する事業者によるリベート供与が濫用行為となる場合――遡及的数量目標リベートに対する違法性判断」法時89巻3号114頁(2017年)。本件の解説を含む論稿として、Per Rummel, Rebate Schemes Under Article 102 TFEU：Post Danmark II, 53 C.M.L.Rev. 1121 (2016)；James S. Venit, Making Sense of Post Danmark I and II：Keeping the Hell Fires Well Stoked and Burning, 7 (3) J. Eur. Competition L. & Prac.165 (2016)；Romano Subiotto QC, David R. Little, & Romi Lepetska, The Application of Article 102 TFEU by the European Commission and the European Courts, 7 (4) J. Eur. Competition L. & Prac. 288 (2016)；Pablo Ibáñez Colomo, Post Danmark II：The Emergence of a Distinct 'Effects-Based' Approach to Article 102 TFEU, 7 (2) J. Eur. Competition L. & Prac. 113 (2016)；Sunny S. H. Chan, Post Danmark II：Per Se Unlawfulness of Retroactive Rebates Granted by Dominant Undertakings, 37 (2) E.C.L.R. 43 (2016).

132)　See Opinion of Advocate General Kokott delivered on 21 May 2015, Case C-23/14 Post Danmark A/S v. Konkurrenceradet, para. 8.

したリベートスキームの適法性である[134]。

　PDのリベートスキームは、少なくとも1取引機会に3,000通を超える郵便物に対して適用され、所定のリベート率は、1年間に顧客が送付したDMの合計数量（通数）又は合計金額に応じて累進的に設定されていた（6％から16％の範囲で9段階からなる）。顧客らは、1年間に送付したDMの合計数量で3万通又は合計金額で30万デンマーククローネ（約4万0200ユーロ）に達すると、最低の6％のリベートを受けることができ、1年間に送付したDMの合計数量で200万通又は合計金額で2000万デンマーククローネ（約268万0426ユーロ）に達すると、最大の16％のリベートを受けることができた[135]。顧客らは、1年間の参照期間中に送付した全ての郵便物[136]（mailings）（PDの制定法上の独占によってカバーされているかカバーされていないかを問わない）との関係で、当該リベート率によって計算されたリベートを受けることができた（遡及性）。また、閾値とリベート率の関係は標準化されており、全ての顧客が、1年間の合計数量ないし合計金額に基づいて、（合計数量ないし合計金額が同じであれば）同じ金額のリベートを獲得することができた[137]。

　デンマーク競争評議会の認定によると、PDは、参入障壁が高く、かつ、規模の経済が存在するためアクセスの困難な市場において95％以上のシェアを有していたことから、大口郵便物市場において「避けることのできない取引相手」であった。さらに、PDは、50グラム以下の信書（DMを

133）　なお、法務官意見によると、DM部門は、2007年には大口郵便物市場全体の12％、2008年には同7％を占めており、後述するPDの独占にカバーされていないDMの割合は、2007年には大口郵便物市場の15％、2008年には同9％であった。See ibid.

134）　PDによる当該リベートは2003年に始まったが、本件訴訟で関連する期間は、2007年から2008年である（2007年以前、当該市場には、PDの有意な競争者が存在しなかった）。

135）　*Post Danmark* II, para. 7. なお、大規模顧客の場合、最大のリベート率の基準となる数量をはるかに超えて取引していたため、PDの累進的なスキームは、平均的な規模の顧客らにとって最も有益であった。Id. para. 9.

136）　判決文や法務官意見の記載ぶりからすると、1取引機会に3,000通を超える郵便物であることが前提のようには思われる。

137）　*Post Danmark* II, paras. 7-9.

含む）の配送に関して制定法上の独占を有しており[138]、関連期間中、デンマークの大口郵便物市場のうちの 70% 以上がこの制定法上の独占によってカバーされていたこと、また、同社の地域カバレッジもデンマーク全土を唯一カバーしていたことから、PD は、有意な構造上の優位性を享受していた[139]。

関連期間中に PD の唯一の重要な競争者であった Bring Citymail（ノルウェーで郵便のユニバーサルサービス義務を負っていた Poste Norge AS の子会社）は、2007 年 1 月にデンマークで郵便事業を開始したが、多額の損失を出して 2010 年にデンマーク市場から撤退した[140]。

デンマーク競争評議会が PD の行為は支配的地位の濫用に当たると判断したのに対して、PD は、デンマーク競争審判所、さらには海事商事裁判所において、自身の行為の違法性を争った。

本件は、デンマーク海事商事裁判所からの付託により、欧州司法裁判所が先行裁定を求められた事案である。司法裁判所の整理によると、本件の争点は、次の 3 点である。①本件で問題となったようなリベートスキームが、102 条に反するような市場への排除効果を有する傾向をもつかどうかを判断するための基準[141]、②102 条の下でリベートスキームを評価する際の同等効率的競争者テストの関連性[142]、③102 条違反に当たるためには、本件で問題となったようなリベートスキームの反競争効果が、蓋然性のあるもの（probable）でなければならないか、また、重大な（serious）若しくは相当な（appreciable）ものでなければならないかどうか[143]。

(2) 司法裁判所の判断

ア　リベートの違法性の判断基準

PD の行為は、「購入数量のみにリンクする単純な数量リベート（a simple quantity rebate）」でもなければ、判例法の意味での忠誠リベートでもな

---

138) Id. para. 4.
139) Id. para. 14.
140) Id. paras. 10-12.
141) Id. para. 21.
142) Id. para. 51.
143) Id. paras. 20, 63.

いことから、本件で問題となっているようなリベートスキームが支配的地位の濫用に当たるのかどうかを判断するためには、「全ての状況、とりわけリベートの供与を支配する基準とルールを検討し、当該リベートを正当化する何らかの経済的なサービスに基づかない利益を与える際、当該リベートが買手の供給源選択の自由を除去又は制限する傾向を有するかどうか、当該リベートが競争者らの市場へのアクセスを禁じる傾向を有するかどうか、取引相手らに対して、同等の取引に関して異なる条件を適用する傾向を有するかどうか、競争を歪めることによって支配的地位を強化する傾向を有するかどうかを検討することが必要である」[144]。さらに、本件の特徴に鑑み、「関連する全ての状況を検討する際、PD の支配的地位の程度と、関連市場における競争の特定の条件を考慮することも必要である」[145]。

(ア) リベート供与の基準

第一に、PD によるリベート供与の基準に関し、本件で問題のリベートは遡及リベートであり、さらに、1 年間の参照期間を基礎として供与されているところ、「そのようなリベートスキームは、支配的事業者が自身の顧客らを拘束するとともに競争者の顧客らを惹きつけ、関連市場で競争に従属する側の需要を自身に吸引する（secure the suction）ことをより容易にする。本件では、リベートが需要のコンテスタブルな部分と非コンテスタブルな部分（PD の制定法上の独占によってカバーされる 50 グラム以下の DM）の双方を区別することなく適用されたという事実によって、その吸引効果（suction effect）は、さらに強められる」[146]。

問題のリベートの規模が標準化されていたことに関しては、この特徴は、PD の行為が 102 条(c)項の差別に当たらないという結論は補強するものの、単にリベートスキームが差別的でないという事実だけでは、当該リベートが市場での排除効果をもたらし得ると認定されることを否定するわけでは

---

144) Id. para. 29. なお、第 2 章で取り上げた *Michelin* I 判決以降の一連の判決も参照。
145) *Post Danmark* II, para. 30.
146) Id. paras. 32-35. なお、PD の大規模顧客らのうちの 25 社（関連市場における取引数量の約 2 分の 1 を占める）にとって、制定法上の独占にカバーされていない約 3 分の 2 の DM を PD から Bring Citymail に乗り換えると、リベートの規模にマイナスの影響が発生した。Id. para. 36.

ない[147]。

(イ) PD の支配的地位の程度と大口郵便物市場における競争の条件

第二に、PD の支配的地位の程度と大口郵便物市場における競争の条件に関し、PD は、参入障壁が高く有意な規模の経済が存在する関連市場の 95％を有しており、制定法上の独占によって与えられる構造上の優位性を享受している。また、非常に大きな市場シェアを有する事業者は、そのシェアのおかげで「避けることのできない取引相手」である。そのような状況では、「販売数量の全てを基礎とする値引きに直面した競争者らが当該支配的事業者を競り負かすのは特に困難である」[148]。

(ウ) 小括

以上から、「本件で問題のスキームのような、正式な義務によって顧客らを拘束するわけではないもののそれにもかかわらず顧客らが競争事業者らから供給を受けることをより困難にする傾向を有するリベートスキームは、反競争的な排除効果を引き起こすものと判断されなければならない」とした[149]。

(エ) 問題の行為のカバー範囲について

さらに、デンマーク裁判所は、PD の実施したリベートスキームが当該市場の顧客の大部分（majority）に適用されたという事実が、問題のリベートスキームを評価する際にどのように関連するのかを知ることも望んでいるが、「PD の適用したリベートが当該市場の顧客らの大部分に関係するという事実は、それ自体では、当該事業者による濫用行為の証拠にはならない」[150]。「しかしながら、本件で問題となっているようなリベートスキームが当該市場の顧客らの大部分をカバーしているという事実は、当該行為の程度と市場への影響に関する有用な指標（a useful indication）を構成し、反競争的な排除効果のおそれ（likelihood）が存在することを裏付けうる。」[151]

---

147) Id. paras. 37-38. *Michelin I* 判決も参照。
148) *Post Danmark II*, paras. 39-40.
149) Id. para. 42.
150) Id. para. 44. 実際に、支配的事業者が供与した忠誠リベートの評価が問題となった事案では、司法裁判所は、問題の条項を含む契約の数を確かめる必要はないと判示してきた。Id. para. 45（*Suiker Unie* 判決 para. 511 引用）.

イ 同等効率的競争者テストの関連性

司法裁判所は、リベートの事案における同等効率的競争者テスト[152]の要否並びに本件での関連性に関し、次のように判示した。

「102条又は司法裁判所の判例法によると、支配的事業者の実施するリベートスキームが濫用的であることを認定する際に、常に同等効率的競争者テストに基づくことを要求する法的義務が存在するとは、認められない。もっとも、この結論は、リベートスキームにかかわるケースにおいて、当該リベートスキームが102条と両立するかを検討する際に同等効率的競争者テストを利用することを排除する効果までもつものでは、原則としてない。とはいうものの、本件で問題となっているように、支配的事業者が非常に大きな市場シェアを有し、かつ、関連市場の郵便の70％に適用される制定法上の独占によって構造上の優位性を与えられている状況下では、同等効率的競争者テストを適用することは、関連性をもたない。なぜなら、市場の構造が、同等に効率的な競争者が現れることを実際上不可能にしているからである。さらに、本件で問題の市場のように、高い参入障壁によって市場へのアクセスが防がれている市場においては、効率性の劣る競争者の存在が、当該市場への競争圧力を強化し、当該支配的事業者の行為に対する制約を及ぼすのに寄与しうる。したがって、同等効率的競争者テストは、リベートスキームの文脈で支配的地位の濫用が存在するかどうかを評

---

151) *Post Danmark II*, para. 46.
152) なお、本判決は、以下の本文の引用部分に先立ち、「同等効率的競争者テスト」について次のように述べている（Id. paras. 53-55）。「同等効率的競争者テストは、支配的事業者の価格慣行が同等に効率的な競争者を市場から追い出し得るかどうかを検討するものである。このテストは、支配的事業者の請求する価格と支配的事業者の負担する一定の費用との比較と、支配的事業者の戦略とを基礎とする（*Post Danmark*, C-209/10, EU：C：2012：172（*Post Danmark I*），para. 28 参照）。同等効率的競争者テストは、特に、選択的低価格又は略奪的価格設定という形式での低価格行為、及び、マージンスクイーズに対して適用されてきた（選択的低価格に関し、*Post Danmark I*, paras. 28-35, 略奪的価格設定に関し、*AKZO v. Commission*, C-62/86, EU：C：1991：286, paras. 70-73；*France Télécom v. Commission*, C-202/07 P, EU：C：2009：214, paras. 107-108, マージンスクイーズに関し、*TeliaSonera Sverige*, C-52/09, EU：C：2011：83, paras. 40-46 参照）。

価する際の様々な手段のうちの1つにすぎないと考えられる。以上から、[デンマーク海事商事裁判所への回答は]、同等効率的競争者テストの適用は、リベートスキームが102条の下で濫用的であることを認定するための必要条件を構成しない。本件で問題となっているような状況では、同等効率的競争者テストを適用することは、全く関連性をもたない。」[153]

ウ 反競争効果の蓋然性、重大性、相当性

第一に、反競争効果の蓋然性に関し、「反競争効果が純然たる仮定上のもの（hypothetical）であってはならない」ものの、その効果は「具体的なものであることは必ずしも必要なく」、「市場に対する反競争効果をもつおそれのある（likely）支配的事業者の行為のみが、102条の対象となる」[154]。

第二に、反競争効果の重大性や相当性に関し、「支配的事業者は自身の行為によって域内市場における真の歪められていない競争を阻害してはならないという特別の責任を負って」おり、さらに、「支配的事業者の存在によって市場における競争の構造が既に弱められきたため、競争の構造をさらに弱めることは何であれ支配的地位の濫用を構成しうる」ことから、「支配的地位の濫用が存在するかどうかを判断するために相当性に関する（デミニマスの）閾値を固定することは、正当化されない。そのような反競争的行為は、まさにその性質によって、取るに足りないことはない競争の制限をもたらし、あるいは当該事業者が事業活動を行う市場における競争の除去をももたらす傾向を有する」[155]。

---

153) *Post Danmark* Ⅱ, paras. 57-62. なお、id. para. 52 は、欧州委員会ガイダンスにつき、「この文書は、委員会が優先的に取り上げることを意図する事案の選択に関する委員会のアプローチを表明するものにすぎず、委員会の行政上の慣行は、国内競争当局・裁判所を拘束するものではない」と述べる。

154) Id. paras. 64-67. なお、本判決は、続く paras. 68-69 において、「リベートスキームが競争を制限し得るかどうかの評価は、リベートの供与を支配するルールと基準、関係する顧客らの数、支配的事業者が事業活動を行っている市場の特徴を含む関連する全ての状況の観点から実施されなければならない。その評価は、問題の支配的事業者の行為が、競争、さらには消費者を害するような現実的な排除効果又はそのおそれ（actual or likely exclusionary effect）を引き起こすかどうかを判断しようとするものである」と述べる（後半部分は、*Post Danmark* Ⅰ, para. 44 を引用）。この部分の解釈につき、後掲注162）も参照。

以上から、「支配的事業者の実施するリベートの反競争効果は蓋然性のあるもの（probable）でなければならないが、重大性や相当性を証明する必要はない。」[156]

(3) 本判決に対する見方

本判決には曖昧な判示が多く見られることから、本判決をどのように理解するのかに関して議論の余地はあるものの、基本的には、欧州の伝統的判例法理のリベートに対する厳しい姿勢の延長線上で理解する見方が有力であったように思われる[157]。

本判決については、以下の諸点が指摘される。

第一に、リベートの違法性の判断基準に関し、本判決は、本件が数量目標型リベートの事案であったということで、「事案の全ての状況を検討する」という *Michelin I* 判決以来の基準（第 2 章第 2 節参照）を用いていた[158]。そして、その基準の下での評価に際しては、まず、「リベートの供与を支配する基準とルール」として、本件のスキームが遡及リベートであったことを特に強調し[159]（なお、参照期間の長さも指摘している）、また、「PD の支配的地位の程度と大口郵便物市場における競争の条件」として、PD が「避け

---

155) *Post Danmark II*, paras. 70-73.
156) Id. para. 74.
157) See Venit, supra note 131；Chan, supra note 131；Rummel, supra note 131. 本判決については、基本線としては Kokott 法務官意見に概ね沿うものと考えられるところ（See Rummel, at 1126. もちろん、Kokott 法務官意見における理由付けが全てそのまま採用されているわけではない（多田・前掲注 131) 117 頁参照））、Kokott 法務官は、意見の冒頭で、「司法裁判所は時代精神（'Zeitgeist'）すなわち一過性の流行（ephemeral trends）によって影響されるべきではなく、支配的地位の濫用の禁止が EU 法において有する法的な基盤を尊重するべきである」と述べていた（para. 4）。

なお、Colomo, supra note 131, at 114 は、本判決が関連市場への影響の検討を要求している点をもって、*Michelin II* などの先例で見られたアプローチから離れているという趣旨を述べていたが、「濫用」要件にかかる判例法の定義から明らかなように、欧州裁判所は、約 40 年前の *Hoffmann-La Roche* 判決の頃から一貫して、反競争効果の存在自体は要求しており（第 2 章参照）、欧州の伝統的判例法理がしばしば「形式ベースのアプローチ」というレッテルを貼られてきたのは、反競争効果自体を全く要求しなかったからではなく、行為の形式（占有率リベート、遡及リベート等）ないしその性質を特に重視して、市場の状況を踏まえた詳細な競争効果分析を行うことなく反競争効果を認定してきたためであった。

ることのできない取引相手」であったことに言及しており、これまでの多くの先例と同様に、それらの要素に基づいて、問題のリベートスキームに対して、厳しい評価を下していた[160]。

第二に、同等効率的競争者テストに関し、本判決は、同テストは濫用性を認定する際の必要条件ではないとしつつ、他方、一般論として同テストをリベートの濫用性評価に際しての一考慮要素とすることまでは否定せず、しかし、本件では、制定法上の独占等に伴う PD の地位の強さや市場の特性を踏まえて同テストの関連性を完全に否定した。同等効率的競争者テストに関する本判決の判示はやや曖昧ではあるが、本判決の出発的となる立場は、同テストは、リベートの事案において濫用性を認定する際の必要条件ではないというものであった。制定法上の独占といった要素への言及は、

---

158) なお、*PD II* 判決は、*Michelin I* 判決以来の基準を引用した次の段で、本件に関しては「関連する全ての状況を検討する際、PD の支配的地位の程度と、関連市場における競争の特定の条件を考慮することも必要である」としていた（本文(2)ア参照）。これは、一見、*Michelin I* 判決の基準に検討事項を追加しているように見えなくもないが、実際にはそうではなく、Kokott 法務官意見を踏まえると、むしろ *Michelin I* 判決以来の判断枠組みをより明確化したものと考えられた。すなわち、*Michelin I* 判決が提示した基準は、「……全ての状況、とりわけ値引きを供与する基準とルールを検討し……」（傍点追加）というものであったが（第2章第2節第1款3参照）、Kokott 法務官意見によると、「とりわけ」というからには、「値引きを供与する基準とルール」の他にも検討が必要な要素はありうる。それが、「関連市場における競争の条件と支配的事業者の地位」という要素であった（See Kokott, supra note 132, para.35）。実際に、*Michelin I* 判決以下の一連の判決においても、リベートの遡及性という「値引きを供与する基準とルール」にかかる要素のみが検討されていたわけではなく、支配的事業者が顧客らにとって「避けることのできない取引相手」であったという「関連市場における競争の条件と支配的事業者の地位」にかかる要素も踏まえて相手方に対する拘束性などが認定されてきた。したがって、本判決が、検討が必要となる要素として後者も明示したことは、むしろこれまでの先例における考慮要素をより明確化したものであった。

なお、本判決は、主文では、単に、「……事案の全ての状況、とりわけ、リベートの供与を支配する基準とルール、当該事業者の支配的地位の程度、そして関連市場における競争の特定の条件を検討することが必要である」としていた。

159) See Chan, supra note 131.
160) See Venit, supra note 131, at 172（PD のリベートの吸引効果に関する ECJ の分析は、伝統的な形式的、定性的な分析を超えるものではないと指摘）.

あくまで、同テストが本件では一考慮要素にさえならないという文脈でなされたものであった[161]。

第三に、問題のリベートが対象としていた顧客の範囲についても、本判決は、問題のリベートが当該市場の顧客らの大多数をカバーしているという事実が、当該行為の程度や市場への影響に関する有用な指標を構成しうるとは言っているが、他方、この文脈でも、本判決の出発点となる立場は、この事実それ自体では「当該事業者による濫用行為の証拠にはならない」というものである。市場閉鎖効果や排除効果に関する具体的な評価を要求しているわけではなかった[162]。

最後に、反競争効果の程度等に関しても、従来の判例法同様に蓋然性があれば足りるとして[163]、重大性や相当性は要求されていなかった。

結局、本判決のアプローチは、数量目標型のリベートにおいて、当該リベートスキームの遡及性と、当該事業者が「避けることのできない取引相手」であった事実を重視し、リベートの「吸引効果」(つまり顧客らに対する

---

161) Venit, supra note 131, at 172 は、問題の事業者の支配的地位の性質や強さに関する分析は以前の先例でも行われてきたものであり、したがって、本判決による制定法上の独占への言及は、裁判所の伝統的な評価方法から逸脱するものではなく、単に本件の事案に合わせた言及にすぎないと指摘していた。

162) Id. at 174 は、リベートが吸引効果を有することが示されれば、市場のうちの閉鎖された側の大きさ次第で排除効果のおそれが否定されることにはならないであろうと指摘していた。

なお、リベートによる市場のカバー範囲の問題に関し、本判決は、反競争効果の蓋然性の問題について言及した箇所では、「リベートスキームが競争を制限し得るかどうかの評価は、全ての関連する状況の観点から実施されなければならず、これは、リベートの供与を支配するルールと基準、関係する顧客らの数、及び支配的事業者が事業活動を行う市場の特徴を含む」と述べ、「関係する顧客らの数」を考慮要素に取り入れていた (*PD II*, para. 68)(傍点追加)。「関係する顧客らの数」が考慮要素に含まれるのかどうかに関し、この第 68 段の判示と、問題の行為のカバー範囲が直接的に問題になった箇所での判示 (上記(2)ア(エ)並びに前掲注 150)。*PD II*, paras. 44-46.) との間の整合性も問題になりえたが、Venit, at 173-174 は、「影響を受ける顧客の数」は、リベートの排除効果を判断するために行われる「関連する全ての状況」に関する分析に定性的な要素を付け加えるものではなく、単に、濫用行為の重度を示すものとして、制裁金の算定に関係するにすぎないという見方を示していた。See also Kokott, supra note 132, para. 53-54, 85.

163) 本判決における「蓋然性」の意義に関し、伊永・前掲注 131) 100 頁参照。

強い拘束性とその裏返しとしての競争者の市場へのアクセスの機会の制限とい
う問題意識）に基づいてリベートを厳しく非難してきた*Michelin* I判決以
下の一連の判決のアプローチ（第2章第2節参照）との間で、大きく異なる
ものではないと考えられた[164]。本判決を受けて、Common Market Law
Review誌における判例評釈において、「リベートスキームに関係する喫緊
の課題は*PD* II判決において回答されたことから、今後の判決から期待さ
れるのはわずかな修正のみとなろう」という見方も示されていた[165]。

　ところが、本判決の翌年、*Intel*事件上訴審に関し、Wahl法務官が原判決
の破棄差戻しを求める意見を公表し、*Intel*事件の帰趨が注目を集めること
となった。

3　*Intel*事件上訴審Wahl法務官意見[166]

　上記*Intel*事件GC判決、*Post Danmark* II事件ECJ判決で見られたよう
に、欧州裁判所は、欧州委員会ガイダンスが公表された後も、依然として、

---

164)　なお、本判決は、「排除効果」を、「第一に、支配的事業者の競争者らによる市場
　　への参入を非常に困難にし又は不可能にし、第二に、支配的事業者の取引相手らが
　　様々な供給源や取引相手らの間で選択することをより困難にし又は不可能にするこ
　　と」と定義するが（*PD* II, para. 31)、Venit, supra note 131, at 171-172は、その2つの
　　要素は累積的な要素ではなく、本判決は結論的には2つの要素を一緒くたにしてい
　　ると指摘していた。この点に関し、第2章第2節第3款1も参照。
165)　Rummel, supra note 131, at 1131.
166)　Opinion of Advocate General Wahl delivered on 20 Oct. 2016, Case C-413/14 P Intel
　　Corp. v. Commission, EU：C：2016：788. Wahl法務官意見を論評する論稿として、
　　Nicolas Petit, *The Advocate General's Opinion in Intel v Commission：Eight Points of
　　Common Sense for Consideration by the CJEU*, Forthcoming in Concurrences Review,
　　No. 1 (2016) (available at https://papers.ssrn.com/sol3/papers.cfm? abstract_
　　id=2875422)；Pablo Ibáñez Colomo, *AG Wahl in Intel, or the Value of Realism and
　　Consistency in the Context of Article 102 TFEU*, Forthcoming in Concurrences (2017)
　　(available at https://papers.ssrn.com/sol3/papers.cfm?abstract_id=2894343)；Damien
　　Geradin, *The Opinion of AG Wahl in Intel：Bringing Coherence and Wisdom into the
　　CJEU's Pricing Abuses Case-Law*, TILEC Discussion Paper No. 2016-034（available at
　　https://papers.ssrn.com/sol3/papers.cfm?abstract_id=2865714）. 伊永大輔「排他的リ
　　ベートによる『市場支配的地位の濫用』の新展開——EU競争法における効果重視
　　の分析アプローチをめぐる法理論」修道法学39巻2号59頁（2017）も参照。

支配的事業者による忠誠リベートに対する伝統的な厳格な姿勢を維持してきた。

これに対して、2016年10月、*Intel*事件上訴審に関し、Wahl法務官がGC判決の破棄差戻しを求める意見を公表し、議論を呼び起こすこととなった。

以下、本項では、Wahl法務官意見のうちリベートの問題に関係する重要なポイントを、いくつかの観点に集約して紹介することとする。具体的には、以下の(1)から(3)で、順に、(1)リベートの濫用性の判断枠組み（リベートに関する判例法の解釈）、(2)リベートの濫用性を認定する際に必要となる反競争効果の水準、(3)リベートの濫用性を判断する際に検討が必要となる具体的な考慮要素（問題の行為の市場カバレッジ、存続期間、AECテストなどの問題を含む）、に関するWahl法務官意見の見解をそれぞれまとめて紹介する。

なお、本件上訴審の争点の構造との関係で、Wahl法務官意見が原判決のどの部分との関係での意見を示しているのかには、注意を要する。上記1で紹介したように、原判決は、まず、Intelの行ったリベートや資金提供が「排他条件付きリベート（exclusivity rebates）」に当たることから「濫用」を認定する際に事案の状況の検討が不要であるという立場をとり、その立場に基づいていくつかの判示を示したのち（上記1(1)(2)）、さらに、「万全を期するため」として、事案の状況に基づく分析を予備的に実施した（上記1(3)、法務官意見では、GC判決における「予備的評価（the alternative assessment）」と呼んでいる）。

Wahl法務官意見の構造もこの原判決の判断構造に対応している。すなわち、Wahl法務官意見は、まず、Intelのリベートについて、「濫用」に当たることを認定する際に事案の状況の検討が不要であるという原判決の立場を否定する（後記(1)）。もっとも、上記のように原判決も事案の状況に基づく分析を予備的には実施していたことから、事案の状況の検討が不要であるという立場を否定するだけで、直ちに原判決の取消が導かれるわけではない[167]。そこで、Wahl法務官意見は、さらに、原判決が実施した事案の状況に基づく「予備的評価」の当否を検討するという流れになっている（後

記(2)、(3))。

(1) リベートの濫用性の判断枠組み（判例法の解釈）[168]
ア　Wahl 法務官による判例法の理解

Wahl 法務官は、リベートにかかる一連の判例法に関する原判決の理解に疑問を呈する。

原判決は、リベートを 3 つのカテゴリに区別しつつ、*Hoffmann-La Roche* 判決（以下、「*Roche* 判決」という。）に依拠して、「必要量の全て又は大部分」の購入を条件とする「排他条件付きリベート」（第二のカテゴリ）については、支配的事業者によって提供される場合、「濫用」に当たるかどうかを判断する際に事案の状況の検討は不要であるとした（上記 1(1)ア参照）。しかしながら、Wahl 法務官によると、そのような理解は誤りである。

Wahl 法務官によると、判例法におけるリベートのカテゴリは、3 つではなく、2 つのみである[169]。1 つは、推定的に適法なリベートであり、例えば、支配的事業者からの「購入数量のみにリンクする」リベート（上記第 2 章第 2 節も参照）である[170]。もう 1 つは、推定的に違法なリベートであり、法務官によると、「必要量の全て又は大部分の購入を条件とする」リベートだけでなく、顧客が特定の目標に到達することを条件として忠誠心を誘引する他のリベート（遡及リベートなど、原判決のいう「第三のカテゴリ」のリベート）も同じカテゴリに含まれる[171]。法務官が「違法性の推定」という表現をどのような意味で使っているのかは、ややはっきりしないもの

---

167)　Wahl, supra note 166, para. 107.
168)　See id. § ⅤB2.a)（paras. 55-106）.
　　なお、Wahl 法務官意見は、リベートの「濫用」該当性の判断枠組みに関して、判例変更を要求するものではなく、あくまで判例法の枠内での立論を試みていた（法務官は、本件は「支配的地位の濫用に関係する判例法を精緻化する（refine）機会」を提供していると述べる。Id. para. 3.)。要するに、法務官意見は、リベートに関するこれまでの判例法にいくつかの解釈があり得るとして、その枠内で、いわゆる「効果ベースのアプローチ」にもっとも近い解釈を目指すものであった。その意味で、本件上訴審で問われているより根本的な問題は、「経済的な」問題ではなく「法的な」問題であると言われていた（See Colomo, supra note 166, para. 18）。
169)　Wahl, supra note 166, para. 81.
170)　Id. paras. 61, 81.

の[172)][173)]、法務官意見によると、原判決のいう「第二のカテゴリ」と「第三のカテゴリ」の双方のケースのいずれにおいても、事案の全ての状況に基づく反競争効果の検討は必要である（そもそも両カテゴリの区別は存在しない）。

したがって、法務官意見によると、「『排他条件付きリベート（exclusivity rebates）』は、問題の行為が支配的地位の濫用に当たるかどうかを判断する際に全ての状況の検討を要しないような別個かつ固有のリベートのカテゴリと考えられるべきではない。……GCは、『排他条件付きリベート』が、事案の状況に基づく競争制限能力に関する分析なくして濫用に当たる類型にカテゴライズされると考えた点で、法的瑕疵を犯した。」[174)]

イ　Wahl 法務官が上記アのように考える理由

Wahl 法務官は、上記アのように全てのリベートのケースにおいて事案の全ての状況の検討が不可欠であるとする理由を、いくつか述べている。

第一に、原判決（並びに原決定）は、原判決のいう「排他条件付きリベー

---

171) Id. paras. 61, 80, 82. したがって、法務官によると、*Hoffmann-La Roche* 判決で問題となったタイプの占有率リベートと、*Michelin* I判決、*British Airways* 判決、*Tomra* 判決で問題となった遡及的な個別リベートとは、ともに、「違法性推定」という同一カテゴリのリベートとされる。彼の意見では、「忠誠リベート」という語に後者も含めている。Id. para. 80.

172) この点に関し、Petit, supra note 166, at 5 は、法務官のいう「推定」について、問題の行為の形式に基づいて *prima facie* に濫用の存在が推定され、立証責任が支配的事業者に転換されるという見方、つまり、事案の「全ての状況」に基づいて評価する負担は競争当局の側に課されるのではなく、それは支配的事業者側の抗弁となるという見方を示していた。しかしながら、私見では、厳密な意味での立証責任の転換を伴うような意味で「推定」という語が使われていたようには思われない。あるいは、法務官は、日本法で言うところのいわゆる争点形成責任のようなもの（Intel 側は反競争性の capability を疑わせる証拠を提出すれば足りる）を想定していたのかもしれない。See also Colomo, supra note 166, paras. 15-17.

173) なお、法務官意見は、忠誠リベートが「推定的に違法」であることについて、101条における「目的による制限」との類似性も指摘している。Wahl, supra note 166, paras. 80-82（「101条の下では、一定の行為が目的による制限に当たるかどうかを確かめるために、問題の行為にかかる他の何らかのもっともらしい説明を排除するため、問題の行為の法的・経済的文脈が、まず、検討されなければならない」）.

174) Id. para. 106.

ト」(第二のカテゴリ)に関して事案の状況の検討を不要とすることにつき、(リベートの問題に関するリーディングケースである) Roche 判決の文言 (特に第89段と第90段) に大いに依拠していた。しかしながら、Wahl 法務官によると、Roche 判決の文言を「文字どおりに適用すること」[175]は不適切である。Wahl 法務官によると、Roche 判決は、確かに文言上は事案の全ての状況の検討を明示的に要求しなかったが[176]、同判決は、そもそも、事案の全ての状況を検討する必要性[があるのかどうか]については、何も述べていない[177]。むしろ、同判決を詳細に検討すると、同判決自身は、事案の様々な状況、つまりリベートの法的・経済的文脈に関する詳細な検討を行った上で、同事件で問題となった忠誠リベートが違法であるという結論に達していた[178]。

第二に、確かに、司法裁判所は、Roche 判決の後続の事例において、同判決の言明を何度も繰り返し述べてきたが[179]、実際には、同判決と同様の行為 (要するに排他的供給義務や原判決のいう「第二のカテゴリ」のリベート) が問題となった事案はほとんどなく[180]、多くの先例では、原判決のいう「第三のカテゴリ」のリベートの事案での適切な判断基準の構築が問題となってきた[181]。そして、司法裁判所は、一貫して、事案の全ての状況の検討を要求してきた[182]。

最後に、原判決のように行為の形式に基づいて事案の全ての状況の検討を要しないカテゴリを設けるべきではない理由として、以下の諸点も指摘される[183]。(i)行為の形式に基づいて違法性を仮定してしまうと、反証がで

---

175) Id. paras. 84, 70.
176) Id. para. 75.
177) Id. para. 64.
178) 特に、id. paras. 66, 75, 83 参照。
179) Id. paras. 68, 70.
180) Id. paras. 70, 75. 法務官は、原判決と同様に Roche 判決の判示が文字どおり (Verbatim) 事案の状況を検討することなく適用された稀なケースとして、Case C-62/86, *AKZO v. Commission*, EU：C：1991：286；Case C-393/92, *Almelo*, EU：C：1994：171 を挙げつつ、両事件の特殊事情を指摘する。
181) Wahl, supra note 166, para.67.
182) Id. paras. 68, 83.

きなくなってしまう、(ii)忠誠リベートは常に有害とは限らない、(iii)忠誠リベートの効果は文脈に依存する、(iv)忠誠リベートと関連性のある慣行については、全ての状況の検討が要求されてきた。法務官は、(iv)に関し、価格慣行やマージンスクイーズの先例では事案の全ての状況の検討が要求されてきたことを指摘しつつ、「忠誠リベートは、マージンスクイーズや略奪的価格設定と共通の特徴を有する、『価格に基づく排除』を構成するということである」と述べている[184)][185)]。

(2) 立証が必要な反競争効果の程度[186)]

「濫用」を認定する際に必要となる反競争効果の水準につき、Wahl 法務官は、次のように述べる。

まず、推定的に違法な行為に関しては、問題の行為が競争を制限し得ることを立証すれば十分であり、現実の効果に関する証拠が提出される必要はない[187)]。なお、裁判所が用いてきた用語には曖昧さも見られ、競争を制限する「能力（capability）」という語と「おそれ（likelihood）」という語が（時として互換的に）使われてきたが、法務官によると、これらの用語は、分析に際しては、いずれも同じことを求めるものである[188)]。

競争を制限する「能力（capability）」ないしその「おそれ」があると言うためには、単に仮定的なものや理論的に起こりうるものでは足りないし、あるいは、排除効果がないよりはありそうだ（more likely than that）というだけでも足りない[189)]。

---

183) Id. paras. 85-105.
184) Id. paras. 101-102. 「価格に基づく排除」に関し、欧州委員会の 2005 年のディスカッションペーパーや、OECD 報告書を参照している。
185) なお、Wahl, supra note 166, paras. 104-105 は、PD II判決が、法務官意見の立場を支持する可能性もあればその反対の可能性もあることの双方を指摘している。
186) See Wahl, supra note 166, §ⅤB2.b）ⅰ）(paras. 112-121).
187) Id. para. 114.
188) See id. para. 115.
189) Id. paras. 114, 117. なお、PD II事件において、Kokott 法務官は、排除効果の存在が"more likely than not"であることで十分であると主張していた（Kokott, supra note 132, para. 82）。ただし、PD II判決は、Kokott 法務官意見の当該部分を少なくとも明示的には採用していない。

競争制限能力に関する評価の目的は、「問題の行為が、ほとんど確実に（in all likelihood）、反競争的な閉鎖効果を有するかどうかを、確かめることである。そのため、そのおそれ（likelihood）は、一定の行為が競争を制限するかもしれない（may）という単なる可能性（possibility）よりも相当に大きなものでなければならない」[190]。「過剰包摂を避けるためには、推定的に違法な行為の［競争制限］能力（capability）に関する評価は、全ての状況を考慮して、問題の行為が単に市場への両面的な（ambivalent）効果を有するだけ、あるいは、競争促進的な成果に必要な付随的な制限効果を引き起こすことを確かめるだけでは足りず、その推定される制限効果が実際に確証される（confirmed）ことを確かめようとするものとして理解されなければならない。そのような確証（confirmation）がない場合には、完全な分析（a fully-fledged analysis）が行われなければならない。したがって、本件で生じる問題は、［競争制限］能力に関するGCの評価が、上訴人が102条に反して支配的地位を濫用したことを確証することを可能にするという理由で、決定的である（conclusive）かどうかである……。」[191]

　なお、法務官は、別の箇所で、原判決は、「ある事業者が避けることのできない事業者であるという事実が、少なくとも、そのような事業者によって提供される『排他条件付きリベート』ないし資金提供が競争を制限し得るということを示している」とするが、上記のように、全ての状況に関する評価は問題の行為が「ほとんど確実に（in all likelihood）」反競争効果を有することを確かめようとするものであることから、そのような原判決の結論は適切でないと述べている[192]。

---

190) Wahl, supra note 166, para. 117. なお、法務官意見は、引き続き、支配的事業者の「特別の責任」によって閾値が下げられるべきではなく、仮にそのようなことになれば、「……実際には競争促進的であるかもしれない数多くの慣行を捕捉することとなり、そのようなアプローチによる誤りのコストは、過剰包摂のために容認できないほど大きくなるだろう」と述べる（paras. 118-119）。
191) Id. paras. 120-121.
192) Id. paras. 144-145. 後掲注198）も参照。

(3) 「事案の全ての状況」を検討する際に検討が必要となる考慮要素[193]
ア　原判決が予備的な分析において考慮した要素に関する法務官の見解

原判決が予備的に実施した事案の全ての状況に基づく競争制限能力の検討（上記1(3)ア参照）に関し、上訴人Intelは、原判決が依拠した要素は次の2つの点に帰着すると主張しつつ、それらの関連性を争っている。すなわち、①リベートが魅力的であったためにOEMらがIntelのリベートを考慮に入れたこと、②Intelが、重要な顧客らからAMDを排除するために、2つの補完的な違反行為（リベートとあからさまな制限）を用いたこと[194]。

①の点に関し、Wahl法務官はIntelの主張に同意し、「顧客らが購入決定をする際に低価格を考慮に入れることはまさに競争の本質」であり、「低価格が実際に考慮に入れられたという事実は、閉鎖効果を起こりうるもの（make possible）としうるものの、他方、その反対である可能性も排除しない」と述べる[195]。次に、②の点に関し、法務官は、競争者らを閉鎖するという単なる主観的意図だけで競争制限の能力を意味するわけではないこと、また、GCは検討の順序が逆であり（put the cart before the horse）、「GCは、違反が必要な法的水準に達して立証されたかどうかを判断するために全ての状況を評価するのでなく、問題の戦略が濫用的であるという仮定からその論拠を出発させている」として、原判決を批判する[196]。

法務官によると、いずれにせよ、問題は、「原判決の行った認定—Intelは避けることのできない取引相手であり、問題のリベート・資金提供が市場へのアクセスにとって特に戦略的に重要な事業者らを標的としていたという認定—が、Intelの責任を立証するのに法的に十分であるのか?」であり、この問題の答えは、「Intelによって決定的であると主張され、GCによって関連しないと考えられた状況［後記イ］が、Intelの行為の推定的な反競争性に疑いを投げかけるかどうか次第である」。

---

193) See id. § ⅤB2.b) ⅱ)-ⅲ) (paras. 122-172).
194) Id. paras. 122-123, 124, 127.
195) Id. paras. 124-126.
196) Id. paras. 127-128.

イ　Intel が検討の必要性を主張する他の考慮要素について

　Intel の主張によると、原判決は次の状況を考慮しなかった点で、誤りを犯した。(i)問題のリベート・資金提供の市場カバレッジが不十分であったこと、(ii)問題のリベートの存続期間（duration）が短かったこと、(iii)競争者の市場での成果と価格の低下、(iv)委員会によって実施された AEC テスト[197]。

　Wahl 法務官意見によると、事案の「全ての状況」の検討に際して、少なくとも、(i)の市場カバレッジと(ii)の存続期間は考慮に入れなければならない（法務官は、さらに、両要素に関する原判決の予備的評価（上記 1 (3)イ）も批判する）[198]。(iv)の AEC テストについては、*Post Danmark II* 判決や *Tomra* 判決を踏まえると必要ではないと結論付けたくなりうるが、他方、本件では、①委員会が実際に AEC 分析を実施していたこと、②さらに、より根本的な問題として、GC が評価した他の事情によっては競争に対する効果の認定を明白に（unequivocally）裏付けることはできないことから、本件では、問題の行為が反競争的な閉鎖効果を有し得るかどうかを確かめる際にAEC テストを無視することはできない[199]。これに対して、(iii)の競争者の市場での成果と価格の低下に関しては、「問題の行為が競争を制限し得るかどうかを確かめる際には決定的ではなく（inconclusive）」、「推定的に違法

---

197)　Id. para. 132.
198)　Id. paras. 137-157, 172. 法務官は、市場カバレッジに関連して、次のように述べている。「確かに、［市場カバレッジに関して］閾値を設けることは、……問題であるかもしれない。例えば、忠誠リベートが、……競争者らにとって特に重要な顧客らを標的としている場合、市場カバレッジがわずか（modest）であっても反競争的閉鎖を引き起こしうる（can）。それが当てはまるかどうかはその他の数多くの要素次第である。その観点からすると、14％という市場カバレッジは、反競争効果を有するかもしれないし、有しないかもしれない。しかしながら、確かなことは、そのような市場カバレッジでは、問題のリベートが反競争的閉鎖効果を有しない可能性を排除できない。このことは、問題のリベート・資金提供がキーとなる顧客らを標的としていることを前提としても当てはまる。端的に言うと、14％では決定的ではない（inconclusive）」（paras. 142-143）。さらに、「この inconclusiveness は、上訴人がCPU 市場において避けることのできない取引相手であったという事実に原判決が依拠したことによっては、救済されない」（para. 144. なお、この段に続く paras. 145-146 につき、前掲注 192）に対応する本文参照）。

なリベートスキームが競争を制限し得るかどうかを判断する際には役に立たない」[200]。

(4) まとめ

法務官によると、以上から、原判決は次の2つの点で法的瑕疵を犯した。第一に、「排他条件付きリベート」が、102条に反する支配的地位の濫用に当たることを立証する際に事案の全ての状況の検討を全く必要としない別個かつ独自のカテゴリのリベートを構成すると判断したこと。第二に、[競争制限] 能力に関する予備的評価に際して、事案の全ての状況を基礎とし

また、法務官は、存続期間に関し、次のように述べている。「確かに、取り極めの存続期間が短いことによって、当該取り極めが反競争効果を有し得ることが排除されるわけではないが、同様に、期間の全体が抽象的に短いか長いかという問題も、関連しない。……第一に、排他的取引の場合と異なり、[リベートの場合には] 供給業者を乗り換える際にペナルティは存在しない。このことは、[顧客が] 失うリベートについて競争者が少なくともマッチできる場合には当てはまる。しかしながら、競争者が損失を出すことなく問題の商品を販売することができない場合には、顧客は、事実上、支配的事業者に拘束される。……本件のように存続期間に関する事後の（ex post）分析においては、他の供給業者がリベートのロスを補償し得たかどうかを判断する必要がある。仮に他の供給業者がリベートのロスを補償し得なかった場合には、支配的事業者の下にとどまるという顧客らの選択は、それらの顧客らが [ペナルティによる] 制約を受けることなく支配的事業者との間の協定から離脱しえたという事実にかかわらず、濫用の存在を示すものと考えられるだろう。明らかに、単に顧客が支配的事業者の下にとどまることを選択していたことのみを根拠として、その選択が濫用行為の表出であると考えることはできない。なぜなら、顧客のそのような選択には、他のもっともらしい説明もありうるからである。他のもっともらしい説明は、品質の懸念、供給の安全性、末端の利用者の選好を含む。第二に、取り極めの存続期間の全体が長いことは、確かに、個々の顧客のレベルでは、当該リベートの忠誠心誘引的な効果を示唆しうる。しかしながら、その効果に関するさらなる説得的な証拠が提出されない限り、ある顧客が支配的事業者の下にとどまることを決断したという事実では、当該リベートが競争を制限し得ることを必要な水準に達して証明するのに十分ではない。したがって、原判決において行われた存続期間に関する評価は、問題の取り極めの存続期間の全体に関する検討に限定されていたので、決定的ではない（inconclusive）。」(Id. paras. 153-157)

199) Id. paras. 161-172.
200) Id. para. 160. なお、法務官は、（推定的に違法な場合でなく）、競争に対する現実的又は潜在的な効果に関する詳細な評価を行う場合には、これらの要素が関係しうることを示唆している。

て、Intel の提供したリベート・資金提供がほとんど確実に（in all likelihood）反競争効果を有したことを認定しなかったこと[201][202]。

4　Intel 事件司法裁判所判決[203]

事案の概要は、既に紹介したとおりである。以下、リベートに関連する本判決の判示を紹介する[204]。

(1)　リベートに関する Intel の主張[205]

リベートに関し、Intel は、GC 判決における次のような法的瑕疵を主張する。

第一に、GC の主位的評価（上記 1 (1)）に関し、GC は、本件の事案の全ての状況を検討することなく、かつ、問題の行為が競争を制限するおそれのあることを評価することなく、問題の行為が 102 条の意味で支配的地位の濫用に当たるとした点で、誤りを犯した。

---

201)　Id. para. 173.
202)　なお、Wahl 法務官意見の総論部分に関し、法務官は、102 条規制そのものにかかる全般的な判断構造として、「二段階」アプローチを考えていたものと見られている。すなわち、第一に、彼の言う「推定的に違法な」行為については、当該行為が競争を制限する「能力（capability）」を有するかどうかを判断することになる。これに対して、第二に、「推定的に違法ではない」場合あるいは第一段階での競争制限「能力」を確証（confirm）できない場合には、競争制限効果にかかる「完全な分析（a fully-fledged analysis）」が行われなければならない。忠誠リベートに関しては、「推定的に違法な」類型ということで、第一段階の判断が重要な問題となるが、「推定的に違法」といっても、事案の「全ての状況」に基づいて、「ほとんど確実に（in all likelihood）」問題のリベートが競争を制限し得ることを認定する必要があり、競争制限のおそれが「ないよりはありそうだ（more likely than that）」という程度では足りない。See Geradin, supra note 166, at 10；Colomo, supra note 166, paras. 15-17. なお、法務官意見自身が 101 条の目的による制限との類似性を指摘していたが（前掲注 173)）、Colomo, para. 15 や Petit, supra note 166, at 1 も、法務官意見の 102 条にかかる全般的なアプローチについて、101 条における「目的による制限」と「効果による制限」との類似性を指摘していた。
203)　Case C-413/14P, Intel v. Commission, EU：C：2017：632.
204)　なお、Intel 側は域外適用の部分についても上訴していたが、本判決は、域外適用については原判決の判断を是認した。本判決において破棄差戻しの対象となったのは、リベートに関連する部分のみである。
205)　Intel（ECJ), paras. 108-120, 129-132.

第二に、GC の予備的評価（上記 1(2)）に関し、Intel は、Dell, HP, NEC, Lenovo, MSH に対して供与されたリベート及び資金提供が本件の状況において競争を制限する能力に関して、完全性のために行われた GC の［予備的］分析を批判する。その文脈において、Intel は、本件において委員会によって適用された AEC テストの関連性に関する GC の評価を争っている。Intel の主張によると、［本件では］委員会が AEC テストを適用したので、GC は、Intel の主張すなわち、委員会による同テストの適用に欠陥があり、同テストが正しく適用されたならば委員会が到達したのと反対の結論、すなわち、問題のリベートは競争を制限し得ないという結論に達しただろうという主張を、検討するべきだった[206]。

(2) リベートに関する司法裁判所の判断
　ア　102 条、とりわけ価格行為に関する一般論[207]

　「ある事業者がその事業者自身の能率に基づいて市場での支配的地位を獲得することを妨げることは、102 条の目的では全くないことに留意しなければならない。また、102 条は、支配的地位をもつ事業者よりも効率性の劣る競争者らが市場に残存することを確実にしようとするものでもない（特に、*Post Danmark* Ⅰ, para. 21 及びそこで引用されている判例[208]参照）。

---

206)　Id. paras. 131-132. なお、id. para. 119 によると、AEC テストに関する Intel の主張は、「本件の問題は、委員会が AEC テストを実施することを要求されていたかどうかではない。［本件では］委員会が AEC テストを実施していたので、［同テストに関して］適切に評価された結果は、競争を制限するおそれのあることの立証に関連する事案の全ての状況の中で、考慮されるべきだった」というものであった。その文脈で、Intel は、委員会が実施した AEC テストに関する検討は、欧州人権条約（1950 年 11 月 4 日ローマ）の遵守のために GC が果さなければならない審査の一部であると主張していた。（以上の点については、後掲注 225）も参照。）

　なお、id. paras114-118 によると、Intel 側は、GC の予備的評価との関係で、AEC テスト以外にも、①問題の行為の市場カバレッジ（14％）の不十分さ、②存続期間の短さ、③AMD は設備上の制約に直面していたので問題の行為は閉鎖効果をもたない、④価格下落、を主張していたようである。もっとも、後記のように、司法裁判所は、（一般論部分での若干の言及を除き）、①〜④の点に関する Intel の主張に対してほぼ応答していない。後記 5(3)イも参照。

207)　Id. paras. 133-136.
208)　筆者注：Case C-52/09 *TeliaSonera Sverige*［2011］ECR Ⅰ-527, para. 24.

したがって、全ての排除効果が必然的に競争にとって有害 (detrimental) というわけではない。能率に基づく競争は、定義上、効率性が劣り、とりわけ価格、選択肢、品質又は技術革新の観点から消費者にとって魅力の劣る競争者らの市場からの退出又は周辺化をもたらしうる（特に、*Post Danmark* Ⅰ, para. 22 及びそこで引用されている判例[209]参照）。

　しかしながら、支配的事業者は、自身の行為によって、域内市場における真の歪められていない競争を阻害してはならないという特別の責任を有する（特に、*Michelin* Ⅰ, para. 57、及び、*Post Danmark* Ⅰ, para. 23 とそこで引用されている判例[210]参照）。

　それが、102条が、とりわけ、支配的事業者自身と同等に効率的と考えられる競争者に対する排除効果を有する価格慣行を採用し、能率に基づく競争に属する方法以外の方法を利用することによって支配的地位を強化することを禁止している理由である。したがって、その観点から、価格を手段とする全ての競争が正当であるとは考えられない（この趣旨につき、*Post Danmark* Ⅰ, para. 25 参照）。」

イ　リベートに関する一般論[211]

　「その点に関し、司法裁判所は、既に、次のように判示してきた。市場において支配的地位にある事業者が、必要量の全て又は大部分を当該支配的事業者から排他的に入手するという義務や約束によって購入者らを拘束することは、たとえそれが購入者らの要望によるものであったとしても、102条の意味で支配的地位を濫用するものである。それは、その義務が、追加的な条件なく定められているか、又は、リベート供与を原因として約束されているかを問わない。問題の事業者が、正式な義務によって購入者らを拘束するのではなく、購入者らとの間で締結した協定の条件の下で、又は一方的に、忠誠リベートというシステム、すなわち、その購入数量の多寡にかかわらず、顧客が必要量の全て又は大部分を当該支配的事業者から入

---

209)　筆者注：*TeliaSonera*, para. 43.
210)　筆者注：Case C-202/07 P *France Télécom v. Commission* [2009] ECR Ⅰ-2369, para. 105.
211)　*Intel*（ECJ）, paras. 137-141.

手することを条件とする値引きシステムを適用する場合も、同様である（*Hoffmann-La Roche* 判決参照）。

　しかしながら、前記判例法は、行政手続の間に、当該支配的事業者が、根拠となる証拠（supporting evidence）に基づいて、当該事業者の行為が競争を制限し得ることがなく、とりわけ、主張されている閉鎖効果を引き起こし得ることがないと主張するケースでは、さらに明確化されなければならない（must be further clarified）。

　そのようなケースにおいては、委員会は、第一に、関連市場における当該事業者の支配的地位の程度、第二に、争われている行為によってカバーされる市場のシェア、問題のリベートの供与にかかる条件と取り決め、その存続期間、その額を分析することを要求されるだけではない。当該支配的事業者と少なくとも同等に効率的な競争者らを市場から排除することを意図する（aiming）戦略のありうる存在を評価することも要求される。（アナロジーとして、*Post Danmark* I, para. 29 参照）

　閉鎖能力に関する分析は、102 条の禁止の範囲に原則として含まれるリベートシステムが、客観的に正当化されうるかどうかを評価する際にも関連する。競争にとって不利益なそのようなリベートシステムから生じる排除効果が、消費者にも便益を与える効率性の観点での利益によって釣り合いが取れ、又は後者が上回るかどうかが判断されなければならない（*British Airways*, para. 86）。問題の慣行の競争に対する望ましい効果と望ましくない効果のバランスを図ることは、委員会の決定においては、当該慣行が当該支配的事業者と少なくとも同等に効率的である競争者らを閉鎖する内在的な能力を有することに関する分析が行われた後にのみ、行われうる。

　仮に、リベートスキームを濫用的と認定した決定において、委員会がそのような分析を実施する場合には、GC は、問題のリベートの閉鎖能力に関する委員会の認定の妥当性に疑問を呼び起こそうとする申立人の主張の全てを検討しなければならない。」

　　ウ　本件について[212]
「本件では、委員会は、問題のリベートがまさにその性質によって競争を制限し得ることを理由に、支配的地位の濫用を認定するために事案の全て

の状況に関する分析が必要ではないこと、とりわけ AEC テストが必要ではないことを強調していた一方で、それにもかかわらず、事案の全ての状況に関する詳細な検討を実施し、原決定 1002 段から 1576 段において AEC テストに関する非常に詳細な分析を行い、その分析によって、原決定 1574 段と 1575 段において、同等に効率的な競争者であっても生存可能ではない価格のオファーをしなければならず、それゆえ、問題のリベートスキームがそのような競争者に対する閉鎖効果を有し得ると結論付けていた。

　原決定において、AEC テストは、問題のリベートが同等に効率的な競争者らに対する閉鎖効果を有し得るかどうかに関する委員会の評価において、重要な役割を果たしていた。

　そのような状況においては、GC は、AEC テストに関する Intel の主張の全てを検討することを要求される。

　しかしながら、原判決の第 151 段と第 166 段において、GC は、委員会が適用可能なルールに従って誤りを犯すことなく AEC テストを実施したかどうかを検討する必要はないと判示し、また、Intel によって提案された代替的な計算が正確に実施されたかどうかという問題を検討する必要はないと判示した。

　完全性のために行われていた事案の状況の検討（筆者注：上記 1(3) の予備的評価）において、GC は、原判決 172 段から 175 段において、委員会によって実施された AEC テストに全く重要性を置かず、同テストに関する Intel の批判について何も述べなかった。

　したがって、……GC は、問題のリベートが競争を制限し得るかどうかの分析において、AEC テストにおいて委員会の犯した誤りを明らかにしようとする Intel の一連の主張を検討しないという誤りを犯したので、GC 判決は取り消されなければならない。」

　エ　GC への差戻し[213]

　「Intel によって提出された主張の観点からの、問題のリベートが競争を制限し得るかどうかに関する GC による審理は、事実に関する証拠と経済

---

212)　Id. paras. 142-147.
213)　Id. paras. 148-150.

的な証拠の検討にかかわり、GC が、その検討を実施することとなる。
したがって、本件は、GC に差し戻されなければならない。」

5 *Intel* 事件司法裁判所判決の意義と今後の展望

　本判決は、いくつかの点でリベートに関する従前の判例法から大きく踏み出す重要な意義のある判決である。もっとも、本判決には慎重な判示が多く、本判決が明瞭に述べていることは、それほど多くはない。

　以下、(1)～(3)において、本判決に関するいくつかの重要な点を順に考察し、最後に、(4)において、本件を小括するとともに、今後の展望を示すこととする。

(1)　(価格行為に関する) 一般基準としての同等効率性基準

　本判決の重要な判示の1つは、忠誠リベートという行為が (少なくとも出発点としては) 価格行為の一種であることを前提としつつ[214]、同等効率性基準に明示的に依拠したことであろう[215]。(なお、本判決が、(価格に関する)

---

214) 第2章第2節第1款2(2)ア-2 で紹介したように、*Hoffmann-La Roche* 判決は、排他的な条件と結びつけてインセンティブを供与すること自体を問題視していた。
215) なお、ECJ が、同等効率性基準の視点の下で評価される行為類型を価格型濫用行為に限定しているのかどうかは、必ずしも明らかでないように思われる。本判決第134段 (上記4(2)ア第二段落) は、単に、「能率に基づく競争」が効率性の劣る競争者の退出をもたらしうることを指摘しているだけであるし、あるいは、本判決第136段前段 (上記4(2)ア第四段落前段) の「……同等に効率的と考えられる競争者に対する排除効果を有する価格慣行を採用し……」というくだりにつき、本件の使用言語英語版の判決文では、上記拙訳のとおり "pricing practices" と明記されているが、欧州裁判所の作業原語フランス語版の判決文では、単に「慣行 (pratiques)」としか記載されておらず、「価格」という修飾語は入っていない (ただし、フランス語版の判決文で「価格」という修飾語が入っていないのは、本判決の引用元である *Post Danmark* I 判決も同様であり、本判決は、単に *Post Danmark* I 判決の判示をそのまま引用しただけのように思われる)。
　とはいうものの、本判決第136段後段 (上記4(2)ア第四段落後段) では、「価格を手段とする競争」と明記されていること、また、そもそも、本判決が大いに参照した *Post Danmark* I 判決は価格に関する事案であり、したがって、本件に関しても (少なくとも出発点としては) 価格に関する事案として捉えていることが窺われることを踏まえると、同等効率性基準に関する本判決の判示の理解としては、価格慣行に関する判示として理解しておくのが相当であろう。

排除行為にかかる一般基準としての同等効率性基準と、それを識別するためのテスト（の1つ）としての AEC テスト（委員会が原決定において実施したテスト）とを、概念上区別しているようであることには、注意を要する（後記(3)アも参照）[216]。）

本判決は、102条に関する一般論部分において、能率競争によって効率性の劣る競争者らの市場からの退出がもたらされうることを認識しつつ、102条は、とりわけ、「支配的事業者自身と同等に効率的と考えられる競争者に対する排除効果を有する価格慣行を採用し、能率に基づく競争に属する方法以外の方法を利用することによって支配的地位を強化することを禁止」すると述べている。それを受けて、忠誠リベートの事案においても、（支配的事業者の側から、根拠となる証拠に基づいて閉鎖効果の有無を争われた場合には、）「支配的事業者と少なくとも同等に効率的な競争者らを市場から排除することを意図する戦略」の存在を評価することを要求している。

以上の文脈で、本判決が、一貫して、本判決と同じく大法廷判決である *Post Danmark Ⅰ判決*[217]を参照していることも重要である。*Post Danmark Ⅰ判決*そのものは、直接的には、（売手段階での）差別対価が問題となった事例である。そして、本件の GC 判決は、排他的な条件が問題となっている本件との間では、事案が異なるとしていた。しかしながら、司法裁判所判決は、忠誠リベートについても、価格慣行の一種という括りでは *Post Danmark Ⅰ判決*との間で共通するという立場をとったということになろう。

(2) リベートについての判断枠組みと考慮要素（一般論）
ア　忠誠リベートの「濫用」該当性にかかる判断枠組み

本判決のもう1つの重要な点は、*Hoffmann‒La Roche* 判決の射程を限定したことである。

---

216)　後掲注227) も参照。なお、そもそも、本判決においては、リベートに関係する部分では、「費用」という語自体が一度も出てこない。本判決の判決文中において「費用」という語が出てくるのは、訴訟費用の負担の問題について言及した箇所のみである。

217)　Case C-209/10 *Post Danmark A/S v. Konkurrenceradet*（*Post Danmark Ⅰ*), EU：C：2012：172. 宍戸聖「EU 競争法における差別的廉売行為の規制――Post Danmark Ⅰ事件欧州裁判所判決」公正取引802号80頁（2017年）参照。

従前、伝統的判例法理の下では、「必要量の全て又は大部分」の購入を条件として供与される「排他条件付きリベート」ないし「*Hoffmann-La Roche* 判決の意味での忠誠リベート」については、支配的事業者によって実施される場合、具体的な事案の状況の検討を必要とすることなく「濫用」に当たると、一般に認識されてきた（本件の原決定や原判決も参照）。

　本判決は、*Hoffmann-La Roche* 判決の枠組みに言及こそしたものの、事業者側から根拠となる証拠に基づいて問題の行為が閉鎖効果を引き起こし得ることがないと主張されている場合には、委員会は、いくつかの要素を考慮して当該行為の競争制限能力の有無を検討する必要があることを明らかにした。伝統的判例法理に関する上記従前の理解からすると、本判決が、閉鎖効果の有無に関して反論を出せることを明示的に認め、その場合、委員会は事案の状況を考慮して閉鎖効果の有無を検討しなければならないとしたことは、非常に重要な判断である[218]。

　ただし、本判決からは、はっきりしない点もある。

---

[218]　従前は、(狭義の) 忠誠リベート、第三のカテゴリのリベートを問わず、拘束的な効果（忠誠心誘引的・構築的な効果）が認められる場合、閉鎖効果の部分に対して事業者側から反論を出すことは認められていないと考えられていたように思われる（第2章第2節参照）。

　なお、本判決が *Hoffmann-La Roche* 判決の枠組みを法的にどのように位置付けているのかは、必ずしも判然としない。Wahl 法務官意見は「違法性推定」という用語を使っていたが（ただし、上記3で述べたように、Wahl 法務官自身、「推定」という語をそれほど強い意味では使っていないようであった）、本判決は、そのような用語は使っていない。本判決は、被審人側から「根拠となる証拠」が提出されなければ、*Hoffmann-La Roche* 判決の枠組みがそのまま適用されることを前提としているようではあるので、少なくともその限度では、同判決の枠組みは否定されていないとも言えるが、実際問題として、被審人側から「根拠となる証拠」が提出されないということは、考えづらいようにも思われる。以下の本文で述べるように、「根拠となる証拠」の意義も問題となりうる。

　なお、本判決の中に、リベートに関するこれまでの先例への言及や参照そのものが非常に少ないことも、注意を引く（ただし、法務官が指摘していたように、先例の多くは「第三のカテゴリのリベート」のケースではあったが。）。本判決においてリベートの先例への参照が見られるのは、*Hoffmann-La Roche* 判決の判示への言及が1回、特別の責任論の文脈での *Michelin I* 判決への参照が1回、客観的正当化の文脈での *British Airways* 判決への参照が1回のみである。

第一に、事業者側が提出する必要のある「根拠となる証拠（supporting evidence）」として、どの程度の水準の証拠が要求されるのか、判然としない。

　第二に、102 条違反を認定する際に必要となる競争制限効果の水準について、本判決は、少なくとも用語の上では、従前どおり、問題の行為に競争制限の「能力（capability）」があれば足りることを前提としている。もっとも、競争制限「能力（capability）」の内容については、明らかにされていない。Wahl 法務官意見は、同じ用語の下で、競争制限効果に関するハードルを引き上げていたようであった（上記3(2)）。しかし、本判決は、法務官意見のように踏み込んだことは述べていない。おそらく何らかの蓋然性で足りるということではあろうが、本判決からは、それ以上のことは読み取り難い[219]。

イ　忠誠リベートの「濫用」該当性を判断する際の一般的考慮要素

　本判決は、忠誠リベートが閉鎖効果を有し得るかどうかを判断する際に検討することが求められる一般的考慮要素として、次の要素を挙げている。①関連市場における当該事業者の支配的地位の程度、②問題の行為によってカバーされる市場のシェア（以下、「閉鎖シェア」という。）、③問題のリベートの供与にかかる条件と取り極め、④その存続期間、⑤その額。さらに、⑥当該支配的事業者と少なくとも同等に効率的な競争者らを市場から排除することを意図する（aiming）戦略のありうる存在[220]。

　これらの要素のうち、本判決が⑥の要素を要求したことの意義については上述したとおりであるが（上記(1)）、その他に、②の要素に関しても、本件原判決の言う「第三のカテゴリのリベート」に関する裁判例においてさえ、②の要素に関する検討の必要性は否定されていると解されていた[221]。

---

[219]　後記(3)イの点を考慮すると、法務官意見で示唆された水準の競争制限効果は要求していないように思われる。

[220]　なお、本判決が、①～⑤「だけではなく」、⑥「も」検討しなければならないとしているのは、本件では、①～⑤については GC 判決の予備的評価において検討されていたという含意もあるように思われる。

[221]　理解が分かれる余地はあるが Tomra 上訴審判決、さらに、Post Danmark II 判決参照。

本判決が、一般論として、②の要素に関する検討を明示的に要求したことは、本判決の重要な判断の 1 つと言える[222]（なお、後記(3)イの点に注意。）。

(3) **本件についての具体的検討部分**

本判決で第三に興味深いのは、本件に関する具体的な検討に入った 142 段以降における本判決の検討が、ほぼ、GC における AEC テストの検討の要否に関する検討のみであったことである。本判決が GC 判決を破棄した理由は、GC 判決が、予備的評価においてさえ、AEC テストにかかる Intel の主張に関する評価を全く実施していなかったこと（上記1(1)イ(エ)、1(3)参照）であった。本判決は、本件に関する具体的検討部分では、AEC テスト以外の要素に関する具体的な言及を行っていない。

ア　**本判決が GC に対して AEC テストの評価を要求した根拠**

(ア)　AEC テストに関する本判決の判示と残された課題

本判決が、GC が AEC テストに関する Intel の主張を全く検討していなかったことをもって、GC 判決の破棄理由とした理由も、それほど明瞭ではない[223]。

この点に関し、本判決は、「原決定において、AEC テストは、問題のリベートが同等に効率的な競争者らに対する閉鎖効果を有し得るかどうかに関する委員会の評価において、重要な役割を果たしていた」と述べている。しかしながら、より本質的な問題は、「委員会の評価において、重要な役割を果たしていた」ことが、なぜ、GC が AEC テストの評価をしなければならないことを意味するのか、その理由である。本判決は、その理由を明示

---

[222]　なお、本判決が考慮要素として明示したその他の要素のうち、①「関連市場における当該事業者の支配的地位の程度」、③「リベートの供与にかかる条件」については、従前から必須の考慮要素であり（「第三のカテゴリのリベート」のケースはもとより、（狭義の）忠誠リベートのケースも、「必要量の全て又は大部分」の購入をリベート供与の条件としていることは前提である。）、④「リベートの存続期間」、⑤「リベートの額」については、「第三のカテゴリのリベート」の事案においては、これまでにも検討されたことはあった。

[223]　なお、上記(1)第一文括弧書きで指摘したように、本判決が、（価格に関する）排除行為にかかる一般基準としての同等効率性基準と、それを識別するためのテスト（の1つ）としての AEC テスト（委員会が原決定において実施したテスト）とを、概念上区別しているようであることには、注意を要する。

していない。

　本判決の整理によると、Intel 側は、GC による AEC テストの検討の要否を、実体法的観点ではなく、(行政) 手続法的観点から問題にしていたようである[224]。

　これに対して、Wahl 法務官意見は、本件で GC に対して AEC テストの評価を要求する理由として、委員会が同テストを実施していたことに加えて、「より根本的な問題として、GC が評価した他の事情によっては競争に対する効果の認定を明白に裏付けることはできない」ことにも言及していた (上記3(3)イ)。

　本判決が、AEC テストに関して原決定が 500 段以上を費やして「詳細な分析」を実施していたことを強調していたこと、並びに、(本判決の整理による) Intel の上記主張も踏まえると、本判決そのものの最低限の理解としては、手続法的な観点により重点があったと言うべきであるように思われる[225]。

　しかしながら、本判決の判示についてはそのように理解するとしても、重要な課題が残る。

　というのも、本判決は、Wahl 法務官が指摘していた上記「根本的な問題」について明示的には言及していない。上記のように、法務官意見は、(仮に手続法的観点から AEC テストの検討を要求されなかったとしても)、本件では、そもそも AEC テストの検討なくして、GC が評価した他の事情によって、同等効率的競争者に対する閉鎖効果を基礎付けることはできないことを指摘していた。しかし、本判決には、その点についての明示的な言及が見ら

---

[224]　前掲注 206)。要するに、①同等効率的競争者に対する閉鎖効果を認定するためには、委員会は AEC テストを実施しなければならず、かつ、その評価を誤ったのに、GC がそれについての検討を全くしなかったので法的瑕疵がある (実体法的観点) というロジックではなく、② (委員会が AEC テストを実施しなければならないかどうかにかかわらず)、委員会が AEC テストを実施した以上、欧州人権条約等に照らして GC はその検討を行う必要であったのに、GC はその検討を全くしなかったので、法的瑕疵がある (手続法的観点) ということである。

[225]　ただし、Wahl 法務官が示唆するように、本件において、委員会が実施した AEC テストの検討なくして「同等に効率的な競争者」に対する排除効果を認定し得たのかどうかという疑義は残ろう。

れない。本判決は、一般論としては、「同等に効率的な競争者に対する排除効果を有する価格慣行を採用する」ことを問題視しつつ、あくまで、「同等に効率的な競争者らを市場から排除することを意図する戦略」(傍点追加)の考慮を要求したのみであった[226]。本判決は、AEC テストないし価格費

---

[226] なお、本判決は、「同等に効率的な競争者らを市場から排除することを意図する戦略」の評価を要求した際、Post Danmark Ⅰ判決第 29 段を参照している。

ところで、Post Danmark Ⅰ判決は、その 1 つ前の段落である第 28 段から、本判決が参照した第 29 段にかけて、次のように述べていた。

(28)「支配的事業者によって行われた低価格方針の適法性を評価するために、当裁判所は、当該価格と当該支配的事業者の負担する一定のコストとの比較、及び、当該支配的事業者の戦略に基づく基準を用いてきた(*AKZO v Commission*, para. 74 ; *France Télécom v Commission*, para. 108)。」

(29)「Post Danmark が反競争的な戦略を追求していたかどうかに関しては、[デンマーク国内裁判所での] 手続における申立てが、Post Danmark が競争者らの主要顧客らを狙い撃ちにして低価格を提供するという方針によって当該競争者を市場から追い出すかもしれないという主張に基づいていたことは、当裁判所の面前にある証拠から明らかである。しかしながら、[欧州司法裁判所への] 付託を求める [デンマーク国内裁判所の] 決定から明らかなように、Post Danmark が競争者を意図的に追い出そうとしたことは、立証されていない。」(筆者注：*Post Danmark* Ⅰ事件は、排除の意図が立証されていないという前提で、デンマーク国内裁判所から欧州司法裁判所に付託されていた)。

本判決が、*Post Danmark* Ⅰ判決の第 28 段を参照せず、第 29 段を参照していたことは、興味深い。

というのも、本判決に先立つ *Post Danmark* Ⅱ判決においては、*Post Danmark* Ⅰ判決の前記第 28 段の方を参照して「同等効率的競争者テスト」の内容を述べつつ、同事件においてその必要性を否定していた (前掲注 152) と対応する本文参照)。

これに対して、本判決が、「同等に効率的な競争者らを市場から排除することを意図する戦略」という基準を導出する際、*Post Danmark* Ⅰ判決の第 28 段ではなく第 29 段を (アナロジーとして) 参照し、第 28 段の方でのみ言及されていた「価格と費用との比較」という要素を省いたことは、(本件はさておき) 忠誠リベートにかかる一般基準としては、「価格と費用との比較」という方法によらずに評価する余地を司法裁判所が依然として残していることを示唆しうるように思われる。(そもそも、*Post Danmark* Ⅰ判決の第 29 段は、基本的には同事件の独自の事情 (デンマーク裁判所において Post Danmark の「戦略」が立証されていなかった) を述べた部分であり (上述)、一般化して他の事件において参照するのにそれほど適している段落ではないし、むしろ、*AKZO* 判決などを引用している第 28 段の方が、一般的な基準として、他の事件においても参照しやすい段落である (実際に、*Post Danmark* Ⅱ判決は第 28 段の方を参照している)。それにもかかわらず、本判決がわざわざ第 29 段の方を参照したことは、おそらく、第 29 段の方をあえて参照先として選択したものと思われるし、結局、第 28 段の方を参照することによって「価格とコストとの比較」という基準に関する (実体法的な) 議論が生じること自体を避けるためだったのではないかとも推測される)。

用テストそのものの実体法的な位置付けについては、一般論としても、本件との関係においても、何かを明示的に述べることはしていない[227]。結局、司法裁判所が、忠誠リベートの文脈において、AECテストないし何らかの価格費用テストを、実体法的観点においてどのように位置付けているのかという問題については、曖昧さを残したまま終わってしまったように思われる[228]。

(イ) AECテスト・小括

上記のように本判決には判然としない点もあるものの、今後、欧州では、少なくとも欧州委員会摘発事例においては、委員会の審査の中でガイダンスに則った分析が行われるであろうし、少なくとも欧州委員会がその分析を行った場合には、(理由はさておき)一般裁判所もその評価を行う必要があるという判断が示されたことから、欧州においては、今後、忠誠リベートの反競争性評価に際して、AECテストが重要な位置を占めることとなろう[229]。

---

[227] 本判決は、同等効率性基準こそ採用しているものの、そのテストとして、(本件で実施されたタイプの)AECテストあるいは何らかの価格費用テストを一般論として必要条件として要求することまではしていない(前注も参照)。その意味で、少なくとも後者の限度では、(第三のカテゴリのリベートの事案であるが)Tomra 司法裁判所判決や Post Danmark II判決との抵触は回避されているとも言える。

[228] 欧州では、忠誠リベートのケースで「同等に効率的な競争者に対する」排除を立証する方法としては、これまでの議論では、基本的には、欧州委員会がガイダンスで表明したタイプのAECテストが想定されていたように思われる。もっとも、これまであまり議論されてこなかったが、委員会ガイダンスタイプのAECテストによらずに同等に効率的な競争者を排除する戦略の存在を立証する余地ないし方法が存在するのかどうかというのも、ひょっとすると、今後、問題になりうるのかもしれない。

例えば、事業者側からの反論は許すにしても、少なくとも支配的地位を有し、顧客らにとって「避けることのできない取引相手」であるような事業者が、市場の有意な範囲において、有意な期間、遡及的なリベートを実施しているような場合であれば、「同等に効率的な競争者らを市場から排除することを意図する戦略」の存在について、一応の推認は可能であるという立場も、あり得ないものではなかろう。

[229] なお、今後、仮に Post Danmark II事件のような先行裁定の事件が係属することがあれば、上述した問題に直面することはありうる。

イ　閉鎖シェアと存続期間

　上記のように、本判決は、一般論としては、閉鎖シェアと存続期間に関する検討を要求した。しかし、両要素に関し、本件の個別事情についての評価は行っていない。Intel 側は、AEC テスト以外の要素についても、本件の事実関係では競争制限効果を立証するのに不十分と主張していたし、Wahl 法務官も同様の意見を述べていた。しかしながら、本判決は、それらに対しては応答していない。

　結局、GC 判決の破棄理由となった AEC テスト以外の要素については、GC 判決の予備的評価において、実際に検討がなされていたことから、両要素に関する GC による検討内容の当否については、上訴審において審理の対象となる法律問題ではないという含意のように思われる[230]。

---

230)　実際に、Intel の行為の市場カバレッジが 14％であったとしても、支配的事業者 Intel が大きな顧客ベースを抱えており、かつ、前記「14％」も戦略的に重要な PC メーカーを標的としていたことを考慮すると、排除効果が生じる少なくとも蓋然性はあるであろうから、GC 判決の認定は必ずしも不合理な認定とは言えないであろう。なお、閉鎖シェアが「14％」であったという点は、「効果ベースのアプローチ」を支持する論者から批判されていた点の１つであり、本判決がその点について何も言及しなかったことについては、102 条における競争制限効果の内容や水準をどう理解するのかという問題と合わせて、議論の余地があろう。

　なお、存続期間について、原判決と法務官意見との間では、存続期間に関する評価の仕方について見解の相違があったように思われるが（上記１(3)イ、３(3)注 198）参照）、本判決は、それについて何も述べていない。

(4) 小括、並びに今後の展望

　以上のように、本判決は、忠誠リベートを広義で価格行為の一種と認識して同等効率性基準を採用した点、（狭義の）忠誠リベートについても、事実上、事案の状況に基づく評価を要求した点、（理由はさておき）GC に対して AEC テストに関する評価を要求した点において、従前の「形式ベースのアプローチ」から、「効果ベースのアプローチ」[231]の方向へと歩を進めた判決であると言える。とりわけ委員会が実施していた AEC テストに関しては、差戻審において、その評価がなされることとなり、大いに注目されるところである[232]。

　他方、上記のように、本判決は全般的に非常に慎重であり、明らかでない点も多い。本判決が、AEC テストないし価格費用テストの位置付けを明

---

231) なお、欧州における「効果ベースのアプローチ」は、経済学を重視するアプローチとは言われるが、実際には、一定の規範的な価値観の反映にすぎない部分も（全てではないにせよ）一定程度含んでいる点には、注意を要する。例えば、まさに本判決が行った価格行為における同等効率性基準の採用は、欧州の議論において、「効果ベースのアプローチ」における重要な要素の1つと考えられてきたようであるが、そもそも同等効率性基準自体が、経済学的に当然に導き出されるものではなく、むしろ市場秩序にかかる「規範的要請」（川濵昇「市場秩序法としての独禁法(3)」民商139巻6号1頁、16頁（2009年））に大きく由来するものである。

　経済学をある程度重視するアプローチをとる場合であっても、最終的にどのような立場を採用するべきかは、いくつかの立場の間での議論の余地がある問題である。例えば、米国反トラスト法の最近の議論が経済学を重視するアプローチであることに疑いの余地はないが、米国では、忠誠リベートに関して、そもそも欧州委員会ガイダンスの立場はほとんど支持されていない。米国では、忠誠リベートを評価する際に同等効率性基準に依拠することそのものを批判する立場も、経済学的な根拠をもって有力に主張されている（第5章参照）。

　確かに、欧州の伝統的判例法理の立場がやや極端であったことは否定しないが、他方、そもそも、欧州委員会ガイダンスを含め、欧州において「効果ベースアプローチ」と言われているアプローチそのものも、以上のように、経済学的に一義的に明白なものではない点には、留意する必要があろう。

　以上の観点においても、*Post Danmark* II事件における Kokott 法務官意見の言及（前掲注157)）は、示唆的であった。See also Frank P. Maier-Rigaud, *Article 82 Rebates: Four Common Fallacies*, 2 Eur. Competition J. (Special Issue) 85, 97-100 (2006).

232) 欧州における忠誠リベートをめぐる議論においては、これまでは、ガイダンスの基準の採否をめぐる議論が中心的であったが、今後は、ガイダンスの基準に基づく分析にかかる具体的な方法論をめぐる議論もより活発に行われることとなろう。

示しないまま、委員会の評価において重要な役割を果たしていたことを理由として、GC に対してその検討を命じたことなどは、(委員会と裁判所との間で基準が相違することは望ましくないという観点も含め)、競争政策に関して専門性を有する委員会の方針を尊重したようにも感じられる。

結局、本判決の判示は最小限のものにとどまっており、本判決は、102 条に関する一般的な指針をそれほど与えてはいない。とりわけ委員会ガイダンス公表後の事例もそれほど多くない現状、本判決において明らかにされなかったいくつかの点については、今後の事案や議論の蓄積を通じて明らかにされるべきものであろう[233)234)]。

---

233) 結局、欧州委員会ガイダンスに則った分析が行われた事案が少なく、ガイダンスの分析方法にかかる具体的な方法論に関する議論がそれほど成熟していない現状、本件で司法裁判所があまり断定的なことを言っていないのは、ある意味では当然とも言えよう。

234) なお、現在、係属中あるいは審査中の事件として、忠誠リベートに関して本件の差戻審、Qualcomm に対する件が、102 条事件として Google に対する件がある。

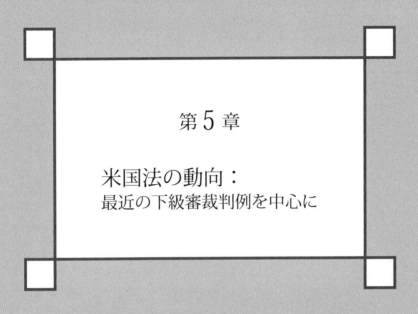

第 5 章

米国法の動向：
最近の下級審裁判例を中心に

司法省が2008年に公表したシャーマン法2条に関する報告書（以下、「2条報告書」という。）によると、米国では、単一製品リベート・バンドルリベート双方の事案を含め、忠誠リベート（値引き）に関する連邦最高裁判例は存在しないとされる[1]。もっとも、近時、下級審レベルでの判断は増加しており、単一製品忠誠リベートの事案については、値引き行為としての側面を尊重して規制に慎重な方向に収斂されつつある。

　以下、第1節で適用法条と要件を簡単に整理した後、第2節で裁判例の動向を、第3節で行政当局の考え方を紹介し、最後に、第4節において、米国での議論全般について理論的な検討を行う。既に述べたように、本書では、単一製品忠誠リベートの問題に焦点を絞り、バンドルリベートの問題とロビンソンパットマン法の下での買手段階の差別の問題[2]は取り上げない。

---

1)　U.S. DEP'T OF JUSTICE, COMPETITION AND MONOPOLY：SINGLE-FIRM CONDUCT UNDER SECTION 2 OF THE SHERMAN ACT 91, 108（2008）（Withdrawn on May 11, 2009）. なお、実際には、この種の慣行が最高裁に全く到達しなかったわけではなく、排他的取引や略奪的価格設定、価格差別などの文脈で問題となったことはあったと思われる（Cf. EINER ELHAUGE & DAMIEN GERADIN, GLOBAL COMPETITION LAW AND ECONOMICS, Ch.4D（2d ed. 2011））。要は、欧州の例と対照的に、忠誠リベートという行為を独立の問題類型とする認識が乏しく、忠誠リベート特有の問題点に対して通用する判例法理が形成されてこなかったという理解が正確であろう。

2)　占有率値引きがロビンソンパットマン法の下で争われた事案として、*Smith Wholesale Co. v. R. J. Reynolds Tobacco Co.*, 477 F.3d 854（6th Cir. 2007）や *Smith Wholesale Co. v. Philip Morris USA Inc.*, 219 Fed. Appx. 398（6th Cir. 2007）参照（いずれも適法）。

第 1 節
適用法条と要件

　本節では、米国の忠誠リベート事案でしばしば問題となる条項であるシャーマン法1条と2条（独占化、独占化の企図）、クレイトン法3条について、それらの一般的要件と、忠誠リベートの事案への適用に際しての問題点を確認する。なお、その他に、連邦取引委員会（FTC）の事例においてFTC法5条が問題になることもあるが、同条に関する説明は、FTCの事例を検討する後記第3節の冒頭で行う。

(1)　問題となる各条項の一般的要件

　シャーマン法1条の一般的要件は、①協定の存在、②協定が「不合理に」取引を制限することである。「不合理に」とは、協定の反競争効果が競争促進効果を上回る場合である[3]。シャーマン法2条のうち独占化の一般的要件は、①関連市場における独占力の保有、②製品の優越性、商才、又は過去の偶然の結果としての成長若しくは発展とは異なる方法で当該独占力を意図的に獲得又は維持したことである[4]。同条のうち独占化の企図の一般的要件は、①略奪的又は反競争的な行為、②独占化する特定の意図、③独占力を達成する危険な蓋然性、である[5]。なお、独占力とは、「価格を支配し、又は、競争を排除する力」である[6]。EUの支配的地位よりも高度な力

---

3) See ELHAUGE & GERADIN, supra note 1, at 73-74.

4) *United States v. Grinnell Corp.*, 384 U.S. 563, 570-571（1966）. なお、シャーマン法2条は行為主体の要件として独占力の保有を要求しているが、当該独占力は、問題の行為を通じて獲得された場合でもよく、独占力を新たに獲得する場合も規制対象に含まれる。これに対し、前章までで検討した欧州の102条規制では、支配的地位「の」濫用という文言が示すように、文言上、行為時点で支配的地位を保有していることを要求しており、支配的地位を新たに獲得する行為がカバーされていない。See ELHAUGE & GERADIN, supra note 1, at 272. 川濵昇「独占禁止法二条五項（私的独占）の再検討」『京都大学法学部創立百周年記念論文集第3巻・民事法』332-333, 343頁（1999年）参照。

5) *Spectrum Sports v. McQuillan*, 506 U.S. 447, 456（1993）.

と理解されており、独占力を認定するには少なくとも市場シェア50％は必要とされる[7]。クレイトン法3条の一般的要件は、要約すると、①買手が競争者と取引しないことを条件として、商品を販売し又は値引きやリベートを与える等すること、②その効果が、競争を実質的に減殺しうることである。

(2) どの要件の問題か？

以上の各条項によって行為形式の要件に相違はあるが[8]、忠誠リベートに関する最近の裁判例では、（シャーマン法1条やクレイトン法3条が問題となる場合であっても）行為形式に関する要件の部分で争われることはほとんどなく、専ら反競争性に関する要件が問題となってきた。

すなわち、第1章で述べたように、忠誠リベートの条件性の問題は、我

---

6) *United States v. E.I. du Pont de Nemours & Co.*, 351 U.S. 377, 391 (1956).

7) See ELHAUGE & GERADIN, supra note 1, at 271, 284-285.

8) 本注で行為形式に関する要件の異同を整理しておく。

第一に、シャーマン法1条とクレイトン法3条は何らかの協定や契約等を必要としているが、シャーマン法2条にはそのような限定はなく、被告が一方的に条件を設定した場合にも2条は適用されうる。

第二に、「協定」要件につき、シャーマン法1条の場合には「協定」である限り特に限定はないのに対して、クレイトン法3条の場合には、いくつかの限定がある。第一に、「賃借人や買手（leesee or purchaser）」に対する排他条件に限定されているので、需要者の側に排他条件が課せられる全量購入型の協定のみを対象とし、供給者の側に排他条件が課せられる全量供給型の協定は対象とならない。また、排他的な条件の対象が「商品（commodities）」に限定されているので、サービスの排他条件には適用されない。See XI PHILLIP E. AREEDA & HERBERT HOVENKAMP, ANTITRUST LAW: AN ANALYSIS OF ANTITRUST PRINCIPLES AND THEIR APPLICATION, ¶ 1800c2-c3 (3d. ed. 2011).

第三に、クレイトン法3条の文言は、行為形式の要件としては、排他条件付きの値引きやリベートを明示的にカバーしている（ただし、だからといってそれらの行為がクレイトン法3条の反競争効果要件を直ちに満たすわけではなく、むしろ、本節でこれから検討するように、それらの行為が同条の反競争効果要件の部分を満たす場合は限定的である。なお、以下の本文で述べるように、シャーマン法1条の場合も、それらの行為が行為要件つまり「協定」要件の部分で争われることは、基本的にない。）。

最後に、クレイトン法3条が「部分的」排他的取引つまり最低占有率や最低購入数量を定める契約に適用されるかどうかについては、議論がある。See XI AREEDA & HOVENKAMP, ¶ 1800C2.

が国では、問題のリベートスキームが顧客らによる競争品の取扱いを制限する機能を有するのかどうかという点で、不公正な取引方法の拘束性要件においても争われうる問題であったが、米国では、顧客らに対する拘束性の問題は、シャーマン法1条やクレイトン法3条の「協定」要件の部分で議論されてはおらず、拘束性の問題も含めて反競争性に関する要件の部分で吟味されている（詳細は次節参照）。要するに、忠誠リベートの文脈では、シャーマン法1条やクレイトン法3条の「協定」要件はほとんど形式的な意味合いしか与えられておらず、条件付きリベートの形式的な「合意」さえあれば当該要件は争いにならない傾向がある[9]。そのため、これまでの裁判例では、問題のリベートスキームが顧客らによる競争品の取扱いを制限する機能を有するかどうかという実質的な拘束性の存否の問題も含めて、反競争性要件の部分で吟味されるのが通例となっている。

いずれにせよ、単一製品忠誠リベートの反競争性の有無を判断する際の判断枠組みとして、略奪的価格設定型の法理と排他的取引型の法理のどちらを用いるべきかが、しばしば問題となる[10]。以下、それぞれの判例法理を概略する。

(3) 略奪的価格設定にかかる法理[11]

略奪的価格設定に関しては、*Brooke Group* 判決[12]以降、①コスト割れ価格、②コスト割れ価格による損失を埋め合わせる合理的な見込み又は危険な蓋然性という2要件を要求する考え方が定着している。

最高裁は、①のコスト割れを要求する根拠として、コストを上回る価格によって排除効果が生じたとしても、それは、能率に基づく競争の結果であるか、あるいは、正当な値引きを萎縮させることなく統制するには裁判所の能力を超えるものであるかのいずれかであると指摘している[13]。

---

9) なお、あくまで、多くの裁判例において協定要件の部分が争点化していないというのみであり（争われない以上、判断もされない）、協定要件の部分で拘束性の問題を議論する余地が全くないわけではなかろう。

10) 例えば、2条報告書・前掲注1) 参照。

11) 詳細は、中川寛子『不当廉売と日米欧競争法』（有斐閣、2001年）を参照。

12) *Brooke Group Ltd. v. Brown & Williamson Tobacco Corp.*, 509 U.S. 209 (1993).

13) Id. at 223.

②の埋め合わせ要件は、さらに2つの要素に分けられる。(i)「埋め合わせが生じるためには、閾値問題として、……ライバルに対して意図した効果を引き起こし得るものでなければならない。これは、問題の略奪の程度と存続期間、略奪者と標的企業の相対的な財務力、各々のインセンティブと意図に関する検討を必要とする」。(ii)((i)が満たされる場合)「関連市場において競争を侵害するおそれが大きいかどうかというさらなる問題が残される。原告は、問題の略奪スキームが競争水準を上回る価格を引き起こし、それが、略奪に関して費やした額（それに投資された金銭の時間価値を含む）を埋め合わせるのに十分である見込みのあることを立証しなければならない」。最高裁は、埋め合わせ要件を要求する根拠として、埋め合わせがない場合、略奪価格は市場価格を低下させ、消費者厚生を向上させるので、不成功に終わった略奪価格は、消費者にとって「儲けもの (a boon)」であると指摘している[14]。

(4) 排他的取引にかかる法理

排他的取引に関しては、まず、排他的取引という行為が存在することが前提となる。その上で、反競争性の判断方法に関し、異論の余地はあるものの、1961年の *Tampa Electric* 判決[15]によって合理の原則が採用されたものと解されている[16]。そして、「影響を受ける通商分野の実質的シェアにおいて」競争が閉鎖される蓋然性の存在が要求されるところ、*Standard Stations* 判決[17]から *Tampa Electric* 判決にかけて、影響を受ける取引の絶

---

14) Id. at 224-225. 埋め合わせ要件の位置付けにつき、中川・前掲注11) 116頁、川濵昇「不当廉売規制における費用基準とその論拠」川濵昇ほか『競争法の理論と課題——独占禁止法・知的財産法の最前線』209頁、注33、注61参照。川濵注61は、「埋め合わせ基準は当初は反競争効果のリアリティチェックに過ぎなかった」が、「今日では、期間中の低価格による損失を現実に超えるだけの大きな反競争効果を示すべき基準と変容した」と指摘する（そのような基準の欠陥についても、同注参照。）。なお、「不成功に終わった」コスト割れ価格は死重損失を発生させ総厚生を害しうるので、*Brooke* 判決の判示は、消費者厚生をかなり極端な方法で重視するものとも言える。その背後には、略奪的価格設定の基準を緩めることによって価格競争が過剰に抑止されてしまう問題の方がより深刻だという意識があるのかもしれない。

15) *Tampa Elec. Co. v. Nashville Coal Co.*, 365 U.S. 320 (1961).

16) See ELHAUGE & GERADIN, supra note 1, at 541-542.

対量を重視する量的実質性（Quantitative Substantiality）の基準から質を重視する質的実質性（Qualitative Substantiality）の基準へと変更されたものと解されている[18]。反競争性の立証に際して重要な要素は、排他的取引によってカバーされる顧客側の市場シェアである閉鎖シェアの立証である。閉鎖シェアが十分に高い場合には、合理の原則の下で、その他の要素、すなわち、①排他的契約の存続期間、②協調行為の蓋然性や同じ市場の他企業による並行実施の程度、③参入障壁の高さ、④代替的な流通手段の利用可能性、⑤他の反競争効果や競争促進効果等について検討するとされる[19]。

(5) 小括

以上によると、忠誠リベートも、略奪的価格設定型の枠組みの下で判断される場合には、費用割れを立証できない限り違法性を認めさせることは困難であるが、排他的取引型の枠組みの下で判断される場合には、合理の原則の下で判断されることとなり、市場閉鎖効果が生じる場合、費用割れでなくても違法とされる可能性がある。

---

17) *Standard Oil Co. of California and Standard Stations, Inc. v. United States*, 337 U.S. 293 (1949).
18) この辺りの経緯や解釈の詳細は、滝澤紗矢子『競争機会の確保をめぐる法構造』（有斐閣、2009 年）参照。See also Jonathan M. Jacobson, *Exclusive Dealing,"Foreclosure," and Consumer Harm*, 70 Antitrust L.J. 311（2002）.
19) HERBERT HOVENKAMP, FEDERAL ANTITRUST POLICY 594-599（5th ed. 2015）.

第 2 節
米国の裁判例の展開と傾向

　本節では、連邦控訴裁判所レベルでの主要な裁判例を中心に、米国の下級審裁判例の分析を行う。米国では、2000 年頃から忠誠リベートの問題を扱った下級審裁判例が増えつつあったが、2012 年、第三巡回区控訴裁判所において、(内容はやや不明確ではあるものの) 忠誠リベートの違法性に関する一応の判断枠組みを提示した *ZF Meritor* 判決[20]という重要な判決が登場した。その後は、同判決の提示した基準をめぐって議論が進行する気配も見えており、実際に、同判決の基準にかかる議論もなされた興味深い最新の事例 (*Eisai* 判決[21]) も出現している。そこで、本節では、米国の下級審裁判例を、2012 年の *ZF Meritor* 判決以前と以後に分け、それぞれ、第 1 款と第 2 款で検討する。

　第 1 款では、単一製品忠誠リベートに関する議論でしばしば言及されてきた事例として、① *Barry Wright* 判決[22]、② *Virgin Atlantic v. British Airways* 米国事件判決[23]、③ *Concord Boat* 判決[24]、④同じ製品で同じ事業者によって行われた行為に関して同じ裁判所で結論の割れた *Masimo* 判決[25]と *Allied Orthopedic* 判決[26]を取り上げ[27]、*ZF Meritor* 判決以前の裁判例の動向を整理する。第 2 款では、冒頭で、2012 年の *ZF Meritor* 判決を紹介し、同判決の意義と課題を整理した後、同判決の提示した分析枠組みに

---

20) *ZF Meritor LLC v. Eaton Corp.*, 696 F.3d 254 (3d Cir. 2012).
21) *Eisai Inc. v. Sanofi-Aventis U.S., LLC.* 2014 U.S. Dist. LEXIS 46791 (D.N.J. 2014); 821 F.3d 394 (3d Cir. 2016).
22) *Barry Wright Corp. v. ITT Grinnell Corp.*, 747 F.2d 227 (1th Cir. 1983) (Breyer J.).
23) *Virgin Atlantic Airways Ltd. v. British Airways PLC*, 257 F.3d 256 (2d Cir. 2001).
24) *Concord Boat Corp. v. Brunswick Corp.*, 207 F.3d 1039 (8th Cir. 2000).
25) *Masimo Corp. v. Tyco Health Care Group, L.P.*, 2006 U.S. Dist. LEXIS 29817 (C.D. Cal. 2006), aff'd, 350 Fed. Appx. 95 (9th Cir. 2009).
26) *Allied Orthopedic Appliances Inc. v. Tyco Health Care Group L.P.*, 592 F.3d 991 (9th Cir. 2010).

関して興味深い判断も示されている最新の *Eisai* 事件第一審判決と同控訴審判決[28]）を検討し（第一審、控訴審ともに結論的には占有率値引きを適法としているが、その理由付けにおいて、対照的な判示が見られる）、最後に、単一製品忠誠リベートに関する米国の下級審裁判例の考え方を総括する。

第 1 款　*ZF Meritor* 判決（2012 年）以前の下級審裁判例の展開：多くの適法例

1　*Barry Wright*（第一巡回区、Breyer 判事)[29]：数量値引き（適法）

(1)　**事案の概要**

本件の被告 Pacific は、原子力プラントのパイプシステムを建造する際に用いられる衝撃吸収装置であるスナッバの製造業者であり、スナッバの米国市場において独占力を保有していた[30]。やはり本件の被告である ITT Grinnell（以下、"Grinnell" という。）は、スナッバの主要な需要者であり、被

---

27)　①〜③の各裁判例は、司法省の 2 条報告書・前掲注 1）と、2002 年と 2008 年の各 OECD 報告書（第 1 章注 8)）の全てで取り上げられており、単一製品忠誠リベートに関する米国の動向を紹介する際に頻繁に言及されてきた。ただし、①の Breyer 判事による法廷意見は、忠誠リベートそのものというよりもむしろ略奪的価格設定一般の文脈でより示唆的な内容を含むものであり、また、②も第 2 章で検討した欧州事件との結論の対比以外に、判示事項において見るべきものはそれほど多いわけではない。忠誠リベートに関する法理を考察するに当たっては、いずれも占有率リベートにかかわる事案である③と④（④は、2 条報告書や両 OECD 報告書の後に控訴審判決が下されている）が、より示唆に富む。

28)　*Eisai*, supra note 21. なお、2016 年の OECD Roundtable on Fidelity Rebates and Competition DAF/Comp/WD（2016）59 への米国の寄稿ペーパー（Written Contribution from U.S. DOJ for OECD Roundtable on Fidelity Rebates and Competition (2016)）では、裁判所の事例として、第 1 款で取り上げる *Concord Boat* 判決と、第 2 款で取り上げる *ZF Meritor* 判決、*Eisai* 判決の各判決が取り上げられている。

29)　*Barry Wright Corp. v. ITT Grinnell Corp.*, 747 F.2d 227（1th Cir. 1983）（Breyer J.）.

30)　Pacific の市場シェアは、年度ごとにそれぞれ、47%（1976 年）、83%（1977 年）、84%（1978 年）、94%（1979 年）であった。なお、スナッバにはメカニカルスナッバとハイドロリックスナッバが存在するところ、Pacific は、メカニカルスナッバの唯一の米国の製造業者であった。

告 Pacific の主要な顧客であった[31]。被告 Grinnell が、スナッバのうちのメカニカルスナッバについて原告 Barry Wright（以下、"Barry" という。）を新たな供給源として開拓しようと試みたところ[32]、被告 Pacific は、彼らの動向に気が付き、被告 Grinnell に対し、1 年間の Grinnell の予測必要量を満たすのに十分な量の大量注文を行うことを条件として、特別な値引きをオファーした。被告 Grinnell は、当初はこのオファーを拒絶したが、原告 Barry が当初の予定どおりにスナッバを生産することができなかったこと[33]等から、最終的に被告 Pacific のオファーに合意し、特別な値引きを与えられた。

最終的にスナッバの生産を諦めた原告 Barry が、被告 Pacific と被告 Grinnell との間の契約はシャーマン法1条、2条、クレイトン法3条に違反するとして、両社に対して訴えを提起した。地方裁判所は、Barry の請求を棄却し、Barry は控訴した。

(2) 控訴裁判所の判断

控訴裁判所は、シャーマン法2条を中心に検討した[34]。そして、原告 Barry の主張が、「特別の値引き」に関する主張と「全量購入契約」に関する主張からなるものと認識し、それぞれについての検討を行った。

まず、値引きに関する主張につき、控訴裁判所は、被告 Pacific の提供した特別な値引きは平均総費用も増分費用（incremental cost）も上回っていたので、価格が排除的であることはないと判断した[35]。

次に、「全量購入契約」に関する主張につき、控訴裁判所は次のように判

---

31) Grinnell は、原子力プラントのパイプシステムの製造・設置業務を行っていた。同社の購入量が米国で占める割合は、年度ごとにそれぞれ、51％（1977 年）、52％（1978 年）、43％（1979 年）であった。

32) 実際に、被告 Grinnell は、原告 Barry との間で契約を結び、Barry の開発や開発コストを支援することを合意するとともに、1977 年～1979 年の間、Barry を排他的供給源として利用することを約束していた。

33) 一審では、原告 Barry は被告 Grinnell に対して 1977 年～1979 年の間にスナッバを供給することはできなかったであろうと認定されている。

34) なお、一審では、被告 Grinnell が被告 Pacific との契約に入る前に、原告 Barry が Grinnell との契約に違反していたことも認定されているが、控訴裁判所は、いずれにせよ Pacific の行為は適法なので、その点について判断する必要はないとした。

断した。まず、閉鎖の程度につき、仮に被告 Pacific と被告 Grinnell との間の契約を Grinnell が 3 年間スナッバ必要量の全てを Pacific から購入する契約として構成するのであれば、関連市場の 50％[36]を 3 年間閉鎖することとなるため有意な閉鎖となりうる。しかしながら、①問題の契約は文字どおりの全量購入契約ではなくあくまで数量契約であり、Grinnell が約定数量を上回る部分を他から購入するのは自由であったこと、②単一の 3 年契約ではなく存続期間は最も長いものでも 2 年であったこと、③スナッバの契約においては買手が十分に前もって発注するのが通常であったことから、反競争効果はせいぜい限定的であった。控訴裁判所は、さらに、本件の契約には正当事由の存在[37]が示唆されたことや、Grinnell が新規の競争を促すことに強い利益を有しており、そのために原告 Barry の開発のために数百万ドルの資金提供を合意していたほどであったが、他方、Pacific に対して大量注文を行わずに同社からの特別な追加的な値引き（5%・10%）を諦めることによって失うのは 1 年当たり数十万ドルにすぎず、仮に問題の契約が新規参入を阻害するものであったならば Grinnell がそのような契約に合意する動機がなかったこと等を指摘し、Pacific の契約は排除的ではないと判断した[38]。

控訴裁判所は、Pacific の行為はシャーマン法 2 条の意味で「排除的」でないので「不合理」な行為でもなく、同法 1 条やクレイトン法 3 条にも違反しないとした[39]。

(3) 意義

本件で問題となった行為は、年間必要量ぎりぎりの大量注文を行うことを条件として顧客に値引きを提供したという行為であり、事案の実態とし

---

35) *Barry Wright*, 724 F.2d 230-236. 略奪価格をめぐる当時の議論の詳細は、中川・前掲注11) 53-72 頁参照。
36) 前掲注31)。
37) Grinnell は有利な価格で安定的な供給を受けることができたし、Pacific は過剰設備の利用が可能となり低コストをもたらす生産計画が可能となった。*Barry Wright*, 724 F.2d 237.
38) Id. at 236-239.
39) Id. at 239-240.

第 2 節 米国の裁判例の展開と傾向　187

ては、忠誠リベートに類する問題も含んでいる。実際に、本判決は、単一製品忠誠値引きに関して許容的な判断を示した控訴裁判所判決の1つとして、頻繁に言及される事例ではある[40]。ただし、本判決において、忠誠リベート特有の問題意識が自覚的に議論されていたわけではない。いずれにせよ、判決に現れた事実関係に照らすと、問題の期間中、そもそも原告Barryの側にスナッバの供給能力があったのかさえ疑わしく、本件は、反競争効果のおそれの小さい事件であったと考えられる[41]。

2 *Virgin Atlantic v. British Airways* 米国事件（第二巡回区）[42]：数量値引き（適法）

(1) 事案の概要

欧州事件同様、被告 British Airways（以下、"BA"という。）は、旅行代理店や法人顧客に対し、BAチケットにかかる売上や購入量が各々の目標閾値に到達した場合に、追加委託料や値引きを遡及的に提供した（"Back-to-dollar-one"条項。目標となる閾値は、義務的な最小販売・購入数量（mandatory minimum）を含むものではなかった。）。なお、米国事件の関連市場は、欧州事件（旅行代理店サービスの購入にかかる市場）とは異なり、ロンドン・ヒース

---

40) 前掲注27)。
41) Grinnellが当初はBarryを排他的供給源として計画しており、一度はPacificのオファーを実際に拒絶していることや、新規供給源を開発することと比べるとPacificからの特別な値引きを諦めることによって失われる総額はそれほど重要なものではなかったこと等に照らすと、Breyer判事が示唆するように、Pacificの行為は、Grinnellの転換を人為的に困難にするようなものであったとは考えづらい。本件の実態は、単に、Barryから供給を受けられなくなり、メカニカルスナッバにはPacific以外の代替的な供給源は存在しないので、Pacificの有利なオファーを受け入れたということにすぎないように思われる。忠誠リベートの規制の必要性を説くTomらも、本件の事実関係に照らすと本判決の判断は相当であったと捉えているようである。Willard K. Tom, David A. Balto & Neil W. Averitt, *Anticompetitive Aspects of Market-Share Discounts and Other Incentives to Exclusive Dealing*, 67 Antitrust L.J. 615, 634-635（2000）.
42) *Virgin Atlantic Airways Ltd. v. British Airways PLC*, 257 F.3d 256（2d Cir. 2001）. 原審は、*Virgin Atlantic Airways Ltd. v. British Airways PLC*, 69 F. Supp. 2d 571（S.D.N.Y. 1999）.

ローと合衆国 5 都市間の各航空ルートの航空旅客輸送サービスにかかる市場である。

(2) 控訴裁判所の判断

原告 Virgin Atlantic（以下、"Virgin"という。）は、BA の行為のシャーマン法 2 条違反（上記市場の独占化の企図）を主張した[43]。Virgin の専門家証人、スタンフォード大学経済学教授 Douglas Bernheim は、次のようなやや変則的な廉売型の主張を行った[44]。(i)BA のインセンティブ協定は、協定なかりせば BA に搭乗しなかったであろう旅客による BA の利用、すなわち「増分旅客（incremental passengers）」をもたらした。そして、かかる「増分旅客」に要する「増分費用（incremental cost）」がこれによって得られる「増分収入（incremental revenue）」を上回り、増分部分（"on the margin"）で「費用割れ」を起こしていた[45]。(ii)BA は、それらの増分部分のチケットを独占ルートのチケットにバンドルすることによって、「費用割れ」による損失を直ちに埋め合わせた。

控訴裁判所は、Bernheim の理論を正面から否定することはせず、彼の理論をサポートする十分な証拠が提出されていないとして事案を処理した。すなわち、上記(i)については、Bernheim による「増分費用」の算定の基礎が疑問視され[46]、上記(ii)については、本件で BA が 60％以上のシェアを有

---

43) その他に 1 条違反と独占の梃子（2 条）の主張も行われていたが、本書では割愛する。1 条の文脈で、Virgin は、当初は排他的取引を主張していたがその後撤回している（*Virgin Atlantic*, 69 F. Supp. 2d 581）。

44) *Virgin Atlantic*, 257 F.3d 266-269.

45) なお、Bernheim 教授の理論では、上記「増分費用」は 2 つの要素から構成される。すなわち、①増分旅客を収容するために追加された定期フライトに要する費用と、②追加的なインセンティブ支払い（旅行代理店に対する追加委託料と法人顧客に対する追加的な値引きを含む）である。彼は、①と②それぞれの増分収入に対する割合を計算し、①は約 90％、②は 10％超であると算出した。したがって、①と②の合計が 100％を超えるので、当該行為によって得られる増分収入は増分費用を下回る。

46) Bernheim 教授の計算は、「増分旅客」を運ぶために BA がインセンティブ協定の前後で約 70％の座席利用率を一定に維持したままフライトの数を比例的に増加させることを前提としていた。その結果、「増分旅客」の割合に比例するだけのフライト費用が全て「増分費用」に算入されていた。See *Virgin Atlantic*, 69 F. Supp. 2d 575-576；257 F.3d 266-269.

するルートは全体のわずか約17％にすぎず、そのわずかなルートによって費用割れの損失を補填できたことの証拠がないことなどが指摘された[47]。

(3) 意義

本件は、別々に市場画定された複数のルートを合わせた目標数量閾値を設定している点でバンドリングの要素も含むものの、主として単一製品忠誠リベートの事案として認識されている[48]。米国では、形式的には複数製品のバンドルリベートの事案でも、そのうちの一部の製品での独占力を梃子にする状況が存在せず、競争者が問題の複数製品全ての供給をめぐって競争できている事案では、単一製品事案と同じ法理が適用されるべきという見解が有力に主張されている[49]。本件が主として単一製品忠誠リベートの事案として扱われるのは、市場はルートごとに画定されるとしても、BAの独占的なルートの割合がそれほど大きくないことから、バンドリング特有の状況が当てはまらないと考えられたためであろう。

本件は、欧州事件との結論の相違が注目されたが、欧州事件では、BAのシステムの遡及性や閾値の個別性といった要素が重視されて顧客らに対する拘束性が認定されたのに対し（第2章参照）、米国事件では、それらの要素にほとんど注意が払われなかった。米国事件では、顧客に対する拘束的な効果はほとんど問題になっておらず、専ら廉売としての観点からの検討が行われている[50]。

[47) Id. at 266-272. なお、本判決は、バンドルリベートに関する *SmithKline* 判決や *LePage's* 判決とは異なり、本件のBAのインセンティブ協定が「強制的（coercive）」であったことの証拠がないことも指摘している。
[48) 2条報告書・前掲注1) 93, 109頁参照。
[49) Herbert Hovenkamp, *Discounts and Exclusion*, 3 Utah L. Rev. 841, 844-845（2006）.
[50) なお、Bernheim教授の方法論は、欧州委員会の実効価格テストとは異なるであろう。彼の言う「増分部分」が「コンテスタブルな部分」と完全に一致するわけではない。

3 Concord Boat（第八巡回区）[51]：占有率値引き（適法）

(1) 事案の概要

スターンドライブエンジンの市場で大きな市場シェア（行為開始前の段階で 75％）を有していた被告（控訴人）Brunswick は、顧客である原告（被控訴人）Concord Boat ら多数のボート建造業者に対し、占有率値引き協定を実施した。この協定の下で、ボート建造業者らは、エンジン必要量の一定割合を Brunswick から購入することを合意すれば、値引き（Brunswick から 80％購入で 3％、70％購入で 2％、60％購入で 1％の値引き）を与えられた。この協定は、ボート建造業者らに対して、Brunswick からエンジンを購入することを義務付けるものではなかった。

原告らは、上記占有率値引きのシャーマン法 1 条・2 条（独占化）違反を主張し、損害賠償を求めて Brunswick を提訴した[52]。原告らは、上記占有率値引きが「事実上の排他的取引」に当たると主張し、その根拠として、問題の占有率値引きは、Brunswick の競争者から購入する者に「税」（遡及性のため、原告らが Brunswick からの購入比率を低下させると同社からの残りの購入数量全てに対する価格が上昇してしまう）を課しているとした[53]。

(2) 控訴裁判所の判断

第八巡回区控訴裁判所は、原告らの請求を認容した原判決を破棄し、被告 Brunswick のための法律問題としての判決を認めて原告らの請求を棄却した。本件では、シャーマン法 1 条の協定要件と 2 条の独占力要件は争われず、いずれも Brunswick の行為の反競争性の有無が争点となった。

---

51) *Concord Boat Corp. v. Brunswick Corp.*, 207 F.3d 1039（8th Cir. 2000）. 事案の詳細は、拙稿「支配的企業による占有率値引きがシャーマン法 1 条と 2 条に違反しないとされた事例——*Concord Boat Corp. v. Brunswick Corp.*, 207 F.3d 1039（8th Cir. 2000）」公正取引 745 号 48 頁（2012 年）を参照。

52) なお、原告らは、損害賠償以外に、エクイティ上の救済として占有率値引きの利用禁止も求めていた（裁判所は拒絶）。これは、占有率値引きがその被供与者である原告らにとってさえ望ましいものではなかったことを示唆しうる点で、注目に値する。

53) See *Concord Boat Corp. v. Brunswick Corp.*, 21 F. Supp.2d 923, 931（E.D. Ark. 1998）.

まず、シャーマン法1条に関し、控訴裁判所は、*Tampa Electric* 判決その他の排他的取引に関する裁判例に言及し、①競争が関連市場の実質的シェアにおいて閉鎖された程度、②排他的取り極めの存続期間、③参入障壁の高さという3つの要素によって検討されるべきとしつつ、本件ではそれらを立証する十分な証拠が提出されていないと判断した。控訴裁判所は、特に、「ボート建造業者らは、Brunswick の値引きプログラムが排他的であることを立証しなかった。本件で問題の値引きプログラムは、ボート建造業者らが特定された期間 Brunswick にコミットすることを要求しなかった。彼らは、何時でも値引きから自由に離脱でき、実際に、競争者がよりよい値引きをオファーした様々な時点で同社のエンジンに転換した」と判示している[54]。

次に、シャーマン法2条に関し、控訴裁判所は、冒頭で *Brooke* 判決[55]等を引用して値引き行為の重要性や萎縮効果の弊害を強調した上で、「*Brooke Group*, *Matsushita* の両最高裁判決は、コストを上回る値引きは反競争的ではないという一般原則を述べている……」と判示した[56]。もっとも、控訴裁判所は、コスト割れでないからといって、問題の行為を「当然適法」とはしなかった（Brunswick は「当然適法」を主張したが、裁判所は与しなかった。なお、原判決は、バンドルリベートに関する3つの先例[57]を踏まえて「当然適法」の主張を否定していたが、控訴裁判所は、バンドルリベートと単一製品の事案の

---

54) *Concord Boat*, 207 F.3d 1059. なお、原告らは相当な閉鎖シェアも主張していたが、控訴裁判所は、端的に、「ボート建造業者らは、Brunswick が反競争的行為を通してスターンドライブエンジン市場の実質的シェアを閉鎖したことを立証するのに十分な証拠を提出できなかった」（下線追加）と述べたのみであった。要するに、ボート建造業者らが「自由に」他の競争者に乗り換えることができ、そもそも排他的取引類似の拘束性のないような行為と評価される以上、かかる行為がいくら市場の広範囲をカバーしたところで、反競争的な効果として評価されることにはならないということであろう。

55) *Brooke Group*, supra note 12.

56) *Concord Boat*, 207 F.3d 1060-1062.

57) *LePage's Inc. v. 3M*, 1999 U.S. Dist. Lexis 8036 No. CIV. A. 97-3983（E.D. Pa. May 28, 1999）; *SmithKline Corp. v. Eli Lilly & Co.*, 575 F.2d 1056（3d Cir. 1978）; *Ortho Diagnostic Sys., Inc. v. Abbott Labs., Inc.*, 920 F.Supp. 455, 467（S.D.N.Y. 1996）.

相違を指摘して原判決を批判し、3つの先例は本件との関係では説得性を持たないとしている。）。控訴裁判所は、最終的に、問題の占有率値引きが「能率に基づく競争」でないかどうかという検討を行った。そして、ここでも値引き行為が「競争の本質」であることを強調しつつ、1条の文脈での判示と同様に、「Brunswickの値引きプログラムは排他的取引契約ではなく、顧客らは、値引きを受け取るために、Brunswickから100％購入することも、競争者らからの購入を控えることも義務付けられてはいなかった……。ボート建造業者らは、何時でも、Brunswickの値引きから自由に離脱できた……」ことを理由に、値引きが「黄金の手錠（golden handcuffs）」（インセンティブによる拘束という含意であろう）を作り出したという原告らの主張は受け入れられないと判断した[58]。

(3) **意義**

本件は、単一製品での占有率値引きの適法性について正面から判断された最初の重要な事例であり[59]、単一製品忠誠リベートとバンドルリベートの事案の相違も明確にしている。本判決は、占有率値引きの値引き行為としての側面を重視し、コスト割れでない占有率値引きを極めて許容的に扱った判断であるという見方が一般的である[60]。本判決は、占有率値引きも基本的に値引きの一種として認識し、値引きが占有率の達成に条件付けられているというだけでは、排他的取引同様の拘束性を全く見出さなかった[61]。

なお、本判決は、占有率値引きが「事実上の排他的取引」として争われた同じ巡回区の後の事案[62]において、原告の請求を否定する際に依拠されている。

---

58) *Concord Boat*, 207 F.3d 1062-1063.
59) See DOJ, supra note 28, ¶12.
60) 拙稿・前掲注51)参照。本判決については、例えば、「コスト割れでない限り単一製品値引きが当然適法であるという原則を示唆している」（Hovenkamp, supra note 49, n. 19）、「裁判所は、Brunswickの価格がコスト割れであることを原告が証明できなかったことが決定的であるとは全く述べなかったが、コストを上回る価格が適法であることの強い推定に依拠していた。」（OECD Roundtable on Bundled and Loyalty Discounts and Rebates：DAF/COMP 29, at 138（US）（2008））といった評価がなされている。

4 パルスオキシメーターにかかる2事件（Masimo[63]、Allied Orthopedic（第九巡回区）[64]）の比較

以下で取り上げる Masimo v. Tyco と Allied Orthopedic Applianceis v. Tyco の両事件は、医療機器製造業者 Tyco がパルスオキシメーター（血中酸素飽和度測定計）の販売に関連して実施した占有率値引きに関し、異なる原告がそれぞれ時期の異なる部分を取り上げて前後して同じ裁判所[65]に Tyco を提訴し、前者では違法、後者では適法という正反対の判断が下されたことで注目を集めたものである。両事件の結論が割れた理由を分析することは、占有率値引きに関する米国の裁判所の考え方を知る上で、1つの手掛かりとなる。

(1) 事実関係

ア 関連市場の状況

両事件で関連するパルスオキシメーターは、モニター（耐用品、耐用年数は5年～7年）とセンサー（消耗品）から構成されている。両事件の被告 Tyco と先行 Masimo 訴訟の原告 Masimo は、ともに医療機器製造業者であり、パルスオキシメーターを製造して病院その他の医療供給者（後続 Allied Orthopedic 訴訟の原告らを含む）に販売していた。Tyco は、米国のパルスオキシメーター市場への早期参入者であり、その利を活かし、需要者であ

---

61) なお、仮に本件が形式ベースの時代の欧州で発生していたならば、Brunswick の市場シェアの高さ、目標値80％の占有率値引きは（狭義の）忠誠リベートに該当しうる行為であること、値引き率も欧州の類似事案と比べて遜色ないことに照らすと、違法の疑いの濃い事案であったと思われる。

62) *Southeast Missouri Hosp. v. C.R. Bard, Inc.* 642 F.3d 608（8th Cir. 2011）.

63) *Masimo Corp. v. Tyco Health Care Group, L.P.*, 2006 U.S. Dist. LEXIS 29977（C.D. Cal. 2006）, aff'd, 350 Fed. Appx. 95（9th Cir. 2009）.

64) *Allied Orthopedic Appliances Inc. v. Tyco Health Care Group L.P.*, 592 F.3d 991（9th Cir. 2010）. 事案の詳細は、拙稿「医療機器製造業者による占有率値引きと製品再設計のシャーマン法上の評価——*Allied Orthopedic Appliances Inc. v. Tyco Health Care Group LP*, 592 F.3d 991（9th Cir. 2010）」公正取引764号74頁（2014年）を参照。

65) ともにカリフォルニア中部地区連邦地方裁判所に提訴し（両事件ともに Phaelzer 判事）、第九巡回区控訴裁判所に控訴。

る病院などにモニターのインストールベースを大量に確立することに成功した。

　先行 *Masimo* 訴訟で違法認定を受けたのは 2001 年 7 月以前の Tyco の行為、後続 *Allied Orthopedic* 訴訟で争われたのは 2003 年 11 月以降の Tyco の行為であるところ、その間に、この製品をめぐる市場の状況は次のように変化した。

　(ア)　2003 年 11 月以前：競争者製品と互換性なし

　Tyco は、当初は R-Cal システムというパルスオキシメーターを販売していた。R-Cal システム製品では、Tyco の特許権（2003 年 11 月まで有効）のため、Tyco 以外の製造業者は、Tyco 製モニターと互換性のあるセンサーを製造することができなかった。そのため、2003 年 11 月以前、病院は、インストールベースの Tyco 製モニターを利用するためには、Tyco 製センサーを購入する以外に選択肢がなかった。

　(イ)　2003 年 11 月以降：競争者らによる互換性の獲得

　これに対して、2003 年 11 月、Tyco の特許権が切れた後、Masimo その他の競争者が Tyco 製モニターと互換性のあるジェネリックセンサーの製造販売を開始した。その結果、病院は、インストールベースの Tyco 製モニターの下で競争者製ジェネリックセンサーを利用できるようになった。

　イ　占有率値引き協定

　Tyco は、いずれの時期においても占有率値引き協定を実施していた。病院は、パルスオキシメーター必要量のうちの高割合を Tyco から購入することを確約することによって、センサーについての値引きを与えられた[66]。占有率値引き協定は、Tyco から購入することを契約上義務付けるものではなく、病院にとって、Tyco 製品を確約した割合以上購入しなかった場合でも、所定の値引きを失うこと以上の不利益はなかった。なお、Tyco の独占力は、*Masimo* 訴訟では認定され、*Allied Orthopedic* 訴訟では争われなかった。

---

[66]　協定の内容は個々の病院によって異なっていた。具体的内容は不明だが、目標占有率は 85％～95％程度に達していたようである。

(2) *Masimo* 判決（違法判断）

2002年5月、Masimo は、Tyco の行為がシャーマン法1条、2条、クレイトン法3条違反に当たるとして、損害賠償を求めて Tyco を提訴した。地方裁判所は、占有率値引きを違法とした陪審の判断を是認し、次の2点を指摘した。

① 事実上の排他性が認められること

「占有率値引きは、外観上は短期間の告知で解消可能であったように見えるが、陪審は、実際にはそうでなかったと合理的に結論付けることができた。多数の病院は、インストールベースの Tyco 製モニターでの利用のため、……それらの Tyco 製モニターの耐用年数の間、一定数量の Tyco 製センサーを購入するようロックインされていた。……Tyco 製センサーにかかるこの固定的な需要が、占有率値引きと相俟って、病院が占有率値引き協定の外部からセンサーを購入することを効果的に妨げていた。したがって、陪審は、それらの協定が事実上排他的であったと合理的に結論付けることができた。」[67]

② 実質的閉鎖シェア

「陪審は、トライアルで提出された証拠から、競争者らは市場の24％以上から閉鎖され、当該閉鎖は実質的であったと合理的に結論付けることができた。」[68]

（地方裁判所の判断は、第九巡回区控訴裁判所によって是認された。）

(3) *Allied Orthopedic* 判決（適法判断）

上記 *Masimo* 訴訟が提起されてから数年後、Allied Orthopedic その他の病院・医療供給者らが原告となって Tyco を提訴した。原告らは、占有率値引きは違法な排他的取引であってシャーマン法1条に違反すると主張した[69]。

---

67) *Masimo*, 2006 U.S. Dist. LEXIS 29977, at *17.
68) Id. at *19.
69) なお、原告らは、モニターとセンサーの抱き合わせの主張は行っていない。*Allied Orthopedic*, 592 F.3d 996.

ア　占有率値引きの適法性に関する判断：「強要」の不存在

控訴裁判所は、まず、冒頭で *Tampa Electric* 判決型の枠組みを提示した。そして、「本件では、占有率値引き協定が Tyco の顧客らに対して Tyco から何かを購入することを契約上義務付けるものではなかったことは重要である」と述べ、契約上の義務が存在しない事実を強調しつつ、最終的に、次のように判示した。「本件の事実関係[70]の下では、Tyco の占有率値引き協定が顧客らに対してジェネリックではなく Tyco のセンサーの購入を強要（force）したことを証明するためには、値引きそれ自体以上の何かが必要である。」

控訴裁判所は、本件で問題となった時点では、Tyco の占有率値引き協定の対象となった顧客らは、何時でも、Tyco の値引きを見合わせてジェネリック競争者からの購入を選択することが可能だったとして、「本件で問題の占有率値引き協定は、Tyco の顧客らを競争から閉鎖するものではなかった」と判断した[71]。

イ　Masimo 訴訟との事案の相違

控訴裁判所は、さらに、Masimo 訴訟との事案の相違について、次のように言及している。

「……地方裁判所が正しく判断したように、Masimo 訴訟は、本件と区別可能である。Masimo 訴訟で問題の期間、R-Cal 特許はなおも有効であり、それゆえ、Tyco 製 R-Cal モニターの所有者は、それらのモニターでの利用のために、Tyco 製センサーを購入する以外に選択肢はなかった。」[72]

(4)　意義

以上の両事件は、モニターとセンサーとが絡む点で閉鎖のストーリーはやや複雑であるが、バンドルリベートではなく単一製品忠誠リベートの文

---

70) 本判決は、Tyco の特許切れによって Tyco 製 R-Cal モニターと互換性のある競争者製ジェネリックセンサーが既に市場に参入していた（＝ Tyco 製のインストールベースモニターを抱える病院が、既存の Tyco 製モニターでの利用のためにジェネリックセンサーを購入することが可能であった）事実を、'a key fact' と記している。Id. at 997.
71) Id. at 996-997.
72) Id. n. 2.

脈で整理されている[73]。両事件とも、原告は排他的取引の主張を行い、裁判所も排他的取引の枠組みの下で判断している。

まず、*Allied Orthopedic* 判決は、排他的拘束の存在を否定した事案と考えられる。契約上の義務が存在しないという事実を重視し、事実関係の下でという留保付きながら、顧客らに対して購入を「強要」したことを立証するには、「値引きそれ自体以上の何か」が必要としているのは、(被告の独占力に争いがない場合であっても) 占有率値引きの事実のみでは排他的取引同様の拘束性 (あるいは強要性) を認めない考え方を示している。

対照的に、*Masimo* 判決では、占有率値引き協定が「事実上」排他的取引であったことが肯定された。両事件の結論の相違は、競争者製ジェネリックセンサーの利用可能性の有無に求められている。すなわち、*Masimo* 訴訟で問題となった時期には、特許権のために Masimo 製モニターと互換性のあるジェネリックセンサーが存在しなかったため、病院らは、インストールベースの Tyco 製モニターでの利用のために、一定数量の同社製センサーを購入する必要があった。裁判所自身が明言したわけではないが、*Masimo* 判決は、Tyco 製センサーにかかるこの固定的な需要の存在がマストストックとして機能し、占有率値引きの拘束性が認められた事案として理解されている[74]。他方、*Allied Orthopedic* 訴訟で問題となった時期には、特許切れによって Tyco 製モニターと互換性のある競争者製ジェネリックセンサーが供給されており、Tyco 製センサーにかかる固定的な需要 (＝マストストック) は消滅していた。

5　米国の裁判例に関する中間まとめ

以上で紹介してきたように、米国では、単一製品忠誠リベートが適法とされた事例が数多く存在する[75]。*Masimo* 判決のように占有率値引きが違

---

73)　See HOVENKAMP, supra note 19, at 495.
74)　Jonathan M. Jacobson, *A Note on Loyalty Discounts*, Antitrust Source 3-4 (June 2010).
75)　2012 年の *ZF Meritor* 判決以前のその他の適法判決として、*Southeast Missouri Hosp. v. C.R. Bard, Inc.* 642 F.3d 608 (8th Cir. 2011)；*Nicksand Inc., v. 3M*, 507 F.3d 442 (6th Cir. 2007)；*J.B.D.L. Corp. v. Wyeth-Ayerst Labs., Inc.*, 2005 U.S. Dist. LEXIS 11676 (S.D.Ohio 2005), aff'd on other grounds, 485 F.3d 880 (6th Cir. 2007).

法とされた事例もないわけではないが、上記の説明から明らかなように、同判決の事実関係は、非常に特殊である[76]。

以下、2012 年以前の段階での米国の下級審裁判例の傾向を整理しておく。

(1) 原告は何を主張するか？

単一製品忠誠リベートは、講学上の議論では、しばしば、略奪的価格設定型の法理と排他的取引型の法理のどちらを用いるべきなのかという観点での問題提起がなされる。しかしながら、現実の裁判では、必ずしもそのような問題設定の下で議論されるわけではない。個々の事件での裁判所の判断は、とりわけ第一次的に立証責任を負う原告が提示した問題設定に大きく左右される[77]。

Barry Wright や *British Airways* 米国事件に見られるように、やや古い事案では、原告が略奪廉売型の主張を行うこともあった。しかしながら、この種のスキームは、対象製品の単純な値引き価格は費用を上回るのが通常である。したがって、*Brooke* 判決の法理が定着するにつれて、略奪廉売型のアプローチでは違法性を認めさせることが極めて困難なことが、誰の目にも明らかになってきた。それゆえ、特に 2000 年頃、*Concord Boat* 判決以降の事案では、原告が、略奪型の主張をはなから行わず、占有率リベートが違法な（事実上の）排他的取引を構成することのみ主張することが常態化している[78]。

---

76) なお、被告のためのサマリージャッジメントが否定され、その後、和解が成立した地方裁判所の事例として、*Natchitoches Parish Hosp. Serv. Dist. v. Tyco Int'l Ltd*, 2009 U.S. Dist. LEXIS 108858 (D.Mass. 2009). この事件については、後掲注 86) 87) と対応する本文も参照。

77) この点に関し、Derek W. Moore & Joshua D. Wright, *Conditional Discounts and the Law of Exclusive Dealing*, 22 Geo. Mason L. Rev. 1205, 1229 (2015) も参照（裁判所は原告の主張する反競争理論に沿って分析を行う傾向があると指摘）。See also Steven C. Salop, *The Raising Rivals' Cost Foreclosure Paradigm, Conditional Pricing Practices and the Flawed Incremental Price-Cost Test* 13 (available at https://papers.ssrn.com/sol3/papers2.cfm?abstract_id=2817942) (Forthcoming：81 Antitrust L.J. (2017)).

78) See also *J.B.D.L.*, supra note 75；*Natchitoches Parish Hosp.*, supra note 76. 次款で取り上げる *ZF Meritor* 事件や *Eisai* 事件も同様である。

(2) 原告の（事実上の）排他的取引の主張に対する裁判所の対応
ア　判断枠組みと二段階の分析

後記 *ZF Meritor* 判決より前の事案では、原告が排他的取引を主張した場合、裁判所も、*Tampa Electric* 判決以下の排他的取引に関する一連の判例の基準の下で淡々と当てはめることが多かった。もっとも、注意を要する点として、裁判所は、排他的取引型の枠組みの下で判断する場合でも、必ずしも問題の忠誠リベートが排他的取引と同等の拘束性を有することを認めているわけではなかった。裁判所は、一見、合理の原則の下で総合考慮型の判断を行っているようにも見せつつ、実際には、大雑把に言って次の二段階の手順で判断してきた[79]。

① まず、第一段階の閾値要件的な検討として、排他的取引同様の拘束性の有無に関する検討が行われる。裁判所の言い回しを借りるならば、顧客らに対して被告からの購入を「強要（force）」したかどうか[80]、あるいは「強制（coercion）」の要素が存在したかどうか[81]、あるいは、転換の「自由」が残されていなかったかどうか[82]という問題である[83]。

② ①が肯定される場合、排他的取引一般と同様に、第二段階として、閉鎖シェアや参入障壁等を含め実質的市場閉鎖効果の有無に関する検討が行われる。

例えば、*Concord Boat* 判決や *Allied Orthopedic* 判決などは、実質的に第一段階で評価を終えていた。いくら原告が実質的閉鎖シェアを主張していた

---

79) なお、この二段階の手順による分析方法に関し、Benjamin Klein & Andres V. Lerner, *Price-Cost Tests in Antitrust Analysis of Single Product Loyalty Contracts*, 80 Antitrust L.J. 631（2016）も参照。
80) *Allied Orthopedic* 判決参照。
81) *Natchitoches Parish Hosp.*, supra note 76.
82) *Concord Boat* 判決参照。
83) See ABA Section of Antitrust Law, Antitrust Law Developments 255（7th ed. 2012）（「先例が比較的少ないので一般化することは難しいが、［忠誠リベートに関して］裁判所が責任の有無を判断する際に考慮に入れた要素には、買手が、当該インセンティブプログラムによって、被告から排他的に又は大部分を購入するよう効果的に強制されたかどうか、競争者らが、被告のオファーする忠誠リベートに対して、実行可能な方法でマッチできたかどうかといったものがある。」）.

としても、①の要素が存在しない場合、単に競争的な活動によって顧客を獲得したのみと理解され、何ら問題は生じない。他方、Masimo 判決は、第一段階を肯定した上で、閉鎖シェアが少なくとも 24％以上に達していたことから第二段階の実質的閉鎖を肯定している[84]。

　イ　排他的拘束の立証のハードル：占有率値引きプラス α の追加的要因

　忠誠リベート特有の問題は、第一段階の評価、特に、条件付きリベート供与の事実にどの程度の意味を見出すのかという点である。第二段階の評価は、排他的取引一般での考え方と基本的に異ならない。

　上記 Concord Boat 判決の判示（「原告らは、被告のプログラムから何時でも自由に離脱できた」）や、Allied Orthopedic 判決の判示（被告が原告に対して被告製品の購入を「強要（force）」したことを立証するには、「値引きそれ自体以上の何かが必要」）から窺われるように、米国の多くの下級審裁判例は、たとえ被告が独占力を保有する企業であっても、値引きやリベートの獲得が占有率達成に条件付けられているという事実のみでは、排他的な拘束性を認めてこなかった。要するに、単に占有率値引きが行われたという事実のみでは、顧客が競争者に乗り換えることは依然として「自由」であり、それだけでは排他的取引には当たらないという理解である。値引きの供与が占有率の達成を条件としている場合であっても、基本的には値引きの一種として認識されてきた[85]。

　ただし、米国の下級審裁判例も、占有率値引きが状況次第で「事実上の排他的取引」を構成する余地を一切否定しているわけではなく、上記 Allied Orthopedic 判決の判示に典型的に見られるように、追加的な事情の立証の余地は残していた[86]。

　とすると、いかなる事情が排他的拘束性を基礎付けるための追加的な事情となりうるのかが関心事となるが、この点については、この時点で既に、次の２つの方向性が現れていた。

---

84)　被告のためのサマリージャッジメントが否定された Natchitoches Parish Hosp., supra note 76（後に和解成立）においても、相当な閉鎖シェアが指摘されている。
85)　以上の点は、支配的事業者によって行われる場合、忠誠リベートを排他的取引と同視してきた欧州の伝統的判例法理の立場とは対照的である。

第一に、実質的に占有率の遵守義務が存在するのと同視できるようなその他の不利益や抑圧的行為が存在する場合である（我が国でいう実効性担保手段型）。地方裁判所の事例では、遵守の監視が行われていたことが問題視されたものもあった[87]。

　第二に、マストストックの存在を「梃子」として、第3章1、2で述べたストーリー（「吸引効果」）に従って、忠誠リベートが拘束性を引き起こす場合である。既に述べたように、占有率リベート以外の抑圧的行為が全く認定されていない *Masimo* 判決は、この文脈で正当化されている。ただし、同判決の事実関係は極めて特殊なものであり（早期参入の結果としてのインストールベースの耐用品の存在と特許権に伴う互換性の問題に起因するロックインという特殊事情が介在）、あまり一般化できるものではなかった。では、米国において、マストストックの存在を追加的な事情とすることによる忠誠リベートの拘束性の立証が認められる余地は、どの程度あるのであろうか。

　以下、次款において、これらの点につき、最新の事例を踏まえて詳述することとする。

第2款　ZF Meritor 判決とその後の動向

　本款では、まず、1で2012年第三巡回区控訴裁判所の *ZF Meritor* 判決を紹介し、2で同判決の意義と位置付けを確認する。その後、3で、同判決の基準への当てはめが問題となった最新の *Eisai* 第一審判決、同控訴審（第三巡回区控訴裁判所）判決（第一審、控訴審とも、結論的には占有率リベートが適法とされている）を紹介し、4では、同判決の含意を踏まえつつ、米国の判例法においてマストストックの問題がどのように位置付けられるのかにつ

---

86)　上記1〜4で取り上げなかった地方裁判所の事例にも同様の傾向が見られる。例えば、id. at *16 は、「*Masimo* 事件に存在し、*Allied Orthopedic* 事件に存在しなかったものは、コストを上回る値引きを失ってしまうことを上回る強制（coercion）の要素であった」として値引き以外の「強制」の要素の有無を検討していたし、*J.B.D.L.*, supra note 75 は、価格「プラス（plus）」他の要素が存在するかどうかの重要性を強調していた。

87)　*Natchitoches Parish Hosp.*, supra note 76, at *17-19.

いて分析する。最後に、5 で、米国の下級審裁判例の考え方を総括する。

1 *ZF Meritor*（第三巡回区）[88]：単一製品忠誠リベートの違法性判断における分析枠組み

(1) 事案の概要

被告 Eaton は、北米の大型トラック用変速機（以下、「HD 変速機」という。）にかかる市場を長らく独占してきた。この市場には、後発参入者である原告 ZF Meritor 以外に、Eaton の有意な競争者は存在しなかった。Eaton ら HD 変速機製造業者は、HD 変速機を大型トラック製造業者（以下、"OEM" という。）に販売し、OEM らは、HD 変速機その他の部品を設置した上でトラックをバイヤーに販売していた。北米の OEM は 4 社のみであった。

2000 年頃、Eaton は、OEM 4 社全てとの間で、それ以前には前例のない長さと内容を有する長期協定（以下、"LTA" という。）を新たに締結した。LTA の内容はそれぞれ同じではなかったが、主な条項は似通っており、概ね次のようなものであった。

① 存続期間は、短いものでも 5 年であった。
② OEM らは、所定の占有率目標（概ね 90％程度には設定されていた）を満たすことを条件としてリベートを与えられ、あるいは、事前に資金提供を受け、所定の占有率目標を満たさない場合には没収されることとされた。
③ 前記占有率目標を達成するべき明示的な義務は存在しなかったものの、4 社のうち 2 社との間の LTA では、占有率目標が達成されない場合には協定を解除する権利が Eaton に与えられていた。
④ 4 社のうち 2 社との間の LTA では、「データブック」（OEM がトラックをバイヤーに販売する際に用いるカタログ[89]）に、競争者製 HD 変速機を

---

88) *ZF Meritor, LLC v. Eaton Corp.*, 696 F.3d 254（3d Cir. 2012）．
89) バイヤーらは、データブックに掲載されていない部品を購入することも可能ではあったが、あまり実際的ではなかった。というのも、OEM らとトラックバイヤーとの間の取引は、まず、OEM らがトラックの構成部品（HD 変速機を含む）をデータブックに掲載してバイヤーらに提示し、バイヤーらは当該データブックの中から自身の望む部品を指定してトラックを購入するという形態で行われていた。

掲載することが禁じられた。(なお、かかる「排他的データブック」は、従前、この業界では一般的ではなかった)。

⑤　各OEMは、Eaton製品を同等の競争者製品よりも有利に価格設定するよう義務付けられた（各OEMは、実際に、ZF Meritor製品を選択するバイヤーに対して高価格を請求した）。

Eatonが以上の行為を開始した後、原告は市場シェアを減らし、最終的に市場から退出した。

原告は、EatonがOEMらとの間で「事実上の」排他的取引を行い、シャーマン法1条、2条、クレイトン法3条に違反したとして、Eatonを提訴した。他方、Eatonは、費用テストの適用を主張し、原告が費用割れの主張を一切行っていないことを理由として請求棄却を求めた。

(2)　**控訴裁判所の判断**

ア　**判断枠組みの決定**

㋐　一般論（判断枠組みの決定基準）

控訴裁判所は、まず、排他的取引型の枠組みと費用テストのどちらを用いるべきかを冒頭で検討し、「価格が、排除の明らかに支配的なメカニズム (the clearly predominant mechanism of exclusion)」であるかどうかを、費用テストを利用するかどうかの判断基準とするべきと判断した[90]。したがって、[仮に、排除の明らかに支配的なメカニズムが価格に存することが認められなければ、排他的取引型の合理の原則の下で判断されることになるのに対し]、排除の明らかに支配的なメカニズムが価格に存すると認められるケースであれば、「当裁判所は、単一製品市場内部で供給業者が提供する占有率リベート・数量リベートに対して価格費用テストが適用されるという、当裁判所の姉妹巡回区（*Concord Boat*や*Barry Wright*を例示）の判示に仲間入りする」こととなる[91]。（なお、本判決は、以上の判示を行った際に、同じ巡回区の*LePage's*判決[92]の適用範囲をバンドルリベートに限定し、同判決は単一製品事案には適用されないと述べている。）

---

90)　*ZF Meritor*, 696 F.3d 275.
91)　Id. n. 11.
92)　*LePage's Inc. v. 3M*, 324 F.3d 141（3d Cir. 2003）(en banc).

㈥　本件の排除のメカニズムの検討
　a　リベートの事実について
　控訴裁判所は、本件で問題の行為の「排除の明らかに支配的なメカニズム」の検討に当たって、まず、占有率リベートの事実について、次のように述べる。
　「当裁判所は、Eaton のリベートが原告の訴訟の構成部分であったことを認識している。……Eaton のリベート後価格は OEM らにとって魅力的であり、Eaton の低価格は、実際に、OEM らが LTA を締結することへの誘因であったかもしれない。この事実は、関連しないわけではない……。」
　ところが、控訴裁判所は、次のように釘を刺した。
　「しかしながら、Eaton の主張に反し、この事実は、決定的なものではない。」[93]
　b　リベート以外の様々な事情（本件の特殊性）
　控訴裁判所は、引き続いて、本件の特殊性として、次の諸事実を指摘した[94]。①OEM らは、データブックから ZF Meritor 製品を除去したくなかったが、Eaton からの金銭的制裁や供給不足にさらされることを恐れてそれを余儀なくされた。②「OEM らが占有率目標を達成することに条件付けられていたのはリベートだけではなく、Eaton による協定の継続的な遵守も同様に条件付けられていた」。③占有率目標が満たされなかった場合、OEM らは、Eaton との間で契約の打ち切り、価格上昇、供給不足などの大きなリスクを負う。ところが、Eaton は本件市場の独占者であり、OEM らは競合品を取り扱う場合でもなお Eaton から相当な量を購入する必要があるので、Eaton からの供給を失うことは OEM らにとって選択肢にならない。
　それらの事実に基づいて、控訴裁判所は、「本件は、顧客による購入目標の遵守に関して、低価格が明らかな原動力であった事案ではない。本件は、(*Concord Boat* 判決のように) 競争者がよりよい価格をオファーしたならば顧客らが自由に転換できたケースではなかった。占有率目標を達成しなかった場合、HD 変速機の支配的製造業者 Eaton との関係が危険にさらさ

---

93)　*ZF Meritor*, 696 F.3d 277.
94)　Id. at 277-278.

れてしまうため、占有率目標の遵守は強制的（mandatory）であった……」と評価した[95]。

控訴裁判所は、本件では、「価格それ自体が排除の明らかに支配的なメカニズムではないので、価格費用テストに関する判例法［に基づいて判断するの］は不適切であり、合理の原則が、原告の主張を評価するための適切な判断枠組みとなる」と結論付けた[96]。

イ　合理の原則の下での判断

控訴裁判所は、引き続き、合理の原則の下で、「事実上の部分的排他的取引」の存在、協定の反競争性の順に検討を行った。

まず、前者に関し、控訴裁判所は、上記ア(イ)bとほとんど同じ事実を繰り返した上で、占有率目標は明示的な購入義務と同等に実効的であり、事実上の排他的取引が存在すると判断した[97]。

引き続き、反競争効果に関し、控訴裁判所は、Eatonの支配的な地位、閉鎖の程度の大きさ（原告らによると、競争者に残されていたのは市場のわずか15％であった）、存続期間の長さ、多くの反競争的な条項の存在[98]などから、Eatonの行為の「累積効果」は、競争に対して負の影響を与えるものであったと判断した[99]。

なお、控訴裁判所は、最後に、「当裁判所は、問題の排除的な条項を個別に分析するのではなく、LTA全体としてのより広い文脈において分析しており、当裁判所は、Eatonがコストを上回る価格を維持していたことを認識している。全ての条項が排除的であるわけではないとしても、LTAが、全体として、競争に負の影響を与える排他的取引協定として機能したと陪

---

95)　Id. at 278.
96)　Id. at 277.
97)　Id. at 282-284.「OEMらが占有率目標を達成することに条件付けられていたのはリベートだけではなく、Eatonによる協定の継続的な遵守も同様に条件付けられていた」という言及を、ここでも繰り返している。
98)　前述した「データブック」条項や、Eaton製品に競争者製品よりも有利な価格を設定させる条項。「LTAは、合理的な陪審が反競争的と認定できる条項に満ち溢れている」Id. at 287.
99)　Id. at 284-289.

審が判断するのに十分な証拠をZF Meritorが提出したものと、当裁判所は結論付ける」と注記し[100]、占有率リベートそれ自体ではなく、LTAが全体として問題のあるものだったという観点を特に強調している。

（控訴審で敗訴した被告Eatonは、連邦最高裁にcertiorariを求めたが、否定された。その際、HovenkampやFTC元委員長Kovacicら著名な学者18名が被告側でのamicus curiaeとなっている[101]。）

2 ZF Meritor判決の意義と同判決の残した課題

本判決に関して特に検討されるべき重要な問題は、次の2点である。

第一に、本判決は、結論的に占有率リベートを違法としたが、他方、前款で紹介したように、他の巡回区控訴裁判所では数多くの適法先例が存在した。本判決と他の巡回区控訴裁判所の一連の適法先例との間の結論の差は、何に起因するのか。本判決と他の巡回区の先例との間には、そもそも法理自体に違いがあるのか、それとも、法理自体に違いがあるわけではなく、事実関係の違いの反映にすぎないのか。

第二に、本判決は、「排除の支配的なメカニズム」が価格に存するのかどうかを費用テストの採否の基準とするとしたが、「排除の支配的なメカニズム」が価格なのかどうかは、どのように判断されるのか。どのような事実関係が存在すれば、「排除の支配的なメカニズム」が価格以外にあると判断されうるのか。

以下、(1)と(2)でこれらの点について検討する。

(1) 本判決と第1款で取り上げた適法先例との間の異同

ア 法理上の異同

まず、第一の点につき、学説の中には、本判決と他の巡回区の適法先例との間の違いを指摘するものもある[102]。しかしながら、上記1で紹介したように、少なくとも本判決自身は、*Barry Wright*判決や*Concord Boat*判決

---

100) Id. n. 20.
101) Brief for Eighteen Scholars as Amici Curiae in Supp. Of Pet'r, *Eaton Corp. v. ZF Meritor LLC*, No 12-1045, On Pet. For Writ of Cert. (Mar. 28, 2013).
102) HOVENKAMP, supra note 19, at 494.

など他の「姉妹」巡回区控訴裁判所判決との間での法理上の整合性を強調しており、それらの判決とは事案が異なっていたというニュアンスを強調している。

確かに、本判決は、「排除の支配的なメカニズム」が価格に存するのかどうかによって、価格費用テストを使うのか、それとも、排他的取引型の合理の原則の下で判断するのかを決定するという、一見すると新しい基準を打ち出しているようにも見える。しかしながら、本判決の提示する判断方法と、前款で取り上げた他の一連の先例の判断方法との間で、本質的な部分に大きな違いがあるわけでは必ずしもない[103]。

第一に、本判決は、価格が排除の支配的なメカニズムと認められるケースであれば、占有率リベートの事案であっても費用テストを適用すると明言している。そして、本判決の理解によると、*Barry Wright* 判決や *Concord Boat* 判決などは排除の支配的なメカニズムが価格に存する事案であったということであるから、その意味で、本判決は、少なくとも法理上は、*Concord Boat* や *Barry Wright* など他巡回区の適法先例との共通性を保っている。

第二に、排除の支配的なメカニズムが価格でないとされる場合に関しても、そもそも占有率値引きが適法とされた従前の先例においても、占有率値引きに加えて他の追加的な事情を示すことによって事実上の排他的取引の存在を立証することまでは、法理上は否定されていなかったのであり(特に前記 *Allied Orthopedic* 判決参照)、現に、地方裁判所では排他的取引を認定された事案もあった[104]。確かに、本判決は、「排除の支配的なメカニズム」を冒頭で検討して価格費用テストか排他的取引型の合理の原則のどちらを利用するかを決するという方法を採用しているが、本判決が実施した「メカニズム」にかかる検討は、他の判決が排他的拘束の有無に関して行って

---

103) なお、「価格が排除の明らかに支配的なメカニズム」であるかどうかを費用テストの採否の基準とする方法自体に対しては、被告(上訴人)側 amici も反対していない。Brief for Eighteen Scholars as Amici Curiae in Supp. Of Pet'r, at 5.
104) *Masimo*, supra note 63. 被告のためのサマリージャッジメントが否定された *Natchitoches Parish Hosp.*, supra note 76 も参照。

いた検討（競争者に転換する「自由」が残されていたのか、顧客に対する「強制」の要素が存在したのか等。前款5(2)参照。）と実質的に重なり合っているとも言える。現に、本判決は、「メカニズム」を認定する場面と排他的取引の存在を認定する場面の双方で、ほとんど同じ事実を繰り返していた。

とすると、本判決の採用した判断枠組みも、その実質としては、前款5で説明した2段階の分析方法（①拘束性の存否の検討→②実質的市場閉鎖効果の存否の検討）との間で、大きな違いはもたらさないとも考えられる[105]。

結局、本判決の認識によると、他の巡回区の一連の適法先例は排除の支配的なメカニズムが「価格」の事案であったのに対して、本判決は排除の支配的なメカニズムが「価格」以外の事案であったということであるから、本判決と他の巡回区の一連の適法先例との間の結論の違いは、事実関係の違いによるところが大きいということになろう。では、事実関係の違いは、いかなる点に存したのか。

イ　本件と他巡回区の適法先例との間の事実関係の違い

本判決が強調するように、本件では、単に占有率値引きだけが問題となっていたわけではなかった。本件では、占有率値引きに加えて、出荷停止の脅しや、「データブック」条項など他の反競争的な条項も存在した。本判決によると、本件は、それらも含めて協定「全体として」の「累積効果」の問題であった。

前款5において、占有率値引き以外の他の抑圧的行為の存在を追加的事情として主張することで、占有率目標の遵守義務（＝事実上の排他的取引）が認定される可能性（実効性担保手段型）を指摘したが、本件は、まさにそのタイプの事案であったと考えられる。実際に、本判決が強調する出荷停止の危険性などの問題は、顧客らにとって、リベート喪失の懸念とは別の問題を惹起しうる[106]。占有率リベート以外の一連の反競争的な条項の問題も含め、本判決の認定事実を前提とするならば、本件の事案は、占有率リベート以外の抑圧的・排他的行為の認定されていない他の巡回区の適法先例とは質的に異なるものであったと言えよう[107]。

105）　See also Klein & Lerner, supra note 79, at 674（*ZF Meritor* 判決が、事実上の排他的取引の認定→市場閉鎖効果の認定という二段階の分析を行ったことを指摘).

(2) 「排除の支配的なメカニズム」の判断方法

本判決の提示した枠組みの下で判断する場合、「排除の支配的なメカニズム」が価格に存するのかどうかをどのように判断するのかが重要となる。この点については、さしあたって以下の3点が指摘可能である。

第一に、大前提として、本判決が *Concord Boat* 判決などを「排除の支配的なメカニズム」が価格の事案と断定していることから、本判決も、単に占有率リベートの事実しか現れていない事案であれば、仮に行為者が独占力を有する事業者であったとしても、価格による排除の事案として捉えていることが窺われる。その意味で、やはり、EU の伝統的判例法理のように支配的事業者による占有率リベートの供与をそれ自体として排他的取引と同視しているわけではない。「排除の支配的なメカニズム」が価格以外に存すると認められるためには、やはり、前款5で述べたように、占有率値引き以外の追加的な事情の主張が必要となろう[108]。

第二に、その点に関連して、前款5では、排他的拘束性が認められるた

---

106) 忠誠リベートをめぐる経済学の議論（第3章1）や欧州委員会の議論（第4章）は、顧客が条件を遵守せず、「コンテスタブルな部分」を競争者に転換した場合であっても、「非コンテスタブルな部分」については、引き続き支配的供給業者から供給を受けられることを前提としていた。マストストックが存在する場合、顧客らは、支配的供給業者から出荷停止されると、直ちに事業活動の継続に支障を来す。したがって、出荷停止の危険が存在する場合、リベートだけであれば対抗可能であった競争者でさえ、対抗不可能となりうる。

107) 本判決は、欧州のかつての例のように、マストストックが存在する場合のリベートの「吸引効果」のみによって拘束性を認めたものではなかった。本判決は、「Eaton による協定の継続的な遵守」も占有率の達成に条件付けられていたことを前提に、マストストックの観点を、排他的取引それ自体の反競争性の根拠（マストストックが存在する場合、顧客らは、支配的事業者による全か無かのオファーに抗えない。前注参照。）としてまで踏み込んで評価していた。Eaton の解除権が本当に信頼性のある脅しを構成していたのかどうかには疑問も残りうるが、OEM らが Eaton の報復を恐れるのに十分な状況は存在したように思われる。

108) Klein & Lerner, supra note 79 は、「排除のメカニズム」が価格であるかどうかを分かつのは「非価格（non-price）」のインセンティブメカニズム（出荷停止や供給上のリスクなど）の存否であると指摘している。なお、Klein ら自身の主張としては、以下の②のマストストック型の場合に関しては、排除のメカニズムは価格にあるとしつつ、欧州委員会型の実効価格テストによるべきことを主張している。

めの追加的事情として、①実質的に占有率の遵守義務が存在するのと同視できるようなその他の不利益や抑圧的行為が存在する場合（実効性担保手段型）、②マストストックの存在を「梃子」とすることによって拘束性がもたらされる場合（吸引効果）、という2つの可能性を指摘した。前記(1)イで述べたように、本件そのものは①タイプの事案であったと考えられる。実際に、占有率値引きに加えて出荷停止の脅しのような行為まで行われているケースであれば、「排除の支配的なメカニズム」が価格以外であると認定することは困難ではなかろう。

とすると、第三の問題は、出荷停止の脅しなど他の抑圧的行為が認定されていな事案であっても、仮に原告側がマストストックの存在を主張しているような場合であれば、マストストックの存在を追加的な事情とする形で、第3章1で述べた「吸引効果」のメカニズムに基づき、「排除の支配的なメカニズム」が価格以外に存すると認定される余地が、どの程度あるのかである。これは、ある意味では最大の関心事であるが、本判決の直接判断するところではない。前款で述べたように *Masimo* 判決はそのタイプの事案として理解されているが、同判決の事実関係は非常に特殊であった。もっとも、この問題に関しては、次の最新の *Eisai* 判決において興味深い議論が行われている。

したがって、次の *Eisai* 判決を紹介した後、改めてこの問題を検討することとしたい。

3　*Eisai v. Sanofi* 事件第一審判決と控訴審判決[109]の比較：マストストックについての考え方

(1)　事案の概要

被告 Sanofi と原告 Eisai は、ともに、深部静脈血栓症の薬である低分子ヘパリン製剤を販売している。Sanofi が販売する同製剤である Lovenox は、米国食品医薬品局（FDA）によって承認された7つの適応症（用途）を有していたのに対し、Eisai が販売する同製剤である Fragmin は、FDA によっ

---

109)　*Eisai Inc. v. Sanofi-Aventis U.S., LLC.* 2014 U.S. Dist. LEXIS 46791（D.N.J. 2014）；821 F.3d 394（3d Cir. 2016）.

て承認された5つの適応症を有していた。各々の適応症は部分的に重なり合っていたが、Sanofi の販売する Lovenox は、競合製品にはない独自の適応症（心臓病）を有していた[110]。

低分子ヘパリン製剤の米国市場のリーダーであった Sanofi（関連期間中の市場シェアは81.5％～92.3％）[111]は、Lovenox の販売に際して、顧客らに対し、占有率値引きと数量値引きの複合的なスキームを実施した。すなわち、顧客らは、Sanofi からの購入占有率が75％を下回る場合には一律1％の値引きを獲得できたのみであったが、Sanofi からの購入占有率が75％を超えると、購入占有率又は購入数量がいくつかの累進的な所定の閾値をさらに上回るごとに、購入占有率と購入数量の双方に基づいて計算されるより大きな値引きを獲得できた[112][113]。Sanofi の実施した値引きシステムは、顧客らに対して Sanofi からの Lovenox の購入を契約上義務付けるものではなかった。顧客らは、目標占有率等を維持しなくても値引きを失うだけで、依然として Sanofi から Lovenox を購入すること自体は可能であった[114]。

原告 Eisai は、被告 Sanofi の行為が「事実上の排他的取引」に当たるとして、シャーマン法1条、2条（独占化、独占化の企図）、クレイトン法3条違反を主張して同社を提訴した。これに対して、Sanofi の側は、同社の行為は価格競争であるので本件では価格費用テストが適用されると主張して、請求棄却を求めた。なお、本件の原告側専門家証人は、Elhauge 教授である。

---

110) なお、Eisai の販売する Fragmin の側にも、癌という独自の適応症はあった。
111) 地裁判決では、サマリージャッジメント申立てであることを踏まえて被告の独占力は前提とされている。控訴審判決では、独占力の存否は争点化していない。
112) Sanofi の値引きシステムの具体的な内容は、*Eisai*, 2014 U.S. Dist. LEXIS 46791, ＊11-12参照。例えば、目標占有率75％を達成すると、値引き率は9％に跳ね上がった。
113) なお、このような値引きスキームを実施していたのは被告 Sanofi の側だけでなく、原告 Eisai の側も、占有率目標と数量目標からなる複合的な値引きスキームを実施していた（目標占有率は、Sanofi と比べてかなり低かったが）。Eisai の側のスキームの具体的内容は、id. ＊32-34と同頁の表参照。
114) *Eisai*, 821 F.3d 400.

(2) 地方裁判所判決（2014）：「排除の支配的なメカニズム」は価格と認定
　ア　結論
　ニュージャージー州連邦地方裁判所は、「本件における当事者間の主な争いは、価格費用テストが適用されるべきか、それとも、排他的取引の枠組みの下で分析されるのがより適切かである」と述べ、上記 *ZF Meritor* 判決の枠組みに沿って「排除の支配的なメカニズム」についての検討を行った。そして、結論的には、本件における「排除の支配的なメカニズム」は価格であると認定し、本件では価格費用テストが適用されるとして[115]、被告の値引き価格が費用割れでないことに争いがなかったことから被告側にサマリージャッジメントを認め、原告の請求を棄却した。
　その際に、以下の諸点が争点化し、次のような判断が下されている。
　イ　「排除の支配的なメカニズム」に関するいくつかの争点と判断
　(ア)　出荷停止の脅しの有無
　第一に、出荷停止の脅しの有無が争点となった。原告側が、被告の慣行によって顧客らは被告のライバル製品の購入を妨げられたと主張したのに対し、被告側は、被告は出荷停止の脅しを行っておらず、*ZF Meritor* 判決の射程は出荷停止の脅しが存在した事例に限定されると主張した。地方裁判所は、本件では *ZF Meritor* 判決の状況とは異なり出荷停止の脅しは存在せず、本件における唯一の「梃子」は、価格であったとした[116]。
　(イ)　マストストックの問題に関する判示
　第二に、マストストックの問題も、（おそらく米国の連邦裁判所レベルで初めて自覚的に）争点化した。原告側は、被告が需要の非コンテスタブルな部分とコンテスタブルな部分をバンドル[117]したため、顧客らは（コンテスタブルな部分について）競合品を購入する場合、（非コンテスタブルな部分での）

---

115) なお、裁判所は、補完的に排他的取引の基準の下での検討も行ったが、結局、顧客らが問題の協定から「自由に離脱できた」ことなどを理由に、違法ではないとしている。*Eisai*, 2014 U.S. Dist. LEXIS 46791, *82-102. なお、本判決は、その判断の際に、前款で紹介した *Allied Orthopedic* 判決や *Concord Boat* 判決も大いに参照している。
116) *Eisai*, 2014 U.S. Dist. LEXIS 46791, *68-72。

高価格の支払を余儀なくされたと主張した。

　原告側のこの主張に対して、地方裁判所は、次のような興味深い判示を行った。すなわち、地方裁判所は、（本件が LePage's 判決のような別個の製品のバンドルでなく単一製品の事例であることを前提に）「これらの独自の適応症に関する非コンテスタブルな需要[118]は、当該製品（Lovenox）の固有の特性に帰するものであり、したがって、能率に基づく競争に帰するものである。したがって、原告は……『より低価格でより優れた製品』を提供することによって競争することができたはずである。」（下線追加）と述べ、原告の主張は価格以外の排除戦略の存在を裏付ける主張ではないと判断した[119]。（なお、本件の原告は、欧州委員会型の変則的な実効価格テストの主張は行っていない[120]。）

　(ウ)　転換コスト

　さらに、原告側は、被告の行為は買手の転換費用を引き上げ、ライバルの効率性を阻害したと主張したが、裁判所は、買手の転換費用に対する効果もやはり価格に関連するものであると判断した[121]。

(3)　第三巡回区控訴裁判所判決（2016）：適法、しかし合理の原則の下で判断

　原告 Eisai は、以上の地方裁判所判決を第三巡回区控訴裁判所に控訴し

---

117)　なお、本件の原告側は「バンドル」という語を使っているが、以下で述べるように本件は複数製品リベートではなく単一製品忠誠リベートの事案であり、ここでいう「バンドル」は、「梃子」という程度の意味であろう。

118)　原告は、被告製品にかかる「非コンテスタブルな需要」が存在することの根拠として、被告製品 Lovenox が、競争者製品にはない独自の適応症（心臓病）も有しており（上記(1)参照）、この適応症のために病院は一定数の Lovenox を揃えておく必要があったと主張していた。

119)　Eisai, 2014 U.S. Dist. LEXIS 46791, *72-76. なお、被告の競争者である原告の利益率が非常に高かったことへの言及もある。

120)　なお、この点に関し、Moore & Wright, supra note 77, n. 84 は、当該製品の利益率が非常に高いため、変則的な価格費用テストでも費用割れを立証するのが困難だったことが１つの理由であろうと推測している。なお、私見では、本文の判示に照らすと、少なくとも本件の事実関係の下では、いずれにせよ欧州委員会型の実効価格テスト自体が地方裁判所に受け容れられたとは思われない。

121)　Eisai, 2014 U.S. Dist. LEXIS 46791, *76-78.

た。控訴裁判所は、結論的には、Sanofi の行為の違法性を否定して原判決を維持したが、その理由付けは、上記地方裁判所判決とは異なっていた。

控訴裁判所は、まず、①排他的取引の違法性の有無は合理の原則の下で判断されるとして、合理の原則の下で Sanofi の行為が反競争的かどうかを検討してそれを否定した上で、引き続き、②自身の行為は価格競争にすぎないので本件では価格費用テストが適用されるべきという Sanofi の主張の当否を検討し、それを否定するという構成をとった。以下、アとイで、それぞれにかかる判断の概要を紹介する。

ア　控訴裁判所による合理の原則の下での検討

(ア)　マストストックの主張について

原告 Eisai の側は、控訴審においても、Sanofi が Lovenox にかかる非コンテスタブルな需要とコンテスタブルな需要をバンドルしたと主張したが、この主張について、控訴裁判所は合理の原則の下で次のように判断した。

まず、控訴裁判所は、同じ巡回区の *LePage's* 判決に言及し、同判決は複数の製品をバンドルした事案であったのに対し、本件は単一の製品における異なるタイプの需要をバンドルした事案であることから、本件の問題は *LePage's* 判決における懸念と同じではないとした[122]。そして、本件で原告側が提起している「斬新な理論 (novel theory)」を認めた先例は見当たらないとした[123]。

その上で、原告の主張につき、「仮に同じ製品にかかる異なるタイプの需要をバンドルすることが、抽象論としては競争を閉鎖しうるとしても、本件の記録には、同等に効率的な競争者が Sanofi との間で競争できなかったことを示すものは存在しない」と判断した。その際に、控訴裁判所は、次の2つの点に言及している[124]。第一に、「非コンテスタブルな需要」にかかる原告の主張の根拠である被告製品 Lovenox 独自の適応症（心臓病）の存在[125]に関連して、「確かに、FDA から適応症の承認を獲得するには有意

---

122)　本判決は、上記 *ZF Meritor* 判決が *LePage's* 判決の射程を複数製品のバンドリングの事案に限定したことにも言及している。
123)　*Eisai*, 821 F.3d 405-406.
124)　Id. at 406.

な量の時間とリソースを治験に投資する必要があるものの」、原告 Eisai は、「この市場に参入する競争者らが、固定費用が非常に高いために心臓病の適応症を獲得することができなかったことを立証する証拠」を提出しなかった。また、Eisai の側の製品も癌という独自の適応症を有していた。第二に、「Lovenox にかかる非コンテスタブルな需要のうちのどのくらいの割合が、他の要素ではなく、心臓病という Lovenox 独自の適応症に基づいていたのかも、Eisai は説明しなかった」。

(イ) ZF Meritor 判決や Dentsply 判決との事案の違い：出荷停止の脅しの有無

さらに、控訴裁判所は、本件と ZF Meritor 判決や Dentsply 判決[126]との事案の違いについて、次のように述べている[127]。まず、ZF Meritor 判決や Dentsply 判決では、「究極的には出荷停止の脅しが、顧客らに対して、被告らから購入し続ける以外に選択肢のない状態をもたらしていた」。これに対して、本件の顧客らは、占有率目標を達成しなくても契約を解消されることはなく、引き続き Lovenox を購入できた。原告側は「より高額な値引きを獲得できないという脅しが顧客らを『拘束した』」と主張するが、「値引きを失うという脅しは、ZF Meritor 判決や Dentsply 判決で問題となった反競争的行為とは、ほど遠い（a far cry）」。

(ウ) 小括

以上を踏まえて、控訴裁判所は、「LePage's 判決、Dentsply 判決、ZF Meritor 判決とは異なり、Lovenox の顧客らは競争製品に乗り換える能力を保持していたが、単にそうしないことを選択しているだけである」として、結論的には、Sanofi にサマリージャッジメントを認めた地方裁判所の判断を是認した。

イ 価格費用テストの適用の否定

ところで、控訴裁判所は、Sanofi の行為の適法性に関して合理の原則の下で上記のように判断した後、さらに、本件では価格費用テストが適用さ

---

125) 前掲注 118)。
126) United States v. Dentsply Int'l, Inc., 399 F.3d 181 (3d Cir. 2005).
127) Eisai, 821 F.3d 406-407.

れるべきというSanofiの主張に対する判断を行った。そして、上記アの合理の原則の下での判断に際しては、被告Sanofiの顧客らは「競争製品に乗り換える能力を保持していた」と判示していたにもかかわらず（上記ア(ウ)）、価格費用テストの適用の当否の判断に際しては、「……当裁判所は反対である。当裁判所は、原告Eisaiの主張が根本的には価格慣行に関するものであるという立場には説得されない」と判断し、その際、次のように述べている[128]。

「*ZF Meritor*判決によると、排他性に関する他の手段を価格が圧倒している（predominate over）場合に、価格費用テストが適用される。これは、事業者が単一製品忠誠値引き・リベートを用いて類似の製品と競争している場合には、通常当てはまる[129]。そのような状況下では、同等に効率的な競争者はロイヤルティー価格に対抗することができ、事業者らは能率に基づいて競争することができる。その場合、事実に関する詳細な分析は不必要である。なぜなら、我々は、『天秤（the balance）が、常に、コストを上回る価格慣行を許す方向に傾く』ことを知っているからである。その結果、我々は、そのような状況では合理の原則の適用として価格費用テストを適用し、コストを上回る当該価格設定を当然適法であると結論付ける。しかし、事実関係が異なる場合、我々の結論は異なりうる。例えば、本件で、Eisaiは、FDAから独自の適応症を獲得した同社のライバルが、非コンテスタブルな需要とコンテスタブルな需要をバンドルする値引きを供与したと主張している。Eisaiの言い分によると、価格ではなく、バンドリングが、排除の主要な道具として使われたのである。当裁判所は、Eisaiの主張は実質化されておらず合理の原則分析を満たさないと判断したので、この種の主張に対して価格費用テストが適用されるのはどのような場合なのか、また、この種の主張に対して価格費用テストが適用されることはあるのかについて、意見を述べることはしない。」

(4) 検討：第一審判決と控訴審判決の比較

以上のように、*Eisai*事件第一審判決と控訴審判決は、被告Sanofiの側に

---

128) Id. at 408-409.
129) 本判決は、その例として、*Barry Wright*判決・前掲注29）、*Concord Boat*判決・前掲注51）、*Nicksand*判決・前掲注75）を挙げる。*Eisai*, 821 F.3d n.50.

サマリージャッジメントを認めて違法性を否定したという結論は同じであるが、その理由付けは大きく異なっており、しかも、両判決ともに、忠誠リベートの問題を考える上で非常に示唆的な内容の判示を含んでいる。

ア　第一審判決と控訴審判決の相違点の確認、並びに問題点の整理

第一審判決と控訴審判決は、最終結論は同じであるが、以下のように、判断の構造、判断の内容の双方に関して相違点が存在する。（なお、本項アでは、両判決の相違点の簡潔な確認にとどめ、両判決の判示事項に関するより詳細な検討は、後記イと後記4で行う。）

(ア)　両判決の判断構造の相違

第一に、両判決の判断構造に関し、第一審判決は、上記 *ZF Meritor* 判決の枠組みに沿って検討し、本件の排除の支配的なメカニズムは価格であったと判断して、価格費用テストを適用した[130]。

対照的に、控訴審判決は、基本的には排他的取引型の合理の原則の下で被告 Sanofi の行為の違法性の有無を検討している（上記(3)ア）。控訴審判決は、さらに、被告の行為が本質的には価格行為であるという主張も一応は否定し、本件では価格費用テストを適用するべきという被告側の主張を拒絶している（上記(3)イ）。ただし、控訴審判決が、同じ巡回区の先例である *ZF Meritor* 判決の枠組みをどのように位置付けているのかは非常に分かりづらい。また、控訴審判決が、被告の行為が価格行為であることを否定した部分の判示（上記(3)イ）をどのように理解するべきかも、見方が分かれうるであろう（後記イ参照）。

(イ)　両判決の判断内容の相違点と共通点

a　マストストックの「バンドル」の主張について

両判決の第二の相違点として、両判決の判断の内容に関しては、原告側による、被告が顧客の需要の「非コンテスタブルな部分」と「コンテスタブルな部分」を「バンドル」したという主張に対する判示が、特に重要であろう。

第一審判決が、本件での「排除の支配的なメカニズム」は価格以外にあっ

---

[130]　なお、念のために排他的取引の枠組みの下での検討も行ってはいる。前掲注115)。

たという原告側の主張を否定する文脈で、原告の主張する「非コンテスタブルな需要」の存在は被告製品 Lovenox の「固有の特性に帰するものであり、能率に基づく競争に帰するものである」として、原告は「より低価格でより優れた製品」を提供することによって競争することができたはずである、と述べていることは特に注目される。第一審判決では、少なくとも本件のような事実関係の下でのマストストック型の排除の主張そのものが、拒絶されている。

対照的に、控訴審判決では、合理の原則分析の下での最終的な判断の部分の判示（上記(3)ア）と、本件での価格費用テストの適用を否定した部分の判示（上記(3)イ）の双方において、マストストックの問題への言及が見られるが、その判示は曖昧である。前者の文脈では、あくまで、原告側の主張を基礎付けるのに十分な証拠が提出されていないとしたのみであり、かかる主張自体の当否や許容性について明快なことは述べられていない[131]。後者の文脈（上記(3)イ）では、一見すると、原告側が「非コンテスタブルな需要」と「コンテスタブルな需要」との「バンドル」による排除を形式的に主張しているだけで、「排除の支配的なメカニズム」が価格であることが否定されているように見えなくもないが、他方、「この種の主張に対して価格費用テストが適用されるのはどのような場合なのか、また、この種の主張に対して価格費用テストが適用されることはあるのかについて、意見を述べることはしない」とも述べており、やはり何らかの具体的な基準を示すことを回避している。

b　出荷停止の脅しについて

第一審判決と控訴審判決の共通点としては、双方の判決において、本件では ZF Meritor 判決で問題とされたような出荷停止の脅しが存在しなかったことが指摘されている。出荷停止の脅しが存在しなかったという点は、本件の前提となる事実関係として、また、本件と ZF Meritor 判決との事案の違いとして[132]、重要であろう。

---

131) ただし、「本件の記録には、同等に効率的な競争者が Sanofi との間で競争できなかったことを示すものは存在しない」として、あくまで同等に効率的な競争者にとっての対抗可能性を問題にしていることが窺われる点は、注意を引く。後記 4 参照。

(ウ) 両判決についての検討課題

以上のような Eisai 事件第一審、控訴審両判決を比較すると、次の2つのさらなる検討を要する問題が浮かび上がる。

第一に、「排除の支配的なメカニズム」が価格に存するのかどうかによって価格費用テストを適用するか合理の原則の下で分析するかを決めるという ZF Meritor 判決の枠組みは、同じ巡回区である Eisai 控訴審判決においてどのような位置付けを与えられていたのか。

第二に、両判決は、単一製品忠誠リベートの反競争性の根拠として、マストストック部分での力を梃子とする「吸引効果」による拘束性を主張する余地を、どの程度残していたものと理解されるのか。とりわけ控訴審判決は、その余地を潜在的に広く残していると言えるのかどうか。

以下、引き続き、これらの問題について検討する。

イ　ZF Meritor 判決の基準の位置付け：Eisai 控訴審判決が価格費用テストを利用しなかった理由について

Eisai 控訴審判決が、本件での価格費用テストの利用を否定した文脈（上記(3)イ）では本件の排除の手段が価格ではなかったことを前提としつつ、他方、合理の原則分析に基づく検討を行った文脈（上記(3)ア）では、顧客の側に競争者に乗り換える選択肢が残されていたことを強調しているのは、一見、奇妙にも見える。

Eisai 第一審判決は、ZF Meritor 判決の判断枠組みに忠実に従っていたと評価できるが、他方、控訴審判決は、同じ巡回区の先例である ZF Meriotr 判決のいう「排除の支配的なメカニズム」に関して実質的な検討をほとんど行っていない。

Eisai 控訴審判決が「排除の支配的なメカニズム」に係る ZF Meritor 判決の枠組みをどう位置付けていたのかは不明瞭であるが、Eisai 控訴審判決が価格費用テストの適用を否定した部分（上記(3)イ）の判示に関しては、少なくとも次の2つの見方が成り立ちうる。

---

132) See Klein & Lerner, supra note 79, at 678. Klein & Lerner の論文は、Eisai 事件控訴審判決が出る前に書かれたものであるが、ZF Meritor 事件と Eisai 事件の違いを、非価格的なメカニズムの存否に求めている。

第一の見方として、*Eisai* 控訴審判決が、第一審判決とは対照的に、被告の行為が本質的には価格行為であるという主張を一応は否定し、本件での価格費用テストの利用も否定していること、その際、控訴審判決は、本件の原告が、被告が「非コンテスタブルな需要とコンテスタブルな需要をバンドルする値引き」を供与し、本件の排除の道具は価格でなくバンドリングであったと主張していたことを重視していたことを強調するならば、単に原告側がそのような主張をしていたというだけで、「排除の支配的なメカニズム」が価格ではないことを前提に、価格費用テストではなく排他的取引型の合理の原則の下での分析が選択されたという見方も成り立ちうる。換言すると、*Eisai* 控訴審判決の立場は、「排除の支配的なメカニズム」の検討段階で価格による排除であるとして価格費用テストに振り分けられるのは、「排他性に関する他の手段を価格が圧倒している」ことが原告の主張から明らかな場合のみで、「他の手段を価格が圧倒している」とまで必ずしも断定できないような場合には、とりあえず合理の原則の下で検討しようという立場とも言いうる[133]。もっとも、とりわけ米国では、学説においても忠誠リベートを価格行為の一種と見る立場が根強いことから（後記第4節）、そのような判断方法が用いられていると、忠誠リベートの事案において価格費用テストが利用される範囲が狭められ、忠誠リベートが違法とさ

---

[133]　なお、「排除の支配的なメカニズム」に関する検討の位置付けについて仮に本文のような立場をとる場合、それは、*ZF Meritor* 判決自身の分析方法とは明らかに異なる。*ZF Meritor* 判決自身は、「排除の支配的なメカニズム」の検討の中でかなり詳細な検討を行っていた（ただし、それゆえに、逆に、合理の原則分析の中で排他的取引の存在を認定した箇所でも、「排除のメカニズム」を認定した箇所とほとんど同じ間接事実を摘示することにもなってはいたが）。
　なお、そもそも、*ZF Meritor* 判決によると、「排除の支配的なメカニズム」を先に検討する意義は、原告が排他的取引を主張しているからといって直ちに排他的取引型の合理の原則の下で判断するのではなく、まず、「排除の支配的なメカニズム」が価格に存するのかどうかを先に検討し、価格に存する場合には価格費用テストを適用し、価格以外に存する場合には合理の原則の下で判断するという形で、判断枠組みを振り分ける点にあった。ところが、仮に、マストストック部分での力を梃子とする吸引効果を訴状で主張しているだけで排除の支配的メカニズムが価格ではないと判断されてしまうことになる（あるいはその蓋然性が有意に高まる）のであれば、*ZF Meritor* 判決の枠組みはほとんど意味を成さなくなりうるであろう。

れる余地が潜在的に広がってしまうのではという懸念も、一方では生じよう（ただし、そのような懸念が現実化するかどうかは、合理の原則の下でサマリージャッジメントを通過するのにどの程度の事実関係が要求されるか次第である。次の次の段落を参照。）。

　他方、これに対しては、第二の見方として、上記(3)イの部分の判示は傍論にすぎないとする見方もありうる[134]。すなわち、控訴審判決は、本件での「排除の支配的メカニズム」が何であったのかに関する実質的な検討をほとんど行っておらず、また、「この種の主張に対して価格費用テストが適用されるのはどのような場合なのか」等について意見を述べることも回避している。要するに、本件で問題の行為は、（原告側の主張どおり「排除の支配的メカニズム」が価格ではないことを前提として）排他的取引型の合理の原則の下で検討する場合でさえ違法とは認められないのであるから（上記(3)ア）、価格費用テストの適否について詳細に検討する必要はそもそもなかったということである[135]。価格費用テストの利用を積極的に否定したのではなく、単に必要がないから利用しなかっただけであり、実質的な検討がほとんど行われていない(3)イの部分の判示にそれほど意味はないという見方である。

　以上のように、Eisai 控訴審判決が同じ巡回区の先例である ZF Meritor 判決の枠組みをどう位置付けていたのかは不明瞭であるが、Eisai 控訴審判決の判断構造からすると、私見では、後者の見方が相当なように思われる。もっとも、この問題は、最終結論に対しては大きな違いはもたらさないとも考えうる。というのも、ZF Meritor 判決自身、「排除の支配的なメカニズム」について判断した箇所と、合理の原則分析の中で排他的取引の存在を認定した箇所との間で、ほとんど同じような間接事実を摘示していた。結局、排除のメカニズムないし拘束性（競争製品を購入するという選択肢を妨げられていたかどうか）に関する実質的な検討を、入口の段階で取り出して行うのか、それとも、合理の原則分析の中でまとめて行うのかの違いに

---

134)　例えば、Salop, supra note 77, at 17 は、控訴審判決が「Sanofi の行為に価格費用テストが適用されるかどうかを判断する必要はないとした」と述べている。
135)　本判決がサマリージャッジメント申立てに対する判断であることにも注意が必要であろう。

すぎないとも言いうる。仮に拘束性に関する実質的な検討は合理の原則分析の中でまとめて行うという形になったとしても、（原告側に有利に推認しても）排他的取引の存在を実質的に肯定しうるだけの証拠が提出されていないならば被告側にサマリージャッジメントが認められることになるのであれば、「排除の支配的なメカニズム」をあえて冒頭で取り出して分析する場合と比べて、必ずしも大きな違いが生じるわけではない[136]）。とすると、*ZF Meritor*判決のように最終的に問題の行為の違法性を肯定する場合には、冒頭の「排除の支配的なメカニズム」を検討する入口段階で詳細な検討を行って価格行為性を否定して、問題の行為が本質的には価格行為なのではないかという疑義を退けておき、他方、*Eisai*判決のように最終的に問題の行為の違法性を否定する場合には、むしろ合理の原則分析の下で丁寧な分析を行っておく（排他的取引型の合理の原則の下で分析してさえ、反競争性は認められない）というのは、裁判所の態度としては、理解できるものである。

したがって、いずれにせよ、ポイントは、上記ア(ウ)で述べた第二の問題、つまり、最新の*Eisai*判決は、単一製品忠誠リベートの反競争性の根拠としてマストストック型の吸引効果による拘束性を主張する余地をどの程度残しているものと理解されるのか、という問題に帰着する。この問題については、引き続き、次項で他の判決と合わせて検討することとする。

4 米国において、マストストック型の「吸引効果」に基づく拘束性を主張する余地はどの程度あるのか：*Eisai*両判決の含意、並びにマストストックにおける存在と当為について

(1) 問題の所在

これまでに述べてきたように、米国の裁判例では、たとえ行為者の独占力に争いがない場合であっても、欧州の伝統的判例法理のように占有率リ

---

[136] 前述したように、*ZF Meritor*判決自身が、同判決のいう「排除の支配的なメカニズム」を特別に取り上げて分析したわけではない*Concord Boat*判決など他巡回区の先例との法理上の整合性を強調していた。ただし、これに対しては、*Eisai*控訴審判決によって、（少なくとも第三巡回区において）忠誠リベートが反トラスト法によって捕捉される範囲が潜在的に広がるのではという見方自体はありうる。後掲注153)参照。

ベートそれ自体で排他的取引と同視されることはなく、占有率リベートのような行為も、基本的には値引きの一種として扱われてきた。ただし、リベート以外の追加的事情と相俟って「事実上の排他的取引」を認定される余地は、一応残されていた。したがって、米国法における関心事は、どのような追加的事情を主張すれば「事実上の排他的取引」と認められうるのかであったが、前記2で述べたように、それには、2つのパターンが想定された。①出荷停止の脅しなどリベート以外の他の抑圧的な行為も行われていた場合。②マストストックの存在を「梃子」とすることで、忠誠リベートの拘束性が生じる場合。

このうち、①の他の抑圧的な行為が併存する場合に問題とされる可能性が大きいことは、*ZF Meritor* 判決の結論に加え、*Eisai* 判決の出荷停止の脅しに関する判示を踏まえてもますます明らかである。もっとも、リベートのほかに出荷停止の脅しのような形での圧力も加えられている場合に排他的取引を認定されるのは、当然のこととも言える。

これに対して、比較法的な観点でより興味深いのは、②のマストストック型の問題であり、これこそが、EU 法との違いが生じうる部分である。前章までで検討したように、EU の伝統的判例法においては、支配的事業者がマストストックにおける力を「梃子」として顧客らの取引先選択の自由を制限し、競争者のアクセスの機会を制限することを問題視して、忠誠リベートを排他的取引と同視し、厳格な規制を行ってきた。他方、米国では、マストストックの存在（のみ）を追加的事情として排他的拘束性を認められたと評される先例は、わずかに、事実関係の非常に特殊な *Masimo* 事件のみである。この問題が初めて自覚的に争点化した *Eisai* 事件でも、結論的には、被告側にサマリージャッジメントを認め、原告側の主張を否定している。

とはいうものの、この問題に関して、*Eisai* 両判決は示唆的な内容の判示を行っており、以下のように、それまでは必ずしも明示的な形では議論されていなかった重要な視点を浮かび上がらせたように思われる。

(2) マストストックの発生原因の関連性？　仮定的に同等に効率的な競争者であればマストストックそのものに対して対抗しうるかどうかの問題[137]

ア　問題の所在：「マストストック」概念についての考察

　Eisai 両判決などの検討に入る前に、第3章1(2)で積み残した課題を改めて確認しておく。第3章1(2)最終段括弧書きにおいて、「マストストックを梃子とすることによる顧客に対する拘束、さらには競争者の排除という視点をめぐっては、そもそもマストストックとは一体何なのか、また、そのような形での排除が生じる現実的危険性、とりわけ同等に効率的な競争者にとって脅威となる現実的危険性が実際にどの程度ありうるのかといった問題について、議論がありうる。」と指摘した。

　本書では、ここまで、「マストストック」という用語を、単に「個々の顧客それぞれの需要の中に、どうしても問題の支配的企業から購入する必要があり、競争者に転換することが困難な領域」として大雑把に定義してきた[138]。しかし、仮にそのような領域が存在するとしても、そのようなマストストックが発生する原因は、事案の状況によって異なりうる。第4章で紹介した欧州委員会ガイダンスは、ブランド選好や競争者の設備上の制約によってマストストックが生じうることを指摘していたが、その他にも、例えば、市場の一部の範囲における規制独占の存在[139]や、ロックイン[140]といった事情も、マストストックを発生させる原因となりうる。

　このように、マストストックを発生させる原因が状況によって様々であ

---

137)　以下で取り上げる問題意識について、筆者の前稿（拙稿「競争者排除型行為規制の目的と構造——忠誠リベート規制をめぐる欧州の変遷と米欧の相違を手がかりに(6・完)」論叢177巻2号49頁（2015年））執筆時においても、米国の議論が以下の観点に（暗に）影響されているであろうこと自体は強く想像されたものの、以下の観点を明示的・自覚的に議論している米国の主要な裁判例や文献が存在しなかったため、米国法の議論の整理としてはあくまで筆者の推測という形にとどめざるをえなかった（拙稿(6)注394, 399）。前稿脱稿後、*Eisai* 両判決が出たことによって、以下の問題意識がより可視化されたと思われる。

138)　第3章1(2)イ、特に同章注14）と対応する本文参照。

139)　EU の *Post Danmark II* 事件（第4章第2節）参照。

140)　米国の *Masimo* 事件参照。

るとすれば、マストストックを「梃子」とする行為の妥当性の評価、あるいは、特に同等効率性基準を前提とする場合、（仮定上の）同等に効率的な競争者にとっての対抗可能性の評価も、マストストックを発生させた状況によって異なると解する余地も出てくる[141]。例えば、欧州委員会が挙げていたブランド選好に関しては、顧客に対してそれだけ強いブランド吸引力を有すること自体が、当該支配的企業の製品がライバル製品と比べて優れていること（したがって、より効率的であること）を示すものに他ならないとする見方があっても不思議ではない[142]。一定の場合には、マストストックの存在自体が、当該製品の優越性の証であり、当該製品が既往の競争に勝ったことの証でもありうる。とすると、マストストックが少なくともそのような原因によって発生している場合には、仮にその部分での力を「梃子」として競争上の優位性を発揮したとしても、単に「製品の優越性」を利用しただけではないのかという疑問はありうる。要するに、少なくともそのような場合には、（現時点での）マ・ス・ト・ス・ト・ッ・ク・の「存・在・」を梃子として競争者を排除したからといって当該行為を不当視するべきではなく、そのような状況下では、（仮定的に）同等に効率的な競争者であればマ・ス・ト・ス・ト・ッ・ク・そ・の・も・の・に対して対抗できるはずであり、したがって、競争者の側は、より優れた製品を提供することによって、マ・ス・ト・ス・ト・ッ・ク・そ・の・も・の・に対して対抗するべきだという発想自体は、ありえよう[143]。

　以上の点につき、*Eisai* 第一審判決の判示は示唆的である。同判決は、被告 Sanofi 製品 Lovenox の有する独自の適応症（心臓病）に基づく非コンテスタブルな需要は、「当該製品の固有の特性に帰するものであり、したがっ

141）　なお、同等効率性基準が、本来、問題の行為が「仮定的に」同等に効率的な競争者にとって脅威となるかどうかを問うものであることとの関係につき、第 4 章第 1 節注 67）参照。

142）　See Salop, supra note 77, n.147. 本文で述べた問題については、第 6 章第 2 節 1 (2) イ注 41）～44）で詳述する。

143）　「マストストックそのものへの対抗可能性」というと形容矛盾に感じられるかもしれないが、単に競合製品が魅力的でないゆえに当該支配的事業者の商品が顧客らにとってマストストックとなっているにすぎない場合もありうるであろうから、真に同等に効率的な競争者であれば当該マストストックそのものに対して対抗可能かどうかという問いを立てることは可能であろう。

て、能率に基づく競争に帰するものである。したがって、原告は……『より低価格でより優れた製品』を提供することによって競争することができたはずである」と述べて原告の主張を排斥した。この判示は、まさに以上の発想を含意するものと考えられる。現実問題として、当該事業者の商品が魅力的であるからこそ、顧客らにとってマストストック（必須の品目）となっている場合も（常にではないにせよ）それなりにあるであろうことは、容易に想像される。したがって、同判決のような立場も、およそ不合理というわけではない[144]。それどころか、同判決の判示は、ある意味では、後述するように単一製品忠誠リベートの規制に消極的な米国の他の裁判例や一部学説の真意を代弁しているような判示とも言いうる（後記第4節2(2)参照）。

　以上を踏まえると、単一製品忠誠リベートの反競争性に関してさらなる検討を要するポイントは、以下のようにまとめられる。すなわち、まず、少なくとも行為時点で顧客らの側に「競争者に転換することが困難な領域」が存在していれば、忠誠リベートを通じてそれを「梃子」とすることによって顧客らを拘束し、競争者（効率性の劣る競争者を含む）の事業活動をより困難にすることは可能である（第3章1(2)参照）。もっとも、そのような「領域」が、（長期的な視点では）競争者の側での効率性の改善を通じて競争者の側でも同様に獲得することができないようなものなのかどうか、つまり真に同等に効率的な（仮定上の）競争者であっても対抗できないものなのかどうかは、一概には断定できない。したがって、問題は、①行為時点でのマストストックの存在そのものは所与として、その部分での力を「梃子」

---

[144]　なお、当然のことながら、反対の立場もありうる。例えば、マストストック自体は顧客らにとっての魅力ゆえに発生しているとしても、ブランドによる製品差別化を考慮すると、競争可能な領域であるコンテスタブルな領域では、どちらの製品が魅力的であるのかは一概には言えないとも考えうる（See Steven C. Salop, *Refusals to Deal and Price Squeezez by an Unregulated, Vertically Integrated Monopolist,* 76 Antitrust L.J. 709, 728-729（2010））。後記第6章注44）も参照。なお、EUのIntel事件欧州委員会決定¶1686においても、AMDのパフォーマンスが劣っていたというIntelの主張に対し、AMDが本当に苦しんでいたのであれば問題の行為はほとんど必要なかったはずだとして、Intelの前記主張はAMDからの「競争に対抗する」ためにIntelが条件付きリベートを供与した事実と矛盾することを指摘されている。

として、「コンテスタブルな部分において」競争者を対抗困難にしている限り、忠誠リベートの反競争性を見出すのか、それとも、②行為時点でのマストストックの存在そのものを所与とするのでなく、仮定的に「同等に効率的な競争者」であれば当該マストストックそのものに対して対抗しうるのかどうかという、マストストックそのものの妥当性の評価にまで踏み込むのかどうかである[145]。

イ　欧州と米国のそれぞれにおけるマストストックの捉え方

以上の点に関し、EU 法では、裁判所、欧州委員会ガイダンスいずれにおいても、少なくとも（大雑把な意味での）マストストックの存在そのものは所与としてそれを「梃子」とすることを問題視しており（しかも、裁判例では、問題の事業者が支配的事業者であるというだけでマストストックの存在が肯定されてきた）、マストストックそのものへの対抗可能性は問題にはならなかった。支配的事業者の「特別の責任」に基づいて厳格な規制を行ってきた欧州裁判所はもとより、忠誠リベートの反競争性評価に際して同等効率性基準を採用した欧州委員会ガイダンスでさえ、（大雑把な意味での）マストストックを梃子とする形で「コンテスタブルな部分において」仮定上の同等に効率的な競争者に脅威となるような場合には問題視しており、当該「マストストック」そのものが仮定上の同等に効率的な競争者であっても本当に対抗できないようなものなのかどうかについての詳細な検討は、要求していないようであった。

ところが、米国法では、マストストックの存在そのものを所与とするのでなく、マストストックの中身として、仮定的に同等に効率的な競争者であれば「当該マストストックそのものに対して」対抗可能な性質のものなのかどうかが（暗に）問われているように思われる。すなわち、米国では、競争者自身の効率性の改善によっても獲得できないような性質のマストストックを梃子として利用してはじめて、問題の行為が反競争的と評価される余地が出てくるのではないかと思われる。

原告の主張する非コンテスタブルな需要は「当該製品の固有の特性に帰

---

[145]　逆に言うと、マストストック概念を、その存在のみによって定義するのか、それとも、それを利用する行為の妥当性も含めて定義するのかの問題とも言える。

するもの」であり、原告は「より低価格でより優れた製品」を提供することによって競争できたはずだと述べる *Eisai* 第一審判決がその方向性であったことは、明らかである。*Eisai* 控訴審判決は、一見すると、単一製品忠誠リベートが反競争的とされる余地を広くとっているようにも見えるが、他方、以上のような発想が窺われる部分もある。同判決は、合理の原則分析の中で、原告側が提出した証拠が不十分であった点として、①原告 Eisai が、「この市場に参入する競争者らが、固定費用が非常に高いために心臓病の適応症を獲得することができなかったことを立証する証拠」を提出しなかったことと、②「Lovenox にかかる非コンテスタブルな需要のうちのどのくらいの割合が、他の要素ではなく、心臓病という Lovenox 独自の適応症に基づいていたのかも、Eisai は説明しなかった」という 2 点を指摘していた。このうち、②の点は、マストストックがそもそも有意に存在したのかどうかという問題にかかわるものの、他方、①の点については、競争者の側も問題の適応症（＝原告の主張するマストストックの原因）を同様に獲得することができたかどうかを問うており、結局、控訴審判決でさえ、マストストックそのものへの対抗可能性も問題にしていたと評価できる[146]。さらに、マストストックの観点から排他的拘束性が認められたと評される前記 *Masimo* 判決に関しても、一般論としては忠誠リベートの規制に消極的な一部の論者でさえ同判決の結論には好意的である[147]。結局、同

---

146) 控訴審判決は、FDA から適応症の承認を得るのに「有意な時間」がかかることも認めていることから（前記 2 (3)ア)、単に行為時点で問題の適応症によって顧客らにマストストックが発生していることを主張しているだけでは有効な主張とは認めていないと言える。本件がサマリージャッジメント申立てであったことも踏まえて控訴審判決の上記(3)ア(ア)第三段の判示を敷衍すると、単に現時点で独自の適応症の存在によって顧客らが被告から一定数量の購入を必要としていることを主張するだけでは失当であり、「固定費用が非常に高い」場合でない限り、原告ら競争者の側で「有意な量の時間とリソースを治験に投資する」ことで当該適応症を獲得することはできるはずであり、またそうするべきだという発想が窺われる。「固定費用が非常に高い」場合に当たるのか、それとも、「時間とリソースの投資」が通常の範囲内に収まるのかをどのように区別するのかは問題であるが、控訴審判決も、少なくとも行為時点でのマストストックの存在そのものを何であれ所与とするものではなく、マストストックそのものへの（長期的な）対抗可能性も問題にしていると言いうる。

147) HOVENKAMP, supra note 19, at 495.

事件におけるマストストックが、早期参入の結果としてのインストールベースの耐用品の存在と特許権に伴う互換性の問題に起因するロックインという、仮定的に同等に効率的な競争者にとっても対抗困難とも言いうる事情[148]によって発生していたことも、同事件に対する見方を（暗に）左右していると考えられる。

　小括すると、米国法では、マストストックでの力を梃子として利用する行為の反競争性を考察する際に、EU のように単純にマストストックの存在そのものを所与とするのでなく、マストストックそのものへの対抗可能性の有無、つまり、仮定的に同等に効率的な競争者であれば対抗可能なマストストックと、仮定的に同等に効率的な競争者であっても対抗可能でないマストストックとの識別が求められるように思われる[149]。判示に曖昧な点を残している *Eisai* 控訴審判決の含意も、この観点から検討されるべきものと思われる。

(3) *Eisai* 控訴審判決の含意と米国法において問題となりうるマストストックの範囲

　前記(2)で述べたように、マストストックを発生させる原因には様々なものがありうる。では、米国では、いかなるタイプのマストストックであれば、それを「梃子」とする行為に不当性を見出される可能性があるのであろうか[150]。

---

148) 競争者にとって、耐用品であるプライマリー商品の耐用年数の間は代替的なプライマリー商品を供給するのは実際的ではないし、さらに、特許権という法的な独占の問題も関係する。
149) 端的に言うと、仮定的に同等に効率的な競争者であれば対抗可能なマストストックを利用する行為は、正当な力の行使として許容されるのに対して、仮定的に同等に効率的な競争者にとっても対抗可能でないようなマストストックを利用する行為は、不当な「梃子」として問題になりうるという発想である。
150) なお、参入障壁についても、その存在と当為をめぐる議論（①それがなぜ参入障壁として機能するのかという問題と、②その参入障壁の存在が非難に値するのかという問題）が存在し、製品差別化や固定費用、必要資本量などについて、それを参入障壁と見るのかどうかについて議論が存在した（川濱昇「参入障壁概念の再定位――存在と当為の間で」伊藤眞ほか編『経済社会と法の役割』（商事法務、2013）参照）。マストストックに関する米国の考え方からは、製品差別化や固定費用等を参入障壁と見るべきかどうかという議論との親和性も感じられる。

まず、極めて特異な例ではあるが*Masimo*事件で問題となったようなタイプの特殊なロックイン（上記第1款4参照）によってマストストックが発生していたような場合には、忠誠リベートによってそれを「梃子」とする行為に反競争性が認められる余地はあるということになろう[151]。

　もっとも、*Masimo*事件の例は、かなり特殊である。一般論として、マストストックが発生する主な原因は、やはり、欧州委員会ガイダンスが指摘していたブランド選好や設備上の制約が存在するケースであろう。しかしながら、米国の裁判所において、原告側が、例えば、「ブランド選好や競争者の設備上の制約のために被告が顧客らにとって避けることのできない取引相手となっており、被告が、当該マストストック部分での力を『梃子』とすることによって、忠誠リベートを通じて顧客らが競合品を購入するのを妨げた」といった主張を行ったとして、そのような主張がどこまで認められる余地があるのかは、甚だ疑わしい[152]。この点について明瞭なことを述べた米国の裁判例は存在しないが、仮に前記*Eisai*第一審判決の判示を敷衍するなら、ブランド選好についてはより優れたブランドを提供することによって、設備上の制約については設備投資を行うことによって対抗するべきという結論が導かれよう。確かに、*Eisai*第一審判決は、1つの地方裁判所判決にすぎず、その理由付けも控訴審判決によって差し替えられているものの、おそらく、（第三巡回区はさておき）、単一製品忠誠リベートに対して許容的な判断を示してきた多くの巡回区控訴裁判所の立場も、前款で紹介した一連の判示に照らすと、*Eisai*第一審判決のような発想を暗黙裡に前提としている部分が少なくないのではないかと推測される[153]。

151）　あるいは、EUの*Post Danmark* II事件の事実関係で見られたように、仮に問題の市場の一部に規制独占が存在し、それがマストストックの原因となっているような状況が存在する場合には、忠誠リベートによってそれを「梃子」とする行為に不当性が認められる余地はあるように思われる。なお、第4章第2節で述べたように、EUの*Post Danmark* II事件そのものにおいては、規制独占の存在は決定的な要素ではなかったと考えられる。

152）　なお、既述のように、EUの判例法は、この論拠によって忠誠リベートを排他的取引と同視してきたし、欧州委員会ガイダンスも、この論拠によって特殊な実効価格テストを採用している。

第2節　米国の裁判例の展開と傾向

いずれにせよ、米国においては、マストストック型の「吸引効果」に基づく主張が裁判所に受け入れられる余地は極めて限定的であると考えられる。

---

153)　なお、米国の下級審裁判例の一般的傾向について以上のように解するとしても、*Eisai* 控訴審判決の判示をどのように理解するべきかという問題は残る。既述のように、同判決は、「仮に同じ製品にかかる異なるタイプの需要をバンドルすることが、抽象論としては競争を閉鎖しうるとしても、本件の記録には、同等に効率的な競争者が Sanofi との間で競争できなかったことを示すものは存在しない」としつつ、原告 Eisai が、「この市場に参入する競争者らが、固定費用が非常に高いために心臓病の適応症を獲得することができなかったことを立証する証拠」を提出しなかったことを指摘している。
　Eisai 控訴審判決のこの判示については、少なくとも2通りの見方がありうる。
　第一に、この判示は、忠誠リベートが違法となる余地を潜在的に広く残しているという見方もありうる。というのも、この判示を一見すると、固定費用が非常に高いために競争者が心臓病の適応症を獲得できなかったことの十分な証拠を提出すれば、事実に関する真正な争点を構成する余地があるように読めるためである。「固定費用」の点を強調するならば、少なくとも競争者の側での多額の固定投資を要する設備上の制約等によってマストストックが生じている場合についても、問題とされる余地があるという立場にもつながりうる。
　これに対しては、第二の見方として、上記判示の過大評価には慎重であるべきという立場もありうる。結局、同判決は、原告がそれらの証拠を仮に提出していた場合にどうなるのかについては明言していないし、そもそも結論的には忠誠リベートの違法性を否定した事案である。したがって、上記判示については、「原告の主張を仮に前提にしてもそもそも証拠が不十分である」という留保付きの判断であったと解する余地もある（上記3(4)イ参照）。また、固定費用に関する議論の前提として、FDA の承認という政府プロセスも関係しており、その点も含めて、控訴審判決の判示の理解には慎重さが求められよう。
　以上のように、*Eisai* 控訴審判決については様々な見方が可能であり、一方では、忠誠リベートが違法となる余地を潜在的に広げているとする見方も成り立ちうるし、他方では、必ずしもそうではないとして慎重に評価する見方も成り立ちうる。また、仮に前者の見方をするとしても、あくまで第三巡回区の独自路線にすぎず、他の巡回区ではマストストック型の主張は容易には認められないとも考えうる（とりわけ第三巡回区控訴裁判所が、バンドルリベートにおいて厳格な判断を行った *LePage's* 判決を擁する巡回区であることも、その疑いを招く。なお、単一製品忠誠リベートとバンドルリベートは、事案としては区別されてはいるが。）。しかしながら、いずれにせよ、現状では、第三巡回区の *Eisai* 控訴審判決によって、忠誠リベートをめぐる米国の議論の状況に不透明さが増しているとは言えよう。

5　米国の判例法まとめ

　以上、本節では、単一製品忠誠リベートに関する米国の裁判例の動向を検討してきた。米国の裁判所は、単一製品忠誠リベートとバンドルリベートとの事案を区別しつつ、前者については、全般的に許容的な判断を行ってきた。

　米国の裁判所においては、行為者が独占力を認められるような企業の場合でも、契約上の義務を伴わない条件付き値引き行為は、それのみでは排他的取引と同等の拘束性をもつものとは扱われてこなかった。支配的地位を有する事実からマストストックの存在を推認することによって、占有率リベートや遡及リベートの事実のみで拘束性を認定してきた欧州の伝統的立場とは対照的である。

　米国の多くの裁判所は、占有率値引きも基本的には値引きの一種として認識している。そして、その理解を拘束性（強制性）の認定の場面に反映させている。占有率値引きも値引きである以上、原則として、顧客の購買行動にかかる「自由」を拘束するものではないということである。なお、米国においても、占有率値引き以外の追加的な事情を示すことによって、「事実上の排他的取引」を認定される余地がないわけではない。とりわけ、出荷停止の脅しのような他の抑圧的行為も併用されていた場合には、その危険は大きい。もっとも、マストストックの存在を追加的な事情として、欧州のようにマストストックによる吸引効果に基づく拘束性を主張する余地は、（上記のように第三巡回区はさておき[154]）、それほど大きくないものと考えられる。なお、米国では、陪審制や三倍額賠償といった独自の制度に起因して、競争的にも使われうる行為が違法とされる余地を広く残していると、誤って反競争的と判断されてしまうことを事業者側が恐れて、競争的な行動が過剰に抑止されかねないという懸念が特に強いことも、忠誠リベートに対する一連の許容的な判断につながっていると考えられる。

　最後に、米国の先例において、我が国のインテル事件に匹敵するような

---

154)　前掲注153) 参照。

圧倒的な市場シェアを有する事業者によって忠誠リベートが実施された事案がそれほど多くない点には、注意を要する[155]。とはいうものの、例えば、*ZF Meritor* 事件では、長らく市場を独占してきた被告 Eaton が、全ての顧客を相手に長期間占有率リベートを実施し、遂には、比較的最近参入したばかりの唯一の有意な競争者原告を市場から駆逐してしまった事案であったにもかかわらず、リベート喪失以外の不利益の存在が強調されていた。これは、米国の裁判所の単一製品忠誠リベート規制に対する慎重な姿勢を窺わせるものである。

---

155) See Statement of Commissioners Harbour, Leibowitz & Rosch on the Issuance of the Section 2 Report by the Department of Justice, 5-6（FTC Sept. 8, 2008）.

第3節
行政当局の立場：FTCの規制を中心に（実体法上の問題と排除措置の設計）

　本節では、単一製品忠誠リベートに対する米国の行政当局の立場を検討する。

　まず、司法省は、後に撤回された2008年の2条報告書において、単一製品忠誠リベートにかかるアプローチとして、略奪的価格設定型のアプローチと排他的取引型のアプローチがありうることを認識しつつ、後者に対しては消極的で、「管理可能性、明確性、競争促進的な価格競争を萎縮させるリスクの低さの点で、標準的な略奪的価格設定型のアプローチが数多くの利点を有する。司法省は、大部分のケースでこのアプローチを適用するだろう……」「単一製品忠誠値引きが重大な閉鎖効果をもたらすことは稀であると考えられる……」と述べていた[156]。

　これに対して、FTCの当時の委員3名は、司法省の2条報告書を批判し、排他的取引型のアプローチの必要性を示唆しつつ、とりわけ独占的企業や独占に近いような企業によって遡及的なリベートが用いられ、より力の弱い競争者が最小効率規模（第3章1(3)参照）に達することを妨げられてしまうことへの懸念も示していた[157]。

　忠誠リベートの問題が正面から明示的に争われ、判断されたFTCの事例は存在しないため、この問題についてFTCが具体的にどのような立場を取っているのか、必ずしも明瞭ではない。もっとも、FTCのこれまでの先例の中には、忠誠リベートに関する一定の問題意識が垣間見られる事例は、いくつか存在する[158]。したがって、以下、本節では、FTCの規制についての検討を行う。

---

156) 2条報告書・前掲注1) 117頁。
157) See supra note 155. 当時のKovacic委員長は声明に加わらなかった。
158) なお、以下で見るように、忠誠リベートプロパーの事案と言い切れるのかは疑わしいが。

以下、まず、冒頭の1で、FTCの事例で問題となる条項であるFTC法5条[159]について、簡潔に整理する。その後、後記2と3で、比較的最近の関連するFTCの事例として、*Intel*事件と*McWane*事件とを紹介する。最後に、後記4で、FTCの考え方を総括する。後記2と3で取り上げる事例のうち、*Intel*事件は、日本のインテル事件やEUの*Intel*事件などで問題になったものと類似のIntelの行為[160]も1つの問題になった米国の事例である。*McWane*事件は、本質的には排他的取引の事案であるが、最終審決における意見の中で、忠誠リベートの関係でも示唆的な言及がなされている。なお、これらの事例は、後述するように、実体法上の観点では過大評価には慎重であるべき事例であるが、実体法上の問題のほかに、むしろ、排除措置の設計という観点でも、興味深い点が現れている。

1　FTC法5条と「不公正な競争方法」

　FTC法5条(a)項は、「通商における又は通商に影響を与える不公正な競争方法、及び、通商における若しくは通商に影響を与える不公正な若しくは欺瞞的な行為又は慣行」を違法としている。前段の「不公正な競争方法」が競争を害する行為を対象とする一方で、後段の「不公正な若しくは欺瞞的な行為又は慣行」に係る規制は、競争への害があるかどうかにかかわらず、消費者の保護を目的とするものとして、理解されてきた[161]。忠誠リベートとの関連で問題となりうるのは、主として、前段の「不公正な競争方法」である[162]。

　「不公正な競争方法」という文言は非常に広範であるが、どのような場合であれば「不公正な競争方法」に当たるのかについて、しばしば、問題の行為が、シャーマン法やクレイトン法といった他の反トラスト法違反にも当たるのかどうかで、区別した議論が行われてきた[163]。

　すなわち、第一に、問題の行為が、シャーマン法やクレイトン法といった他の反トラスト法違反にも当たるような場合については、FTC法5条の「不公正な競争方法」にも当たることに問題はない[164]。これに対して、

---

159)　15 U.S.C. §45.
160)　日本事件、EU事件、それぞれ、第1章と第4章を参照。

シャーマン法やクレイトン法の下では非難できないような行為にまでFTC法の規制が及びうるのかどうかについては、議論がある[165]。この問題に関して、少なくともFTCは、肯定説、つまりシャーマン法やクレイトン法に違反するわけではない行為にもFTC法の規制は及びうるとする立場をとっている[166]（シャーマン法違反等を前提としないFTC法5条違反は、

---

161) FTC法5条は、制定当初は前段の「不公正な競争方法」にかかる規定しか存在しなかったが、その後、曲折を経て、1938年のWheeler-Lea修正法によって、後段の「不公正な若しくは欺瞞的な行為又は慣行」の規定も追加された。立法の経緯や目的については、内田耕作『広告規制の研究』（成文堂、1982年）、茶園成樹「米国連邦取引委員会法第5条にいう『不公正な行為または慣行』について」阪大法学147号141頁（1988年）参照。後段には、競争侵害の立証を要することなく直接的に消費者の保護を図ることができるという利点もあるとされる。競争侵害の立証が可能であるとしても、その存否をめぐって争いが生じ、その立証のために相当の時間や費用を要することはありうるためである。内田12頁参照。なお、消費者の意思決定の歪曲などを通じて消費者を侵害する行為は、本来的には、競争秩序を侵害する側面も有することの指摘、並びに、消費者保護と競争保護の相互補完性につき、川濵昇「不当な顧客誘引と景表法」公正取引685号2頁（2007年）参照（「特定の競争者への害が特定されないと競争への害が有り得ない」というのは、「古典的な不正競争概念の呪縛から発したもの」であり、「競争に対する経済的な考察から生じたものではない」と述べる）。

162) なお、後記 *Intel* 事件の審判開始決定書では、前段だけでなく後段も問題にされている（後記2(1)）。後段の消費者保護条項の要件と解釈については、茶園・前掲注161)や内田・前掲注161)のほか、最近の概説として、CHRIS J. HOOFNAGLE, FEDERAL TRADE COMMISSION PRIVACY LAW AND POLICY 119-141（2016）参照。

163) See FTC, Statement of Enforcement Principles Regarding "Unfair Methods of Competition" Under Section 5 of the FTC Act (Aug. 13, 2015) (hereinafter FTC Statement (2015)); ABA SECTION OF ANTITRUST LAW, supra note 83, at 660; HERBERT HOVENKAMP, supra note 19, at 796. 中野雄介「米国連邦取引委員会による『不公正な競争方法』についてのステートメントの公表」公正取引782号10頁（2015年）も参照。FTC法5条による規制に関し、金井貴嗣「私的独占の外延——米国におけるFTC法5条の適用事例を素材に」川濵昇ほか編『競争法の理論と課題——独占禁止法・知的財産法の最前線』191頁（有斐閣、2013年）も参照。

164) See ABA SECTION OF ANTITRUST LAW, supra note 83, at 660.

165) See id. at 660-669. 肯定説と否定説の整理として、Herbert Hovenkamp, *The Federal Trade Commission and the Sherman Act*, 62 Fla. L.Rev. 871, 873-878（2010）. 中野・前掲注163) 11頁も参照。

166) See FTC Statement (2015), supra note 163.

FTC 法 5 条「固有の違反（stand-alone violation）」と呼ばれる）。Hovenkamp 教授は、シャーマン法等に違反するわけではない行為を FTC 法によって捕捉するのが相当と考えられる場合として、①反競争的な行為ではあるが、シャーマン法やクレイトン法の文言の下では規制が難しい場合、②判断を誤ってしまうことによって社会的費用が発生するリスクが比較的小さい場合、を挙げている[167]。②に関し、競争法の議論においては、競争促進的にも使われうる行為が違法と判断される余地を広めに残しておくと、本来は競争促進的な行為であるのに誤って反競争的な行為と判断されてしまうことを恐れて事業者側が自制的になり、競争促進的な行為が過剰に抑制されかねないことがしばしば問題になる[168]。米国の反トラスト法においては、陪審制や三倍額賠償といった独自の制度が存在するため、その危険が特に大きくなりうることが懸念されてきた[169]。ところが、FTC 法の場合、FTC という専門当局による執行であり、かつ、三倍額賠償の対象にもならないため、過剰抑止の問題がそれほど深刻にはならない。このことが、シャーマン法やクレイトン法の基準では違法とならない行為への FTC 法による規制範囲の拡張を正当化する重要な論拠を構成している[170]。

以下で取り上げる事例のうち、*McWane* 事件は、シャーマン法違反を前提とする FTC 法違反のみが問題となった事例であるが、*Intel* 事件は、シャーマン法違反を前提とする FTC 法違反と、FTC 法固有の違反（stand-alone violation）の双方が問題となっている。

---

167) HOVENKAMP, supra note 19, at 797.
168) See ELHAUGE & GERADIN, supra note 1, at 268.
169) See Statement of Chairman Leibowitz and commissioner Rosch, In the Matter of Intel Corp. Docket No. 9341（Dec. 16, 2009）, at 1. 三倍額賠償や陪審制に伴う懸念を考慮して裁判所が反トラスト法の射程範囲を限定してしまったため、消費者への害をもたらす一部の行為が「フリーパス」となってしまったと指摘している。
170) See Hovenkamp, supra note 165, at 876-878. See also ELHAUGE & GERADIN, supra note 1, at 268.

2 Intel 事件（2010 年同意審決）[171]

(1) 審判開始決定書の概要
ア　問題とされた Intel の行為

既述のように、Intel は日本や欧州においても独禁法・競争法上の問題を引き起こしたが、日本事件や欧州事件では、Intel の実施した占有率リベートが問題の中心であった[172]。これに対して、米国の FTC 事件では、占有率リベートに焦点を絞ってはおらず、Intel が様々な市場で行った多岐に渡る行為が問題にされていた。本書では、忠誠リベートの議論に関連する部分として、Intel が行った「OEM らと流通業者らに対する排他的行為」という部分のみを取り上げる[173]（なお、この「OEM らと流通業者らに対する排他的な行為」という部分で問題となっていた行為でさえ、占有率リベートだけではない[174]）。

Intel・FTC 事件の審判開始決定書では、次のような事実が摘示されてい

---

[171] *In the Matter of Intel Corp.*, FTC Docket No. 9341. 小畑徳彦「米国及び EU のインテル事件」公正取引 727 号 97 頁（2011 年）参照。See also Hovenkamp, supra note 165, at 885-893；Herbert Hovenkamp, *The FTC's Anticompetitive Pricing Case Against Intel* (2010) (available at http://papers.ssrn.com/sol3/papers.cfm?abstract_id=1546054).

[172] なお、前章で見たように、EU 事件では「あからさまな制限」も問題になっている。

[173] 審判開始決定書において、Intel の行為は、次のような構成で整理されている。本書で取り上げるのは、下記●A の部分である（残りの部分の概略は、小畑・前掲注171）参照）。
「●　Intel は、不公正な競争方法及び欺瞞的な慣行によって、関連市場（Relevant Markets）における独占的地位を維持・強化した
　A．OEM らと流通業者らに対する排他的な行為（¶ 49-55）
　B．Intel は、非 Intel 製 CPU との間でのソフトウェアのパフォーマンスを遅くするため、同社のソフトウェアを再設計した（¶ 56-61）
　C．Intel は、同社製 CPU を有利にするため、業界のベンチマークを誤認させるような表示を行った（¶ 62-71）
　D．Intel は、OEM らや補完市場の事業者らに対し、競争 CPU 製品のサポートを除去又は限定するよう誘引した（¶ 72-74）
　●　関連 GPU 市場における Intel の不公正な競争方法（¶ 75-91）
　●　産業標準に関する Intel の不公正な競争方法（¶ 92）
　●　Intel の行為の反競争効果（¶ 93-96）」

る[175]）。

　Intel は、関連する全ての OEM[176]にとって"must have"の供給業者であり、OEM らは、Intel を第一の供給業者として必要としていた。

　Intel は、独占力を利用して、一部の OEM らに対し、非 Intel 製 CPU の採用若しくは購入を見合わせるよう、若しくはそれらの購入をわずかな割合以下に限定するよう、誘引し、かつ（又は）強制した。他のケースでは、Intel は、AMD などの CPU を搭載するコンピュータを販売しないように、OEM らに対して資金提供を行った。Intel は、非 Intel 製 CPU の購入を検討していた OEM らに対し、Intel から購入する CPU についての価格引上げ、技術サポートの喪失、かつ（又は）共同開発計画の解消といった脅しを加えていた。

　Intel は、OEM らに対して非 Intel 製 CPU の購入を完全に見合わせさせることができなかった場合には、当該 OEM に対して、非 Intel 製 CPU 搭載コンピュータを販売・流通する方法のうちのいくつかの方法を見合わせるよう誘引・強制した（「制限的取引取り極め（restrictive dealing arrangements）」）。例えば、Intel は、OEM らに対し、非 Intel 製 CPU 搭載コンピュータの広告、ブランド化、一定の流通チャンネル、かつ（又は）販売促進を見合わせるよう誘引した。Intel は、OEM らに対するこれらの制限的取引取り極めを確保するために、とりわけ、リベートの留保、技術サポートの留保、供給の留保、かつ（又は）共同開発計画の解消といった脅しを加えていた。Intel は、OEM らがこれらの制限を遵守していることを監視し、一部の例では、OEM らに対して、彼らの遵守状況を評価したスコアカードを送付していた。

174）　議論の対象を占有率リベートだけに限定してしまうと審判開始決定書において問題とされた Intel の行為の全体像を十分に捉え切れないので、以下では、占有率リベート以外の行為も含め、前注「A」の箇所で問題とされた Intel の行為を詳しめに紹介しておく。
175）　In the Matter of Intel Corp., Complaint, ¶ 49-55（hereinafter Intel Complaint）.
176）　FTC 事件では、主要 OEM として、HP/Compaq, Dell, IBM, Lenovo, Toshiba, Acer/Gateway, Sun, Sony, NEC, Apple, and Fujitsu に対する行為が問題とされている。これらの OEM は、関連市場の CPU を利用するコンピュータの 60％以上を占めていた。

Intel は、関連 CPU 市場における競争を閉鎖するため、OEM らに対し、選別的に占有率値引き又は数量値引きを供与した。第一に、Intel は、占有率値引きの利用を通して、非 Intel 製 CPU を購入する OEM らに対して税を課した。第二に、Intel は、競争者らを排除して関連 CPU 市場における独占を維持する努力の一環として、基準費用割れ価格で CPU を提供し、又は、実質的に費用割れ（ここでの費用は、平均可変費用に適切な水準のサンクコストを加えたもの）となる数量値引きを提供した。FTC 法 5 条の主張の下では必要な要件ではないが、Intel は、一定の OEM らに対して費用割れで販売する結果として生じる損失を埋め合わせるおそれが大きい。第三に、Intel は、OEM らに対し、コンテスタブルな部分と非コンテスタブルな部分の双方での高価格か、それとも、Intel の競争者からの一定数量の購入を控えてコンテスタブルな部分と非コンテスタブルな部分の双方での低価格を受けるかという選択を迫っていた。

　Intel は、Intel の競争者らと取引することを選択する OEM を規律し制裁するために、Intel に排他的な OEM を利用した。Intel は、CPU を Intel から排他的に購入することに合意する OEM らに対し、最善の価格、不足時の供給保証、Integraph 社が複数の OEM に対して開始した特許訴訟に関連する特許上の責任からの免責などを与えていた。Intel は、OEM らに対し、非 Intel 製 CPU 搭載コンピュータを提供する OEM らに対する競争入札の際に利用される数億ドルの不正資金（slush fund）を提供した。これらの資金提供は、当該 OEM らが Intel から排他的に又はほとんど排他的に CPU を購入することに条件付けられていた。Intel がそれらの異なる買手らを異なって取り扱ったことは、Intel のコスト削減等によって正当化されるものではなく、関連製品に関する Intel と OEM らによる排他的取引を獲得・執行するためのさらなる反競争的戦略であり、関連 CPU 市場における Intel の独占を維持・強化した。

　Intel は、これらの行為（及び審判開始決定書で主張されている他の行為）によって、独占力を維持し、又はそのおそれを生じさせ、競争、顧客ら、消費者らに不利益をもたらした。

イ　審判開始決定書における法適用

　FTC の審判開始決定書は、Intel の一連の行為に関し、シャーマン法 2 条違反を認定した上での FTC 法 5 条違反と、シャーマン法からは独立した不公正な競争方法としての「固有の（stand-alone）」FTC 法 5 条違反との、双方を指摘している[177]。

　第一に、Intel の行為は、「個々に又は全体として」不公正な競争方法に当たる（第一の違反）。第二に、Intel が意図的に反競争的かつ排他的な行為を行い、関連市場において独占力を獲得、強化又は維持したことは、不公正な競争方法に当たる（第二の違反）。第三に、Intel が、関連市場を独占化し若しくは関連市場において独占を維持する特定意図をもって、意図的に反競争的かつ排他的な行為を行い、関連市場を独占化する危険な蓋然性を生じさせたことは、不公正な競争方法に当たる（第三の違反）。Intel の行為は、FTC 法 5 条(a)項後段の「不公正な行為又は慣行」にも当たる（第五の違反）[178]。

(2)　同意審決における排除措置の内容

　同意審決における排除措置の内容も非常に詳細かつ多岐にわたるが、ここでも、Intel の OEM らに対する排他的な行為に関連する部分のみを紹介する。

　排他的な行為の関係で Intel に命じられた排除措置は、様々な内容を含むが、本質的には、顧客に対して「何らかの便益（any Benefit）」を提供する際に、一定の排他的な条件を課してはならない、ということである[179]。

　例えば、顧客らに「便益」を提供する際に、関連製品の Intel からの排他的な購入、Intel 以外の供給業者からの関連製品の購入の限定、遅延、拒絶

---

177)　See Statement of Leibowitz & Rosch, supra note 169.
178)　第一の違反、第二の違反、第三の違反、第五の違反、いずれもその基礎とされた行為には、前記アで紹介した前掲注 173）「A」の行為だけでなく、同注「B」以降の行為も含まれる（ただし、第一の違反においては、Intel の行為が「個々に」不公正な競争方法を構成するとされているが）。なお、本文で省略した第四の違反は、同注「B」以降の行為が「欺瞞的な行為」に当たるというものである。
179)　In the Matter of Intel Corp., Decision and Order, §ⅣA（hereinafter Intel Decision and Order）.

などをその条件とすることが禁じられたほか、関連製品の購入占有率に基づいて「便益」を提供することも禁じられ、あるいは、反対に、Intel以外の供給業者製の関連製品を搭載する製品を設計、製造、販売、販売促進する顧客に対して「便益」を否定することも、禁じられている。

条件付きでの提供を禁じられる「便益」の内容は、値引きやリベートなど価格に関するものには限定されておらず、「便益」という用語自体が、価格に関する便益も非価格的な便益（non-price benefit）も含むものとして定義されている。「便益」の例示として、値引きや資金提供の他に、「供給、販売サポートや技術サポート」のようなものも挙がっている[180]。

その他にも、Intelは、遡及的な値引き（あるいは金銭的価値のある品目）を顧客に提供することも禁じられたが、他方、増分的な値引きを提供することは、例外的に許容されている[181]。

3 *McWane*事件（2014年最終審決）：排他的取引の実効性担保手段[182]

(1) 事案の概要及びFTCの実体的な判断[183]

ア 関連市場

被審人McWaneは、ダクタイル鋳鉄管継手（ductile iron pipe fittings、以下、「継手」という。）の製造・輸入・販売業者である。本件の関連市場は、使用

---

180) Id. §ⅠD. したがって、同意審決では「便益（Benefit）」という表現が用いられてはいるが、競合品を購入する顧客に対して供給を停止するような行為（これは、我が国の議論では、「不利益」的な実効性担保手段の典型であろう）も、禁止対象に含まれる。

181) Id. §ⅣA7, B3. なお、増分的な値引きであっても、1年を超える期間中の購入に対するものであってはならない。

182) In the Matter of McWane, Inc., FTC Docket No. 9351, Final Dicision（Jan. 30, 2014), aff'd, 783 F.3d 814（11th Cir. 2015), cert. denied, 136. S. Ct. 1452（2016).

183) In the Matter of McWane, Inc., Opinion of the Commission（hereinafter McWane Opinion). なお、この事件は、審判開始決定の段階では、本文で取り上げる排他的取引の他に、①McWaneと、やはり継手の輸入・販売業者であるStarやSigmaとの間で行われた共謀や情報交換、②McWaneとSigmaとの間で行われた販売協定（市場分割協定ないし垂直協定）も問題にされていたが、FTCの最終審決において、いずれも棄却されている（①は賛否同数のため）。

する原材料を米国内で生産されたものに限定する仕様書のある水道設備工事[184]での利用のために国内で生産される小・中サイズの継手の供給にかかる市場（domestic fittings market、以下、「国産品継手市場」という。）である[185]。McWane は、2009 年に Star が国産品継手市場に参入する以前は唯一の国内での継手の製造業者であり、Star の参入後も同市場において約 90％の市場シェアを有していたこと[186]、また、同市場の参入障壁が高かったことなどから、同市場において独占力を保有していたと認定されている。

イ　McWane の流通業者らに対する排他的取引[187]

本件では、まず、McWane が流通業者らに対して排他的取引を行ったのかどうかが問題となった。

FTC によると、McWane は、流通業者らに対して、国産品継手を競争者の Star からも購入する場合には出荷停止するという脅しを行っており、また、実際に Star から購入して McWane からの出荷停止を受けた例も存在した。McWane が国産品継手のフルラインの供給業者であったため、流通業者らは、McWane 製品へのアクセスを失うことを恐れて、McWane からのみ購入することを余儀なくされていたとして、FTC は、McWane が排他的取引を行っていたと認定した。

---

184)　2009 年アメリカ復興・再投資法（American Ricovery and Reinvestment Act of 2009, ARRA）に基づく。See In the Matter of McWane, Inc., Complaint, ¶ 3（hereinafter McWane Complaint）.

185)　なお、この市場画定は争われたが、FTC は、国産品継手市場が「価格差別市場」を構成するとして、この市場画定を肯定した。その主な理由として、次の 2 点が指摘されている。①国産品に限定する仕様書がある場合、継手の販売業者は、仮に機能的には同等であっても輸入品の継手を販売するわけにはいかず、それゆえ、輸入品では合理的に交換可能でないこと。②McWane が、国産品に限定する仕様書のある場合と、そのような限定がない場合との間で、実際に価格差別を行っており、前者について、後者の場合よりも約 20％から 95％高い価格を請求していたこと。（なお、本件では、前掲注 183）の①の共謀や情報交換の問題との関係では、仕様書に国産品の限定のないオープンな市場が問題になっていたところ、こちらの方では、国産品と輸入品の双方を含む市場として画定されている）。See McWane Opinion, at 14-16. See also *McWane v. FTC*, 783 F.3d 828-830.

186)　なお、継手全体の販売市場（前注括弧書き参照）における市場シェアは、McWane が 45％～50％、Sigma と Star がそれぞれ 30％、20％だった。

187)　See McWane Opinion, at 20-22.

なお、McWane は、流通業者に対して、出荷停止の脅しだけでなく、Star から購入する場合にはリベートを打ち切るという脅しも行っていた。この点に関連して、McWane は、同社の価格は費用を上回っていると主張していたが、FTC は、意見の注で次のように述べている[188]。

「McWane のリベートが同社の販売方針の一部であったことに関しては、Star から購入する流通業者にはリベートを打ち切るという McWane の脅しは、問題の販売プログラムの排他的取引義務をより強化するのに資したのみであった。McWane の販売プログラムは単なるリベート政策を明らかに超えるものであったので、価格がコストを上回っていたことに関する McWane の主張は失当である。当委員会の主たる懸念は、ライバルの国産品継手を購入する流通業者らに対して供給を打ち切るという McWane の脅しに関するものである。」

ウ　市場閉鎖効果、独占力の維持（シャーマン法2条違反）による FTC 法5条違反[189]

排他的取引は、それ自体で違法とされるわけではない。しかしながら、McWane の排他的取引によって、合計で約50％から60％のシェアを占める主要流通業者2社が支店に対して Star からの購入を禁止し、あるいは、その他の流通業者の中にも Star から購入しないようにした事業者が存在した。したがって、McWane の排他的取引は、競争者 Star やその他の潜在的参入者に対し、実質的なシェアの流通業者の閉鎖をもたらし、彼らから規模の経済を達成するのに十分な販売を奪い、そのコストを引き上げた。

McWane は、違法な排他的取引によって国産品継手市場における独占力を維持しており（シャーマン法2条違反）[190]、McWane の行為は FTC 法5条違反に当たる。

(2)　排除措置の内容[191]

この事件で McWane に命じられた排除措置の内容は、前記 *Intel* 事件同

---

188) Id. n.9.
189) See id. at 22-32. See also *McWane v. FTC*, 783 F.3d 832-842.
190) なお、この事件では、排他的取引に関しては、シャーマン法違反を前提としない法の適用（前記1参照）は記されていない。

意審決とかなり似通っている。

　第一に、McWane は、国産品継手に関して顧客に対して排他性（"Exclusivity"、ここでの「排他性」には、McWane からの全量購入の他に、競争者からの購入を制限あるいは抑制することも含まれる[192]。おそらく占有率条件のようなものも含まれるであろう。）を要求する条件を課することを禁じられた[193]。例えば、①何らかの McWane 製品（国産品継手を含む）を販売・購入する顧客に対して、国産品継手にかかる排他性を条件とすることが禁止されたほか、②何らかの McWane 製品（同）に関連して顧客に「価格」又は「サービス」を提供する際に、(i)国産品継手にかかる顧客の排他性を条件とすること、(ii)一定期間中に McWane から国内継手を 50％以上購入することを条件とすること、あるいは、(iii)McWane 製国産品継手の購入や販売を条件とすることも禁止されている[194]。

　排他的な条件付きで提供することを禁じられる「サービス」には、McWane が顧客に提供するあらゆるサービス、援助その他のサポートが含まれ、例えば、販売の要望に対する応答や、製品の入手可能性（product availability）のようなものも含まれる。

　以上のほかにも、McWane は、顧客に対して国産品継手に関する遡及的なインセンティブ（Retroactive Incentive）[195]を提供することを 10 年間禁止されたほか、顧客に対して、競争者の国産品継手を扱ったことなどを理由に差別や制裁、報復を行うこと（例えば、出荷停止や、提供されるべき「価格」又は「サービス」の撤回など）も禁止された[196]。ただし、増分的なインセン

---

191)　In the Matter of McWane, Inc., Final Order（hereinafter McWane Final Order）.
192)　Id. § I H.
193)　Id. § II A. なお、「排他性」の定義に含まれるのは、国産品継手の購入に関する排他性を条件とする場合に限定されており、非国産の継手その他の被審人の製品の場合は除外される。§ II Aa.
194)　なお、問題となる「排他性」つまり排他的な条件の対象は定義上「国産品継手」であるが、対応して提供される「価格」や「サービス」等の対象については、一貫して「何らかの製品（any product）」という表現が用いられており、国産品継手の購入を条件とするタイプのバンドリングやバンドル値引きも一定の場合には禁止対象に含まれるように思われる。
195)　なお、金銭の他に金銭的な価値のある商品による場合も含まれる。Id. § I K.

ティブを供与することは、許容されている[197]。

4 FTC に関するまとめ：実体法上の問題と排除措置の設計

以下、FTC の規制にかかる実体法上の問題と排除措置の設計の問題を、それぞれ、(1)と(2)で検討する[198]。

(1) 忠誠リベートに関する FTC の実体法上の考え方：*Intel* 事件と *McWane* 事件の事実関係と法適用の検討

第 2 節で検討したように、米国の下級審裁判例の趨勢としては、忠誠リベートの供与は、たとえ独占力を有する事業者によって行われた場合であっても、それだけでは、シャーマン法やクレイトン法の下で排他的取引と同様には扱われてこなかった。ただし、リベート以外の追加的な事情次第では、（全体として）排他的取引を認定される余地も残されており、特に、リベートの他に出荷停止の脅しも加えられていたようなケースでは、その可能性は大きいと言えた[199]。他方、リベート以外の抑圧的な行為が存在しない事例において、マストストックの存在を追加的な要因として、第 3 章で述べた「吸引効果」のメカニズムに基づく拘束性・強制性を主張するこ

---

196) Id. § ⅡBC.
197) Id. § Ⅰ Ka, Ⅱ.
198) なお、以下の本文ではこの 2 つの問題を別々に検討するが、これらの問題には相互に関連する部分もあり、分析は複雑である。

例えば、前者の問題、つまり実体法上の問題を考える際には、当該事例において前提とされた事実関係の把握と、FTC による法適用の分析が中核となるが、他方、それに加えて、命じられた排除措置の内容から FTC の実体的な考え方の基礎を推測できる部分もないわけではない。というのも、排除措置においては、一定の行為の禁止が命じられるが、禁止対象となる行為が競争促進的に用いられる潜在性の強い行為であるほど、その禁止には、慎重さも求められる。その意味で、命じられた排除措置の内容から、FTC がいかなる行為を潜在的に反競争的に用いられうると考えているのか、垣間見られる部分もある。他方、後者の問題、つまり排除措置の設計の問題を分析する際にも、実体的な観点での事案の適切な把握は重要である（後述するように、それ自体では直ちに反競争的とは評価できないような行為であっても、反競争的な行為の実効性担保手段として使われたような場合には、排除措置として禁止を命じることはありうる）。
199) 第 2 節参照。

とは、特殊な事情がない限り困難だと考えられた[200]。

前記 Intel 事件や McWane 事件における法適用から推測される FTC の立場は、多くの下級審裁判例の立場との間で、どのように整理されるであろうか。

ア　McWane 事件について

McWane 事件の方が Intel 事件よりも事案の把握が容易であるので、先に McWane 事件から検討する。

FTC 自身が意見の中で述べているように、McWane 事件で主に問題とされていたのは、McWane が、市場を閉鎖し、独占を維持する手段として、競争者から購入しようとする顧客らに対して出荷停止の脅しを加えていたことである。審決の注によると、リベートは、あくまで、問題の排他的取引義務を「より強化するのに資したのみ」であり、せいぜい付随的な手段にすぎなかった。したがって、この事件は、出荷停止の脅しによって既に排他的取引の存在は認定されており、リベートが（既存の排他的取引の）実効性担保手段として用いられた事例として位置付けられる[201]。

その意味で、この事件は、第2節第2款で検討した ZF Meritor 事件の類似事案と見ることが可能であり、この事件の法適用については、米国の多くの下級審裁判例と整合性をもって説明することは容易である。FTC は、シャーマン法2条違反（独占化）を踏まえた FTC 法5条違反の判断を行っていたが、シャーマン法2条に関する判例法理の基準の下でも十分に違法性を認定できる事案であったと言える。現に、FTC の判断は、控訴裁判所においても是認されている[202]。

イ　Intel・FTC 事件について

これに対して、Intel 事件は、より複雑である。

前記のように、Intel 事件の審判開始決定書では、法適用として、シャー

---

200)　なお、第三巡回区控訴裁判所については留保が必要となったかもしれないことは、第2節第2款4(3)で述べた。Eisai 事件控訴審判決及び特に前掲注153）参照。
201)　我が国の先例でいうと、第二次大正製薬事件・勧告審決昭和30年12月10日審決集7巻99頁に類似するタイプと言えよう。
202)　McWane v. FTC, 783 F.3d 814.

マン法違反を前提とする FTC 法 5 条違反と、シャーマン法違反を前提としない「固有の (stand-alone)」FTC 法 5 条違反の双方の評価が行われている。審判開始決定時の FTC 委員長と委員の声明においても、この 2 つの法適用がなされたことが明示された上で、特に後者（「固有の」FTC 法 5 条違反）の意義が強調されている[203]。以下、シャーマン法違反を前提とする FTC 違反と、シャーマン法違反を前提としない「固有の」FTC 法違反のそれぞれについて、検討を行う[204]。

(ア) シャーマン法違反を前提とする法適用

Intel 事件の審判開始決定書では、Intel の一連の行為について、独占化あるいは独占化の企図（シャーマン法 2 条違反）に当たるという評価がなされている（第二の違反、第三の違反）。いかなる事実関係を基礎として、そのような評価がなされていたのであろうか。

審判開始決定書で摘示された Intel の行為は多岐にわたり、また、審判開始決定書の記載自体も曖昧であるため、Intel の様々な行為がどのように評価されて独占化や独占化の企図に当たると考えられたのか、あまり判然としない。しかし、シャーマン法違反を前提とする FTC 法違反の部分に関しては、Intel の個別行為のそれぞれが単独でも独占化・独占化の企図に当たると考えられていたわけではなく、少なくともある程度のまとまりのある一連の行為を包括する形で独占化・独占化の企図に当たると評価されていたと考えておくのが、無難に思われる[205]。米国 FTC 事件の審判開始決定書では、日本のインテル事件や EU の Intel 事件とは対照的に、Intel が競争者から購入しようとする顧客らに対して、リベート以外にも供給停止や

---

[203] See Statement of Leibowitz & Rosch, supra note 169.
[204] なお、Intel 事件があくまで同意審決の事例であった点には注意が必要ではあるが、以下では、さしあたって、審判開始決定書で摘示された事実関係を前提として、審判開始決定書で示された FTC の法適用について検討する。
[205] 審判開始決定書では、シャーマン法違反を前提としない法適用の部分（第一の違反）では、Intel の行為が「個々に又は全体として」不公正な競争方法に当たるとされているのに対し（¶97）、シャーマン法違反を前提とする法適用の部分（第二、第三の違反）では、そのような表現が含まれていない（¶99, 101）（なお、¶47 には注意を要するが）。また、FTC 委員の声明からも、シャーマン法違反の評価への慎重さが窺われる（後記(イ)）。

第 3 節　行政当局の立場：FTC の規制を中心に（実体法上の問題と排除措置の設計）

技術サポートの停止といった一連の抑圧的行為も加えていた事実も摘示されていたところ[206]、それらの行為が全体として排他的取引[207]を構成し、それを通じて独占力が維持されたと理解しておくのが相当であろう[208]。以上の点に関し、Hovenkamp教授も、「価格及び非価格に関する多岐にわたる行為が問題にされていたことは、価格に関する行為単独では、独占を形成又は維持するのに十分ではなかったことを強く示唆している」と述べている[209]。

　仮に以上のように理解するのであれば、シャーマン法違反を前提とする法適用の部分については、出荷停止の脅しなど他の抑圧的な行為とも相俟って拘束性が生じたタイプ（第2節参照）にほかならず、事案の理解としては、前記 *McWane* 事件や *ZF Meritor* 事件とも接近し、シャーマン法の下での忠誠リベートの扱いに関する米国の下級審裁判例の考え方との間で整合性をもって理解することが可能である。

---

206) さらに、条件付けの対象も、ライバル製品の購入を（わずかな割合以下に）控えることだけでなく、ライバル製CPU搭載製品の広告やブランド化、販売促進を控えるようなことにまで及んでいる。
207) 審判開始決定書 ¶54 では、実際に「排他的取引」という表現が使われている。
208) 審判開始決定書における事実関係の記載は多層構造となっているため（前掲注173）で紹介したように、大枠として、まず、いくつかの太字の大項目に分けられたうえで、その中の「Intelは、不公正な競争方法及び欺瞞的な慣行によって、関連市場（Relevant Markets）における独占的地位を維持・強化した」という大項目の中で、さらに、A「排他的行為」、B「ソフトウェアの再設計」、C…、D…、といった大きな行為類型に分けられ、AやBといった中間項目の中で、さらに多岐にわたる細かい行為が摘示されている。）、Intelの一連の行為を包括的に把握するのが相当であるとしてもどこまでの範囲をとるのか適切なのか、理解は極めて困難であるが、おそらく、少なくともA「排他的行為」の項目に関しては、当該項目に含まれる一連の行為（リベートの他に、供給停止の脅しのような「制裁」に関連する行為も含まれる）からなる「排他的行為」をもって、独占力の維持ないしその蓋然性を生じさせたと評価されていたように思われる。See Intel Complaint, ¶55.
209) Hovenkamp, supra note 171, at 5. Hovenkamp教授は、さらに、「どの行為がCPUにおけるIntelの市場支配的地位に寄与し、どの行為が寄与していないのかを識別することは、可能ではないだろう」と付け加えている。

(イ) シャーマン法違反を前提としない「固有の」FTC法5条違反における考え方

 もっとも、より厄介なのは、シャーマン法違反を前提としない「固有の」FTC法5条違反（第一の違反）の文脈で、占有率リベートについてどのように考えられていたのかである。前記1で述べたように、FTC法5条の「不公正な競争方法」の規制は、シャーマン法やクレイトン法に違反するわけではない行為も対象となりうる。Intel・FTC事件は、その1つの例と言われている[210]。

 審判開始決定時に出されたFTCの当時のLeibowitz委員長とRosch委員の声明では、次のように述べられていた。「審判開始決定書は、Intelの行為を、シャーマン法違反の不公正な競争方法と、『固有の（stand-alone）』FTC法5条違反すなわちシャーマン法違反からは独立した不公正な競争方法との双方で、問題にしている。我々は、この声明では、5条固有の不公正な競争方法に焦点を当てる。なぜなら、5条固有の不公正な競争方法の基準の下で責任を問うことは、消費者らを保護することを可能にしつつ、同時に、Intelが三倍額賠償の私訴を受ける危険を限定するからである。」[211]。この声明からは、Intel事件において、FTC法固有の規制の下ではシャーマン法による規制の場合と比べて三倍額賠償制度などに伴う過剰抑止の危険（前記1参照）が相対的に小さいことを考慮した法適用が行われていたことが、示唆される。

 審判開始決定書においてFTC法固有の違反に言及していた箇所（第一の違反）では、Intelの行為が「個々に又は全体として」不公正な競争方法に当たるとされていた[212]。したがって、「固有の違反」の文脈では、占有率リベートなども、それ単独で違反行為に当たるとされていた可能性はあろう。仮にそうだとすれば、いくつかの説明が考えられる。例えば、独占化に寄与した一連の排除行為の中で、個別的にないし単独で評価した場合には独

---

210) See ABA SECTION OF ANTITRUST LAW, supra note 83, at 668；Hovenkamp, supra note 165.
211) Statement of Leibowitz & Rosch, supra note 169.
212) Intel Complaint, ¶97.

占化をもたらしたと言うのは難しい個々の構成行為のそれぞれが、(固有の)不公正な競争方法に当たると評価されたという見方はありえよう[213]。あるいは、とりわけ占有率リベートのような価格行為については、シャーマン法違反として問題になる場合には、三倍額賠償に伴う過剰抑止の懸念が強いために規制の慎重さが特に求められ、米国では、*Brooke*判決の法理の下で費用割れ基準と埋め合わせ基準が厳格に要求される傾向がある(第1節参照)。これに対して、FTC法5条固有の違反として規制する場合には、シャーマン法にかかる裁判所の基準よりも基準を緩める形で、価格行為に対する規制がより積極的に行われることもあると言われており、*Intel*事件がそのような事例であったという指摘もある[214]。

ウ　小括：FTCの実体法上の考え方について

以上、*McWane*事件と*Intel*事件におけるFTCの実体的な法適用について分析してきた。いずれにせよ、FTC自身が明確なことをほとんど述べていないため、忠誠リベートに関するFTCの立場を断定するのは困難である。

まず、シャーマン法違反を前提とするFTC法5条違反につき、少なくとも上記*McWane*事件と*Intel*事件(シャーマン法違反を前提とする部分)に関しては、リベートだけでなく供給停止の脅しなども加えられていたタイプの事案として、つまり一連の抑圧的な行為が相俟って全体として排他的取引を構成した事案として理解することが可能な事案であった(リベートは1つの実効性担保手段)。したがって、シャーマン法に関する法適用に関しては、FTCの先例と米国の下級審裁判例の考え方との間での整合性は、一応保たれていると言える。FTCは、シャーマン法違反を軽々しく認定してしまうと民事の三倍額賠償請求訴訟等を誘発しかねないという問題もあるためか[215]、シャーマン法違反については慎重な態度を取っているように見える。

他方、固有のFTC法5条違反に関しては、同意審決である*Intel*事件し

---

213) Cf. ABA SECTION OF ANTITRUST LAW, supra note 83, at 668.
214) See ibid；Hovenkamp, supra note 165. 実際に、審判開始決定書¶53においても、FTC法においては埋め合わせは必要な要件ではないと述べられている。
215) See Statement of Leibowitz & Rosch, supra note 169.

か忠誠リベートの問題を含む主要な事案が見当たらないため明確なことは言えないが、同事件からは、以上のように、忠誠リベートが一定の場合に固有のFTC法5条違反として問題になることがありうることは窺われる[216]。

(2) 排除措置の設計：排除措置における忠誠リベートの禁止について

FTCの事案において、より興味深いのは、排除措置の設計である。上記のように、近時、（本質的には排他的取引の事案において）、排除措置で忠誠リベートの利用も禁じられる事例がいくつも出てきている。

FTCの事例の排除措置において忠誠リベートの利用が禁じられていることについては、次の2つの点を指摘しておくことが有益と思われる[217]）。

第一に、上述した*Intel*事件や*McWane*事件のように本質的には排他的取引の事案と考えられるケースであっても、両事件のように忠誠リベートがその実効性担保手段の1つとして使われていた場合であれば、少なくとも違法行為の一部を構成していた以上、排除措置においてその供与が禁止

---

216) なお、前掲注198)で述べた点に関し、FTC事例の排除措置において、（費用割れの有無にかかわらず）忠誠リベートの利用が禁じられている点を捉えて、忠誠リベートの実体法上の当否の問題と結びつけるような議論をする向きもある（例えば、Hovenkamp, supra note 165, at 886 は、（審判開始決定書で予定されていた）排除措置に関し、費用を上回る忠誠値引きを排除措置で禁止することはシャーマン法との衝突を引き起こしうると指摘している）。しかしながら、FTCは排除措置の設計に関して広い裁量を有しており、そもそも排除措置として命じられる内容も、それ自体が違法な行為に限定されるわけではない（See ABA SECTION OF ANTITRUST LAW, supra note 83, at 670-672）。したがって、排除措置の内容を根拠として、排除措置において禁止された行為の実体法上の当否を議論することは、少なくとも一般論としては、慎重であるべきと思われる。排除措置で忠誠リベートが禁じられた事例が存在するからといって、そのこと自体で、実体法上の違法性の有無に関してFTCが何らかの立場を取っていることを直ちに意味するわけではなかろう。とはいっても、排他的取引に関するFTCの事例の排除措置において、遡及値引きは禁じられつつも増分値引きは許容されるという傾向が生じていることは、FTCが、遡及値引きについては反競争的に利用される危険性のそれなりに大きいものと見ている一方で、増分値引きについてはその危険性は非常に小さいものと見ていることを、一定程度窺わせるものではある。

217) なお、*Intel*事件が同意審決の事例である点には注意が必要である。次注の*Invibio*事件も同様である。

されるのは当然と言える[218]。

　もっとも、第二に、両事件の排除措置において禁止された内容は網羅的かつ多岐にわたっており、したがって、リベートに関連する部分においても、被審人に対して禁止された内容は、厳密に違法行為ないしその実効性担保手段の一部として現実に利用された手段には限定されていないようである[219]。この点に関しては、少なくとも一度排他的な行為が行われた以上、将来の違反行為を抑止するためには、排他的取引の実行手段ないし実効性担保手段として利用されうる手段を広く捕捉して禁じておく必要があるということなのであろう[220]。

　以上に対して、FTCがその排除措置において忠誠リベートの利用を禁じることについては懐疑的な見方もある。とりわけ、忠誠リベートの価格競争の一種としての競争促進的な側面を強調する立場からは、かえって価格競争に水を差し、価格の高止まりを招いてしまうおそれがあるのではないかという批判もある[221]。しかしながら、一度反競争的な排他的行為が行われ、また、とりわけリベートがその実効性を担保する１つの手段として行われた以上、それと同様の行為あるいはそれに準ずるような行為を禁止しておくことには十分に理由があると言えるし、排他性を確保するための条

---

[218]　なお、排他的取引に関する最新の *Invibio* 事件（In the Matter of Victrex plc, FTC Docket No. C-4586, Decision and Order（2016））においても、*Intel*, *McWane* 両事件と似通った内容の排除措置が命じられているが、同事件についても、排他的取引の実効性担保手段として、供給の停止や定期サポートの停止といった手段の他に、排他性を見返りとした値引きその他の便益の供与も、問題にされていたようである。See Victrex, Complaint, ¶ 31. See also Statement of the Federal Trade Commission In the Matter of Victrex plc, File No. 1410042, Docket No. C-4586（Jul. 13, 2016）．なお、競争者が提示した価格は、被審人の値引きを考慮した価格よりもはるかに低かったようではあるが。

[219]　排他的な条件とリンクさせて価格・非価格的な便益を提供することが禁じられており、（数量目標型の）遡及的なインセンティブを供与することも禁止対象に含まれている。排除措置において命じられた全ての手段が実際に用いられた手段というわけではなかろう。

[220]　前掲注216）で述べたように、FTCは、排除措置の設計に関して広い裁量を有する。

[221]　See Hovenkamp, supra note 165, at 887-893；Hovenkamp, supra note 171, at 5-8.

件付けの手段として様々な「アメ」や「ムチ」が用いられて相俟って競争上の問題を引き起こしうるときに、値引き等の「アメ」による手段と出荷停止等の「ムチ」による手段とを厳密に分離して、後者を禁じつつ、前者のみを競争的な行為として許容するというのは、難しかろう[222]。

いずれにせよ、我が国では、インテル事件に際して排除措置の不十分さを指摘する議論もあったが[223]、米国では、排他的取引の事案の排除措置において、（リベート等の）価格に関連する便益と非価格的な便益との双方について、排他的な条件（遡及的な条件を含む）と結びつけて供与することが禁止される傾向にあることは、注目に値する。

---

[222] *Intel*事件が「供給」のようなものまで含めて「便益」という語を定義していたように、「アメ」と「ムチ」ないし「利益」と「不利益」は、しばしば表裏一体の関係にある。例えば、技術サポートなどについては、その提供が「アメ」なのか、それともその打ち切りが「ムチ」なのかは、微妙であろう。

[223] 栗田誠・NBL840号34頁（2006年）参照。

第 4 節
米国法まとめ

以下、米国法における忠誠リベートをめぐる議論を総括する。

1 単一製品事案とバンドルリベート事案の区別

米国では、忠誠リベートの事案を、単一製品忠誠リベートの事案とバンドルリベートの事案とに区別する考え方が定着しつつある。

Concord Boat 判決や *ZF Meritor* 判決、*Eisai* 判決に見られたように、多くの下級審裁判所が、両者を事案の異なるものとして扱ってきた。司法省も、2条報告書において、両者を区別して議論していたし、学説の議論でも同様の傾向がある[224]。

バンドルリベートの事案については、近時、控訴裁判所レベルで判断が分かれている。一方では、第三巡回区の *LePage's* 判決のように、費用基準を要求せず、競争的な製品を独占的な製品と組み合わせてリベートを供与すること自体を危険視するものもあれば[225]、他方では、第九巡回区の *Cascade Health* 判決[226]や第六巡回区の *Collins Inkjet* 判決[227]のように、いわゆる「割引総額帰属テスト（discount attribution test）」（全ての値引きがバンドルされた非独占的・競争的な製品において行われたものと仮定して、費用割れを起こしているかどうかを問うテスト）を一種のセーフハーバーとして採用するものもある[228]。学説では、後者の方法を支持する者が多い[229]。これに対して、単一製品忠誠リベートの文脈では、バンドルリベートの事案での割引総額帰属テストと考え方の共通するところのある欧州委員会型の実効

---

224) E.g., Hovenkamp, supra note 49.
225) *LePage's, Inc.*, supra note 92.
226) *Cascade Health Solutions v. PeaceHealth*, 515 F.3d 883（9th Cir. 2008）．拙稿「複数製品リベート・セット割引規制における "Discount Attribution" 基準——Cascade Health Solutions v. PeaceHealth」公正取引 770 号 54 頁（2014 年）参照。
227) *Collins Inkjet Corp. v. Eastman Kodak Co.*, 781 F.3d 264（6th Cir. 2015）．

価格テストは、それほど多くの支持を集めてはいないようである[230]。いずれにせよ、米国では、単一製品忠誠リベートは、バンドルリベートと比べて相対的に許容的な扱いを受ける傾向がある。

両者の事案を区別する考え方に対しては、いずれの事案であれ排除の本質は「梃子」の問題であり、独占的な製品での力を梃子にして競争的な製品で競争者を排除するバンドルリベートと、同じ製品における需要の非コンテスタブルな部分での力を梃子にして需要のコンテスタブルな部分で競争者を排除する単一製品事案との間に、本質的な相違はないという指摘もある[231]。

しかしながら、排除の発生するストーリーに一定の共通点があるとしても、両者には、いくつかの重要な相違もある。第一に、同等に効率的な競争者が排除される危険性の認識に差があるようである(バンドルリベートの方が危険視されている)。単一製品忠誠リベートは排他的取引と対比されるのに対し、バンドルリベートは抱き合わせと対比されるところ、1つの市場での力を「梃子」にして他の市場での力を獲得するというバンドルリベートのストーリーは、古くからの抱き合わせの議論の延長線上で理解可能であるため[232]、各顧客ベースでのマストストックを「梃子」とする単一製品

---

228) 2008年の第九巡回区 *Cascade Health* 判決がシャーマン法2条の独占化の文脈で排除の反競争性の有無の識別基準としてこのテストを採用したのに対し、2015年の第六巡回区の *Collins Inkjet* 判決は、シャーマン法1条の抱き合わせにおける「強制」の存否の識別基準としてこのテストを採用した。バンドルリベートにかかる米国の議論につき、拙稿「公益事業分野におけるセット割販売と独占禁止法の規制」武田邦宣=友岡史仁編『エネルギー産業の法・政策・実務』(弘文堂、近刊) 参照。

229) See ANTITRUST MODERNIZATION COMMISSION, REPORT & RECOMMENDATIONS 83 (2007); Hovenkamp, supra note 49; Thomas A. Lambert, *Appropriate Liability Rules for Tying and Bundled Discounting*, 72 Ohio St. L.J. 909 (2011).

230) 例えば、Hovenkamp も、バンドルリベートの事案では"discount attribution test"を支持しつつ、単一製品事案では通常の廉売ルールの適用を主張する。See Hovenkamp, supra note 49. なお、単一製品忠誠リベートの事案で欧州委員会型の実効価格テストを支持する米国の論稿として、Klein & Lerner, supra note 79; Nicholas Economides, *Tying, Bundling, and Loyalty/Requirement Rebates*, in RESEARCH HANDBOOK ON THE ECONOMICS OF ANTITRUST LAW 121, 135-136 (Einer Elhauge ed., 2012).

231) See Economides, supra note 230.

事案でのストーリーと比べ、より認知されやすいのかもしれない（後記 2 (2)も参照）。第二に、テストの実施難易度の差も指摘されている[233]。すなわち、バンドルリベートの事案で割引総額帰属テストを実施する際に必要となる作業は、競争的な製品に値引き全額を引き寄せるという作業のみである。他方、単一製品事案で欧州委員会型の実効価格テストを実施する場合、顧客ごとに異なるマストストックの量をそれぞれ特定するという困難な作業が発生する。後者のケースでは、行為者にとっての予見可能性も低下するので、萎縮効果の問題がより深刻化しうる。

　以上のような事情が相俟って、両者を区別する議論が定着してきたのであろう。

2　単一製品忠誠リベートをめぐる米国での議論の現状

(1)　学説の状況

　単一製品忠誠リベートをめぐる米国の議論には、まず、大きな対立軸として、排他的取引型の枠組みの下で合理の原則に従って慎重に判断するべきという見解[234]と、廉売一般と区別せず、セーフハーバーとして *Brooke* 判決型の通常の費用テストを用いるべきという見解との対立がある。前者の見解は、Tom らの 2000 年論文によって一般に認知され[235]、最近では、2013 年初めに当時の FTC の Wright 委員がこの立場を支持する意見を表

---

232)　米国法における抱き合わせをめぐる議論につき、拙稿「抱き合わせ販売の規制根拠——競争プロセスと消費者保護(1)(2・完)」民商 153 巻 2 号 61 頁、3 号 52 頁（2017 年）参照。

233)　Moore & Wright, supra note 77, at 1242；Jacobson, supra note 74, at 7-8.

234)　なお、米国におけるこの見解は、「事実上の当然違法原則」と評されてきた欧州の伝統的判例法理の立場と同じではない。第 2 章で述べたように、欧州の伝統的判例法理は、拘束的な効果を重視して占有率リベートや遡及リベートを違法としていたが、米国におけるこの見解は、単に拘束的な効果のみでそれらの行為を問題視するものでは、およそない。米国におけるこの見解の細部は必ずしも判然としないが、大枠としては、顧客らにマストストックが存在するような強力な事業者によって実施される場合には排他的取引に準じて考察し、市場閉鎖効果や正当な理由の有無を慎重に吟味した上で、反競争効果が認められる限度で規制しようとする考え方である。後記(2)で述べるように、ライバル費用引上げ理論に基づく。

明して注目を集めた[236]。これに対して、後者の見解は、特に Hovenkamp らによって強硬に主張されてきた[237]。さらに、両者の中間的な見解として、欧州委員会型の実効価格テストの当否が議論の対象となることもある。もっとも、米国では、特に実行困難な点が問題視され、欧州委員会型のテストは多くの支持を集めてはいない[238]。(なお、以上の他に、Elhauge が独自の論拠に基づいて忠誠リベートの規制の必要性を指摘しているが、現時点では、一般に受け入れられるには至っていない[239]。)

ZF Meritor 判決や *Eisai* 控訴審判決といった一部の判決への見方に争いはありうるものの[240]、さしあたって、占有率リベートの事実のみでは拘束性を認めない裁判例の傾向そのものは、規制に抑制的な Hovenkamp 型の考え方に親和的なものといえよう。

(2) 理論上の要点

以下、上記のような見解の相違が生じる理由を検討する。

第一に、反競争効果の蓋然性に対する認識の相違が指摘される。排他的取引型のアプローチを主張する論者が懸念するのは、欧州同様、マストストックを「梃子」とする排除の問題である。マストストックが存在する場合の遡及リベートの吸引効果の問題は、2000 年に Tom らが指摘して以降[241]、米国でもある程度認識されている。しかしながら、規制に好意的な論者が、ライバル費用引上げ理論（RRC）の観点で忠誠リベートの反競争性

---

235) Tom et al, supra note 41. この見解に好意的な論稿として、Salop, supra note 77；Moore & Wright, supra note 77；Jacobson, supra note 74；Robert H. Lande, *Should Predatory Pricing Rules Immunize Exclusionary Discounts?*, 3 Utah L. Rev. 863（2006）。

236) Remarks of Commissioner Joshua D. Wright, *Simple but Wrong or Complex but More Accurate? The Case for an Exclusive Dealing-Based Approach to Evaluating Loyalty Discounts*（FTC June 3, 2013）.

237) Hovenkamp, supra note 49. 彼の体系書や教科書も参照。

238) See Moore & Wright, supra note 77, at 1240-44；Wright, supra note 236, at 17-19；Jacobson, supra note 74, at 7-8；Lande, supra note 235, at 877-880；Salop, supra note 77. なお、欧州委員会型の実効価格テストを支持する論稿として、前掲注 230）。

239) Elhauge の論拠は、第 3 章注 39）参照。

240) なお、事実関係に照らすと、*ZF Meritor* 判決の結論は、Hovenkamp らの立場からでも説明不可能ではなかろう。

241) Tom et al., supra note 41.

を認識するのに対して[242]、Hovenkamp ら規制に慎重な論者は、同等効率性基準を持ち出し、(仮定的に) 同等に効率的な競争者にとって脅威となる現実的危険性は低いと見る[243]。Hovenkamp は、(コストを上回る) 単一製品忠誠リベートが同等に効率的な競争者にとって脅威となるおそれが小さいとなぜ考えられるのかを十分に説明しているわけではないが、おそらく、*Eisai* 第一審判決 (第 2 節第 2 款 3 参照) の判示に典型的に現れたような認識、すなわち、マストストックの存在自体が当該事業者の効率性の現れであることが多い (それゆえ、「仮定的に」同等に効率的な競争者であればマストストックそのものに対して対抗可能なはずであり、競争者は自らの効率性の改善によって対抗するべき) というような認識を背景に有するものと推測される[244]。

　第二に、競争促進効果の蓋然性に対する認識の相違も指摘される。第 2 節で見たように、米国の多くの裁判所は、忠誠リベートを、基本的には値引きの一種として認識していた。Hovenkamp ら規制に消極的な論者らも、忠誠リベートが低価格その他のプラスの効果をもたらすことが多いことを前提としている。これに対して、忠誠リベートの規制の必要性を強調する論者は、しばしば、そのような前提に疑問を呈し、忠誠リベートが「不忠誠罰」ないし「値引きの偽装」として作用する危険性をより多く織り込んでいる[245]。

---

242) See Moore & Wright, supra note 77 ; Wright, supra note 236.
243) See Herbert Hovenkamp, The Law of Exclusionary Pricing, 2 (1) Competition Pol'y Int'l 21, at 28 (2006) ; HOVENKAMP, supra note 19, at 495.
244) 第 6 章注 41)〜44) も参照。なお、HOVENKAMP, supra note 19, at 495 が、特殊事情の存在した *Masimo* 判決の結論は容認していることも、示唆的である。第 2 節で検討したように、*Masimo* 事件は、忠誠リベートの違法性の認められた理由をマストストックの観点 (のみ) から説明される唯一の事件であるが、同事件では、マストストックが、同等以上に効率的な競争者にとっても対抗困難と言いうる事情 (早期参入の結果としてのインストールベースの存在と特許権に伴う互換性の問題に起因するロックイン) によって発生していた。
245) See Salop, supra note 77, at 64 ; Einer Elhauge, *How Loyalty Discounts Can Perversely Discourage Discounting*, 5 J. Competition L. & Econ. 189, at 216 (2009) ; Lande, supra note 235, at 873-874 ; Jacobson, supra note 74.

最後に、積極過誤の危険やそれに伴う萎縮効果の問題に対する認識の相違が指摘される。米国では、陪審制や3倍額賠償制度などの独自の司法制度に起因して、それらの問題が他の国々と比べて特に重大になりうることも看過できない。司法省（前節参照）やHovenkampが強調するように、この観点は、上述した2つの観点（値引きの一種としての認識とマストストック型排除効果に対する疑念）と相俟って、単一製品忠誠リベートに対する許容的な見解の大きな拠り所の1つを構成してきた。これに対して、忠誠リベートの競争促進動機に一定の疑義を呈する理解によるならば、萎縮効果の問題に配慮する必要性自体が相対的に低下する。萎縮効果の問題よりも、過度に許容的な基準を設定することによって生じる反競争的な行為の過小抑止問題の方が、より重大となりうる[246]。

---

[246]　See Wright, supra note 236.

第 6 章

日本法への示唆

第1節
EU法と米国法の異同に関する整理と検討

以下、欧州と米国のアプローチの異同を第1節で整理し、第2節において、日本法の下での検討を行う。

1 競争者排除型行為規制に関する総論的視点の収斂傾向と相違点

前章までで検討してきたように、欧州では、以前は、形式的な競争プロセスや競争的な市場構造それ自体の維持を重視した規制が行われてきたが[1]（第2章参照）、最近になって、欧州委員会ガイダンスは、より経済的なアプローチを志向し、「消費者厚生」への影響をより重視する方向性を打ち出した[2]（第4章第1節参照）。本書では米国反トラスト法の目的について十分に検討することはできなかったものの、米国においても、反トラスト法の目的を経済的な意味での消費者厚生（あるいは効率性）の保護を中心に把握する見方が定着しつつあると言えよう。したがって、欧州と米国との間で規制目的レベルでの収斂傾向が生じている[3]。以上の収斂傾向は、排除型行為規制の違反要件論レベルにも波及している。欧州委員会ガイダンスは、支配的地位の存在と一定の形式の行為が行われたことをもって濫用性を推定するという伝統的判例法理の思考枠組みを離れ、原則として、個々の事案の状況を総合考慮した上で消費者厚生への害を示すことを明らかにしており、独占力の維持などを要件とする米国に接近している。

---

1) なお、その他にも単一の欧州市場の構築を含め、様々な（非経済的）価値が追求されてきた。See RICHARD WHISH & DAVID BAILEY, COMPETITION LAW 20 (8th ed. 2015); ALISON JONES & BRENDA SUFRIN, EU COMPETITION LAW 34-37 (6th ed. 2016).

2) See Neelie Kroes, European Competition Policy—Delivering Better Markets and Better Choices, Speech/05/512 (2005, London) (available at http://europa.eu/rapid/press-release_SPEECH-05-512_en.htm); WHISH & BAILEY, supra note 1, at 19; JONES & SAFRIN, supra note 1, at 37-40.

もっとも、欧州の考え方と米国の考え方が完全に収斂しているわけではない。欧州委員会ガイダンスにおいても「競い合い (rivalry)」の維持を重視する考え方は依然として見受けられ、欧州では、市場構造に対する害と消費者厚生に対する害との間の関連性を米国と比べてかなり強く認めているような認識も窺われる[4]。これは、個別行為の評価レベルで欧米間の乖離をもたら可能性を秘めている。

2 忠誠リベートの評価における欧州と米国の異同[5]

(1) 忠誠リベートの競争法上の評価基準に関する様々な立場の整理

前章までで検討してきたように、忠誠リベートを競争法の下でどのように評価するのかに関し、欧州と米国においていくつかの立場が見られた。

まず、一方の極である欧州の伝統的判例法理は、支配的地位を有する事

---

3) なお、欧州委員会の「現代化」アプローチと米国の最近のアプローチの双方において、純粋に帰結としての消費者厚生への害の観点だけを問題にしているわけではなく、いずれも、競争プロセスへの害も考慮には入れている点には注意が必要である。

　欧州委員会に関しては、第4章第1節で述べたように、102条に関するGPは、あくまで、能率に基づく競争とは言えない手段つまり競争プロセスを害する手段による排除を通じての消費者厚生への害を問題にしている。European Commission, Guidance on the Commission's Enforcement Priorities in Applying Article 82 of the EC Treaty to Abusive Exclusionary Conduct by Dominant Undertakings［2009］OJ C 45/2, ¶ 6, 19.

　これに対して、米国の反トラスト法における議論では、近時、一見すると経済的な意味での消費者厚生に対する効果の観点に焦点を収斂させているかのような議論も目につくものの、反トラスト法における実際の判断は、消費者厚生に対する効果の観点のみに基づいて行われてきたわけでは必ずしもなく、しばしば、（行為の帰結としての害の観点には必ずしも収斂できないような）競争プロセスへの害の観点も考慮に入れられてきた。抱き合わせ販売を素材とした以上の点に関する検討として、拙稿「抱き合わせ販売の規制根拠——競争プロセスと消費者保護（2・完）」民商153巻3号52頁、第3章（2017年）参照。See Joseph Farrell & Michael L. Katz, *The Economics of Welfare Standards in Antitrust*, 2(2) Competition Pol'y Int'l 3 (2006). See also Einer Elhauge, *Tying, Bundled Discounts, and the Death of the Single Monopoly Profit Theory*, 123 Harv. L.Rev. 397 (2009).

4) See Philip Marsden & Liza Lovdahl Gormsen, *Guidance on Abuse in Europe : The Continued Concern for Rivalry and A Competitive Structure*, 55 Antitrust Bull. 875 (2010).

業者が占有率リベートや遡及リベートを供与することを、排他的取引と同様に顧客の取引先選択の自由を拘束する行為であるとみなしてきた。契約上の排他義務の不存在は、そのような認定を行う上での障害を全く構成しなかった。さらに、欧州の伝統的判例法理は、支配的事業者による占有率リベートや遡及リベートの供与を排他的取引と同様の拘束的な行為とみなしてきただけでなく、支配的地位を有する事業者が顧客を拘束する行為を行ったという事実をもって支配的地位の「濫用」に当たることを肯定し、実質的な市場閉鎖効果ないし排除効果の（個々の事案の状況に基づく）立証を要求してこなかった（以上につき、第2章第2節参照）。

　これに対して、米国の下級審裁判所で広く見られる立場が、他方の極の立場と言える。米国の下級審裁判所の多くは、現在のところ、契約上の排

---

5)　以下、欧州と米国におけるいくつかの主要な立場の異同を整理する。
　　なお、欧州の伝統的判例法理については、第4章第2節で紹介したIntel事件ECJ判決によって、その先例としての意義をどのように位置付けられるのかという問題は生じている（ただし、同節で述べたように、ECJ判決には判然としない点が非常に多い。）。しかしながら、欧州の伝統的判例法理の立場は、学説からの批判を受けながらも長らく通用してきたものであり、理論的に全く根拠のない立場ではない（なお、学説においても、わずかながら伝統的判例法理の厳格な立場を支持する論者はいた。とりわけ、欧州委員会ガイダンス公表時に欧州委員会競争総局に所属しており、したがって、リベートの問題に関して最も理論的な考察を行っていた一人であろうと思われるエコノミストのMaier-Rigaud氏が、彼の個人的な見解としては、むしろ伝統的判例法理の厳格な立場に好意的な論評をしていたことは、興味深い。See Frank P. Maier-Rigaud, *Article 82 Rebates : Four Common Fallacies*, 2 Eur. Competition J. (Special Issue) 85, 97-100 (2006))。むしろ、その論拠に関する理論的検討を加えておくことは、排除型行為に関して様々な新しい問題が現れつつある今日、より一層重要と考えられる（とりわけ、日本法への示唆を考える上では、日本法における排除型行為の規制が私的独占だけではなく、私的独占よりも反競争効果の程度が低くて足りると解されてきた不公正な取引方法の規制も存在することには、注意を要する。欧州の伝統的判例法理の考え方からは、我が国の不公正な取引方法の規制についての示唆を得る余地もある。後記第2節1(3)参照。）。したがって、以下では、欧州の伝統的判例法理の立場も1つの立場として取り上げ、検討を加える。
　　なお、EUのIntel事件ECJ判決については、1つの「立場」というには現時点では不明確な点が非常に多いことから（第4章第2節5参照）、以下では、独自の分析対象とはしない。同判決については、最も「効果ベース」よりの解釈を施したとしても、欧州委員会ガイダンスの立場のバリエーションの域を出るものではなかろう。

他義務の不存在を重視し、占有率リベートを原則として廉売一般と区別していない[6]。米国では、原告が、独占力を有する被告が占有率リベートを行ったことを主張しているだけでは、排他的取引と同様の顧客の取引先選択の自由を拘束する行為とは認められない（裏を返すと、通常の廉売ルールの下で費用割れでない限り適法ということになる）。米国の裁判所は、占有率リベートの供与を排他的取引と同様に評価するために、リベートプラス α の追加的事情を要求してきた[7]。

欧州委員会の新しい実効価格テスト（AECテスト）は、以上の両者の中間的な立場の1つとして位置付けられるであろう。欧州委員会は、支配的地位、条件付きリベートの認定に加え、個々の顧客の需要のコンテスタブルな部分についての実効価格が費用割れを起こし、同等に効率的な競争者が当該個々の顧客のコンテスタブルな需要から閉鎖されることの立証を求めている[8]。

さらに、学説レベルでは、米国では、ライバル費用引上げ理論を基礎として、何らかの費用テストを介在させることなく、排他的取引のケースと同様の枠組みによる合理の原則の下で実質的な市場閉鎖効果の有無を評価するべきだとする立場も相当数の支持を集めている（第5章第4節2参照。以下、この立場を「米国の有力説」という。）[9][10]。

---

6) 第5章第2節第2款で検討したように、結果的に占有率リベートを含む一連の行為の違法性を認めた第三巡回区の *ZF Meritor* 判決でさえ、原則的な立場としては本文のように言えた。

7) リベートの他に出荷停止の脅しも加えられていたような場合にはプラス α の追加的事情を構成しうること、他方、独占力やマストストックの存在だけでは追加的事情と成り難いことについては、第5章第2節で論じたとおりである。さらに、米国では、プラス α の追加的事情が認められて占有率リベートと相俟って全体として排他的取引を構成する場合であっても、シャーマン法やクレイトン法上違法となるためには、実質的な市場閉鎖効果の立証も要求される。第5章第2節で取り上げた *ZF Meritor* 判決、*Masimo* 判決参照。

8) なお、米国の下級審裁判所のアプローチと欧州委員会のアプローチの違いは分かりづらいかもしれないが、第3章1(2)イの仮設例でいうと、単純な値引き価格9,500円を基準費用と比較するのが米国の下級審裁判所、コンテスタブルな部分の実効価格7,500円を基準費用と比較するのが欧州委員会ガイダンスのアプローチである。

(2) 上記(1)の各立場の理論的根拠

　以上のように、忠誠リベートの競争法上の評価基準をめぐって欧州と米国の間でいくつかの考え方が存在するが、見方が分かれる理由は、次のように整理できる。

ア　忠誠リベートの行為の性質論、並びに過剰抑止の問題

　忠誠リベートをめぐる議論における最も基本的な対立軸は、第1章で指摘したように、値引きの一種としての側面をより重視するのか、それとも排他的取引に類する側面をより重視するのか、つまり、忠誠リベートという行為の性質をどう捉えるのかであった。この点に関し、上記(1)で整理したいくつかの立場の間で、次のように見方の相違が存在する。

　第一に、忠誠リベートの値引きの一種としての競争促進性に関し、米国の多くの下級審裁判所は、占有率リベートを基本的には値引きの一種であって消費者厚生に資するものとして認識してきた。同等効率性基準に基づき実効価格テストを採用する欧州委員会ガイダンスの立場も、この行為の値引きとしての側面に一定程度配慮している。これに対して、欧州の伝統的判例法理は、この行為の値引きとしての側面を見ていなかった[11]。米国の有力説については一概には論じられないが、忠誠リベートが単に排他条件を守らない場合の（不遵守）価格を引き上げたにすぎない、値引きの

---

9)　米国の有力説は、費用テストを介在させることなく忠誠リベートを排他的取引と同様の枠組みで評価しようとする点では欧州の伝統的判例法理と共通する部分もないわけではないが、既に述べたように、欧州の伝統的判例法理が、支配的企業が顧客を拘束することそれ自体を問題視して実質的な市場閉鎖効果の（個別的な）立証を要求しなかったためにしばしば「（事実上の）当然違法原則」と評されてきたのに対して、米国の有力説のアプローチにとって、顧客の取引先選択が拘束されることは、あくまで、（不当な形での）排除の前提を構成するにすぎない。欧州の伝統的判例法理と米国の有力説との間では、そもそもの反競争効果の捉え方自体に違いがあるとも言いうる（上記1）。

10)　なお、ここまでの整理から明らかなように、欧州と米国の間で議論の対立軸がずれてきたことには注意が必要である。すなわち、欧州では、伝統的判例法理の「事実上の当然違法」か、それとも欧州委員会型の実効価格テストを導入するべきかという対立軸で議論が進行してきたのに対し、米国では、主として、通常の廉売ルールを満たさない限り原則適法とするべきか、それとも排他的取引型の合理の原則の下で検討するべきかという対立軸で議論が進行している。

「偽装」ないし「不忠誠罰」でしかない可能性もしばしば指摘されてきた[12]。

　第二に、マストストックを「梃子」として顧客を誘引し、競争者を排除しようとする行為の反競争性に関する考え方の違いである。欧州では、伝統的判例法理の時代から、顧客らにとって「避けることのできない取引相手」によって忠誠リベートが供与されることの危険性（「吸引効果」）が極めて重視されてきた。欧州委員会ガイダンスのアプローチも、マストストックを「梃子」とする行為の危険性自体は認識し、かかる行為に一定の人為性を認めていることを如実に示している。欧州委員会の実効価格テストは、同等効率性基準を用いて値引き効果とマストストック型排除効果との均衡を図ろうと試みるものであった。米国では、上記(1)で整理した学説の有力説においては、忠誠リベートを排他的取引のケースと同様の合理の原則の下で評価するべきことの根拠として、RRC理論の観点から、マストストック部分での力を「梃子」として利用することの危険性が指摘されている。他方、米国では、裁判所やHovenkamp教授らを中心に、この行為が同等に効率的な競争者に脅威をもたらす現実的可能性に対する懐疑も根強い[13]。

　第三に、以上の2つの点に関連して、米国では、陪審制や三倍額賠償と

---

11) *Hoffmann-La Roche* 判決は、排他的な条件と結びつける形でインセンティブを与えること自体を問題視していた（上記第2章第2節第1款2(2)ア―2最終段参照）。なお、第4章第2節で述べたように、*Intel* 事件ECJ判決は、この行為を（少なくとも出発点としては）価格行為の一種として扱っている。

12) See Steven C. Salop, *The Raising Rivals' Cost Foreclosure Paradigm, Conditional Pricing Practices and the Flawed Incremental Price-Cost Test* 13（available at https://papers.ssrn.com/sol3/papers2.cfm?abstract_id=2817942）（Forthcoming：81 Antitrust L.J. 64（2017））；Robert H. Lande, *Should Predatory Pricing Rules Immunize Exclusionary Discounts?*, 3 Utah L. Rev. 863, at 873-874（2006）；Einer Elhauge, *How Loyalty Discounts Can Perversely Discourage Discounting*, 5 J. Competition L. & Econ. 189, at 216（2009）.

13) なお、欧州委員会ガイダンスの発想と米国の下級審裁判所やHovenkamp教授の発想とが、ともに同等効率性基準をベースにしながら、同等に効率的な競争者に脅威をもたらす危険性の認識にずれが存在する点は、興味深い。第5章第2節や第4章第1節注67)で指摘したように、米国の立場は、「仮定的に」同等に効率的な競争者であれば、(*Masimo* 事件のような特殊事情がない限り）マストストック部分も含めて対抗可能なはずだと考えているように思われる。この点に関する詳細は、後掲注41) から注44) と対応する本文参照。

いった制度上の問題に起因して、競争的な手段としても用いられうる行為を過剰に抑止してしまうことへの懸念が特に重視されてきた。米国の裁判所においては、これが、上記第一や第二の点に関する認識と相俟って、忠誠リベートに対するより許容的な判断につながっている。

　イ　欧州の伝統的判例法理が（競争者に対する）実質的な市場閉鎖効果（排除効果）の個別的な立証を要求してこなかった理由：「閉鎖された側の顧客」に対する効果の問題

　上記(1)で整理した４つの立場のうち、少なくとも、米国の多くの下級審裁判所の立場、米国の有力説の立場、欧州委員会ガイダンスの立場に関しては、それぞれの立場の間で忠誠リベートという行為の性質の捉え方については相違があるとしても（上記ア）、競争法における反競争効果の捉え方そのものは大きく異なるわけではなかった。いずれにせよ、最終的には独占力の維持ないし消費者厚生への害を問題としており、忠誠リベートのような競争者排除型行為のケースでは、その前提として、競争者に対する実質的な市場閉鎖効果ないし排除効果を要求していた[14]。

　これに対して、欧州の伝統的判例法理の立場に関しては、前記１で整理したように、米国の反トラスト法のアプローチや欧州委員会ガイダンスのアプローチとの間で、規制目的や反競争効果の捉え方そのものの違いを指摘されてきた。そして、欧州の伝統的判例法理が、忠誠リベートの事案において、顧客に対する拘束的な効果を特に重視して「濫用」該当性を認定し、競争者に対する実質的な市場閉鎖効果ないし排除効果の（個々の事案の状況に基づく）立証を要求してこなかったことは[15]、その１つの現れと理

---

[14]　米国法については第５章第１節を、欧州委員会ガイダンスについては第４章第１節を参照。

[15]　なお、再三述べてきたように、事案の「全ての状況」の検討を必要とされてきた数量目標型のリベート（Intel 一審判決のいう「第三のカテゴリ」のリベート）のケースにおいても、検討の中心は顧客に対する拘束的な効果の有無であり、競争者に対する排除効果の有無について、詳細な検討はなされてこなかった。欧州の裁判所自身、「閉鎖効果」あるいは「排除効果」という用語を用いてはきたが、その含意は、しばしば、単に顧客に対する競争品取扱い制限効果の言い換えであった。第２章第２節参照。

解されてきた（第 2 章参照）。

　欧州の伝統的判例法理が、支配的地位の「濫用」を認定する際に、顧客に対する拘束的な効果を重視して問題の行為による実質的な市場閉鎖効果ないし排除効果の個別的な立証を要求してこなかったことの根拠は、いかなる点に存するのか。

　この点については、少なくとも 2 つの見方がありうるように思われる。

　第一に、102 条規制の対象となるのは、市場において支配的地位を有する事業者である。支配的事業者が抱えている数多くの顧客ベースを前提とすると、問題の排他的取引の標的となった顧客がたとえわずかであっても、ライバルの拡大を妨げる効果をもつ可能性のあることは、確かである。したがって、市場閉鎖効果ないし排除効果を個別的に示すまでもなく、（質的な意味での）市場閉鎖効果や排除効果、ひいては市場支配力の強化が生じるおそれ（ないし「能力（capability）」）のあることは少なくとも肯定し得るものとして問題にしていたと理解する余地はあろう[16]。

　しかし、そのような見方は、欧州裁判所自身の判示や問題意識と整合的であったのだろうか。根本的な問題は、排他的取引型の行為でよく言われるように競争者にとって「代替的な取引先」さえ存在すれば、本当に問題はないのかという点である。

　例えば、我が国の排除型私的独占ガイドラインは、「事業者が、相手方に対し、自己の競争者から商品の供給を受けないことを取引の条件としたとしても、競争者が当該相手方に代わり得る取引先を容易に見いだすことができる場合には、競争者は、価格、品質等による競争に基づき市場での事業活動を継続して行うことができる」と述べている[17]。

　ところが、欧州の Tomra 事件第一審、上訴審両判決、Intel 事件第一審判決は、「市場の閉鎖された側の顧客らも、どの程度であろうと市場において起こりうる競争から利益を受ける機会を有するべきであるし、競争者らは、

---

[16]　伊永大輔「排他的リベートによる『市場支配的地位の濫用』の新展開——EU 競争法における効果重視の分析アプローチをめぐる法理論」修道法学第 39 巻第 2 号 59 頁（2017 年）は、以上の見方を含むように思われる。

[17]　排除型私的独占ガイドライン第 2 の 3(1)。

市場の一部ではなく市場全体をめぐって能率に基づいて競争することができるべきである」と明確に述べていた[18]。この判示によると、欧州の裁判所は、排他的取引や忠誠リベートによって「閉鎖された側の顧客」が不利益を受ける効果をも 102 条における[19]規制根拠の 1 つとして重視していたことが窺われる。

　仮に質的な意味での競争者に対する市場閉鎖効果が発生していない場合であっても[20]「閉鎖された側の顧客」が不利益を受けることがありうるのかに関し、米国のシカゴ学派的発想では、ライバル費用引上げ型の反競争効果が生じない限り、顧客である相手方は排他権に対する十分な補償を得ているということになるのかもしれない。しかしながら、欧州裁判所の判示は、明らかに、「閉鎖された側の顧客」に対する効果を排他的取引に対する非難の根拠に含めてきた。結局、支配的事業者がマストストック部分での力を「梃子」とすることによって相手方に排他的取引を呑ませ、その取引先選択の自由を実質的に拘束しているのだとすれば、それは、いわば経済力を梃子としてより強い制約を顧客に加えているものとも評価しうる[21]。そして、これは、同時に、その裏面として、競争者に対する少なくとも形式的・量的な閉鎖・排除も伴うものである。欧州の伝統的判例法理は、支配的事業者の「特別の責任」の下で、そのような顧客に対する強い拘束的な効果（＝顧客の経済的自由の侵害）とそれを通じた競争者に対する量的な排除（＝公正な機会の侵害）とを一体的に捉える形で、競争プロセス

---

18)　第 4 章第 2 節参照。なお、*Tomra* 事件と *Intel* 事件との間では、申立人の主張の仕方はやや異なっており、後者の申立人 Intel は、問題の排他的な行為が関係したのは市場のわずかな部分であったと主張していたのに対し、前者の申立人 Tomra は、（欧州委員会が市場の有意な部分が閉鎖されたと認定していたことを前提に）市場の残された部分は十分に大きかったと主張していた。なお、*Intel* 第一審判決による *Tomra* 判決に対する見方につき、第 4 章第 2 節 1(1)イ(イ)参照。

19)　したがって、あくまで支配的事業者の行為であることが前提ではある。

20)　なお、現実問題としては、102 条において問題となるのが支配的事業者の行為であることからすると、そのようなケースはそれほど多くはないのかもしれない。

21)　この点に関し、川濱昇「市場秩序法としての独禁法(1)」民商 199 巻 3 号 1 頁、27 頁（2008 年）参考（「拘束性の程度又は拘束を加える事業者の優位性が強い場合とそれ程でもない場合とで自由に対する制約の度合いは違う」と指摘する）。

を害するものとして、102条規制において問題にしてきたものとも評価しうるように思われる[22)23)24)]（後者の点に関し、*Intel* 事件 GC 判決は、その予備的評価においてさえ、「14％」という閉鎖シェアが「有意」であったと判断した根拠として、「競争者らは、市場の一部だけではなく、市場全体をめぐって、能率に基づく競争の便益を受ける資格がある」という点を挙げていた（上記第4章第2節1(3)イ参照）。同事件 ECJ 判決は、「14％」が有意であったとした GC の判断に関しては、Intel や法務官から GC の判断への批判がなされていたにもかかわらず、何も述べていない。なお、以上の本文で述べた点に関し、日本法への示唆を得ようとする際には、当然ながら、日本法との間で要件の違いがあることに留意する必要はある。その点を踏まえた考察は、後記第2節1(3)。）。

22) 以上の点に関し、川濵・前掲注21）27頁、川濵昇「市場秩序法としての独禁法(2)」民商139巻4・5号1頁、5-8頁（2009年）も参考。「行為の競争過程に対する悪性が市場における悪影響の立証に関連するものとはとらえずに、……自由なり機会を保護することそれ自体が競争の維持なのだという観点から理解する立場」が見られたことを指摘している。
23) なお、市場閉鎖効果に関して質的実質性の基準が要求されず量的実質性の程度で違法性を認めることは、例えば、米国の抱き合わせ販売にかかる判例法理においても見受けられる。米国の抱き合わせ販売の例のように、顧客に対する拘束性ないし強制性の程度が強いと考えられてきた行為の場合、市場全体における排除効果としてそれほど程度の大きなものが要求されることなく反競争的とされること自体は、必ずしも珍しいわけではない。抱き合わせ販売に関し、拙稿・前掲注7）第3章と第4章第2節参照。
24) なお、見方によっては、顧客に対する搾取的な側面も見出しうるように思われる。すなわち、顧客に対する搾取的な側面と競争者の機会を侵害する排除的な側面とが、不可分一体的に問題とされているとも言うるように思われる。

第2節
日本法の下での考え方

　第1節で整理したEU法と米国法の議論を踏まえ、本節では、日本の独禁法の下での忠誠リベート規制についてのあるべき考え方を提示する。以下、1で、忠誠リベート規制の理論的根拠を探求し、その後、2で、日本の独禁法の下で忠誠リベートを評価する際の具体的な考慮事項について検討する。

　なお、第5章までに紹介してきた欧州と米国の数多くの先例の事実関係からも明らかなように、現実問題として、忠誠リベートは、必ずしもその行為単独で用いられてきたわけではなく、しばしば、他の様々な排他的な行為や拘束的な行為と併せて用いられてきた。しかしながら、忠誠リベートをめぐる一連の議論の中で、議論の対立が最も先鋭で核心的な問題は、まず、（他の排他的行為を捨象した）純粋型としての忠誠リベートについてどのように考えるべきかという問題であり、この問題についての回答を提示しておくことが重要であると考えられる[25]。したがって、以下の考察においては、純粋型としての忠誠リベートを想定してそれに対する考え方を提示することを中心とし、忠誠リベートに加えて他の排他的行為も併せて行われるような場合の問題点については、後記1、2それぞれの中で必要に応じて言及することとする。

---

[25] 第5章でも述べたように、忠誠リベートに加えて例えば出荷停止の脅しなども顧客らに対して加えられていたような場合に排他的取引を認定されるのは当然と言えるが、そのことと、出荷停止の脅しが立証されていないケースでもなお拘束性を認定できるのかどうかというのは、別問題である。したがって、純粋型としての忠誠リベートに対する考え方を明らかにしておくことは重要であるし、その考え方次第で、忠誠リベートがどのような場合に独禁法上問題となるのかを判断する際の具体的な考慮要素にも影響しうる。

1 忠誠リベート規制の理論的根拠

(1) 忠誠リベートという行為の性質：排他的取引との類似性の根拠

　第1章で指摘したように、我が国の先例やガイドラインにおいて、忠誠リベートは、排他的取引に類するものとして扱われてきた。では、忠誠リベートのいかなる点に排他的取引との類似性を見出しうるのか。この問題に答えるに当たっては、まず、排他的取引の何が問題とされてきたのか、排他的取引の本質が何であったのかを確認しておく必要がある。

　排他的取引を通じた排除の反競争性は、理論的には、ライバル費用引上げ理論によって説明されてきた（第1章参照）。そして、ライバル費用引上げ理論の枠組みで排他的取引の反競争性を認識することを可能にさせる重要な前提が、顧客の取引先選択の自由に対する拘束性という要素であり、顧客と第三者である競争者との間の取引の制限という過程を経ての排除という点であった。

　第1章で指摘したように、そもそもライバル費用引上げ理論自体が、（それ自体で直ちに不当とされる行為では必ずしもないにせよ）、ある種の人為性を少なくとも暗黙裡に帯びた行為に対して通用する理論枠組みであった[26]。上記のように、排他的取引においては、規範的な観点では、顧客の取引先選択の自由に対する介入という点が人為性の源泉を構成しており、これこそが、排他的取引を通じてライバルを排除する行為が、（原則的に）人為性を肯定されてきた重要な前提であった。しかし、顧客の（競争者との間での）取引先選択の自由に対する拘束性をもたらす経済的実質が一体何であるのかを考えると、それは、当該行為によって、当該顧客が対象期間中に競争者に乗り換える際に必要となる転換費用が引き上げられることに他ならない（第3章1参照）[27]。そして、個々の顧客の転換費用が引き上げ

---

26) 特に第1章注92) 参照。川濵昇「市場秩序法としての独禁法（3・完）」民商139巻6号1頁、17-22頁（2009年）も参照。

27) なぜなら、問題の行為がなかった場合と比べて顧客の転換費用が引き上げられていないならば、問題の行為によって顧客が競争者と取引することがより困難になることもない。

られることが、経済的観点において、排他的取引がライバル費用引上げ戦略として機能する上での重要な理論的前提も構成した（第3章1参照）[28]。

以上の意味において、排他的取引という行為は、規範的な観点と経済的な観点による反競争性の説明がうまく対応している行為類型といえ、ライバル費用引上げ理論は、規範的観点からの問題意識と経済的観点からの問題意識の双方を内面化する形で、その反競争性を認識することを可能とさせる理論枠組みでもあった。

いずれにせよ、以上のように、排他的取引における拘束性の実質が、一定の期間中に顧客が競争者に乗り換えることの困難な状況を人為的に作出する点にあるとすれば、忠誠リベートを排他的取引のアナロジーとして把握することが妥当であるかどうかを考える際のポイントは、忠誠リベートにおいてもそのような状況が存在しうるのかどうか、である。

この点に関する私見は、第3章1で説明したとおりである。第3章1で述べたように、マストストックが有意に存在する状況下で忠誠リベートが行われる場合、忠誠リベートのもつ「吸引効果」によって、支配的事業者は、マストストック部分での力を「梃子」とすることで顧客の転換費用を（当該行為が存在しない場合と比べて）人為的に引き上げうる。したがって、少なくともマストストックが有意に存在する状況下で支配的事業者によって行われている場合には、忠誠リベートの供与は、力を「梃子」とすることによって顧客に対する実質的な拘束性をもたらす行為と評価しうる。欧州の伝統的判例法理が支配的事業者による忠誠リベートの供与を排他的取引と同視してきたのはまさに以上の発想に基づくものであったし、米国の有力説が忠誠リベートの反競争性を排他的取引と同様の枠組みによる合理の原則の下で検討することを求めるのも、以上の問題を懸念してのことであった。彼らの考え方は、少なくとも以上の限度では正当である[29]。した

---

28) なお、第3章1で指摘したように、個々の顧客の転換費用を引き上げるだけで直ちにライバルの費用が引き上げられるわけではなく、個々の顧客の転換費用を引き上げ、かつ、それによって実質的な市場閉鎖効果をもたらすことが、ライバル費用引上げ戦略を構成することには、注意を要する。

29) なお、何度も述べてきたように欧州の伝統的判例法理は排除効果の個別的な立証を要しない点でやや極端とも言えるが、その点については後述する。

がって、少なくとも以上の前提が満たされるようなケースについては、(我が国の排除型私的独占ガイドラインが示唆するように)、排他的取引と同様の枠組みの下で忠誠リベートの反競争性を評価するのが相当であると考えられる。忠誠リベートを通じた排除の不当性・人為性の根拠は、ライバル費用引上げ理論の観点から把握することとなろう。

(2) 同等効率性基準の下で評価することが適切な行為類型か？

　上記(1)で述べた私見に対しては、いくつかの批判が想定される。すなわち、忠誠リベートの供与があくまで値引き行為の一種としての競争促進的な側面を有することを前提として、能率競争からの逸脱の有無を識別するために同等効率性基準を踏まえた何らかの評価基準を構築するべきではないか、あるいは、事業者が自身の行為が適法なのか違法なのかの判断を容易に行えるような予見可能性のある明確な基準を用いるべきではないか、といった批判がありうる。

　以下、まず、アにおいて、値引き行為の一種としての側面がどこまで考慮に値するのかについて考察し、その後、イとウにおいて、上記想定される批判に対応する立場と言える欧州委員会ガイダンスの立場と、米国の下級審裁判例やHovenkamp教授らの立場のそれぞれについて、その問題点を指摘する。

　ア　値引きの一種としての側面はどこまで考慮に値するのか

　筆者自身、忠誠リベートという行為が値引き行為の一種としての側面を有しうることを完全に否定するわけではない[30]。しかし、上記のように、顧客らにとってマストストックが有意に存在するような支配的事業者によって供与され、顧客らの転換費用が引き上げられて排除効果が生じるような局面において、値引きの一種としての側面をどこまで考慮に値するのかについては、別途の検討を要する。

---

30) もっとも、そもそも占有率の達成などに条件付けて値引きを供与する行為それ自体が本当に正常な価格競争と言えるのかという議論も、ありえなくはないように思われる。数量リベートはともかくとして、米国の裁判所のように目標占有率80％〜100％近くに達する占有率リベートまで値引きの枠内で論じることの妥当性については、異論の余地も十分にあろう。

第一に、第3章2や第5章第4節で述べたように、「忠誠値引き」といってもその実態は排他的な条件を守らない場合の不遵守価格を引き上げたにすぎない「不忠誠罰」の可能性もあり、問題の行為の存在しない反事実的想定の状況においてどのような状況がもたらされるのか一概には言えないことは、しばしば指摘されてきた。

　第二に、より本質的な問題として、排他的取引一般の反競争性を示した反シカゴ学派のいくつかの理論モデルにおいても、排他的取引の対象となる顧客らに対して、排他権に対する補償は与えられることを前提としていた（第3章1参照）。現実問題として、排他的取引一般のケースにおいても、顧客らは、排他的取引に従わない場合と比べて従う方が好ましい状態が得られるからこそ、排他的取引に従うのである。確かに、排他的取引に従わない場合に例えば出荷停止等の制裁を受けるという「ムチ」に当たる手段が用いられるケースは多いが、他方、排他的取引のケースにおいても、純然たる「ムチ」に当たる手段だけが用いられるわけでは必ずしもない。値引きやリベートなどの価格上の利益の他に非価格サービスなども含め[31]、顧客らに対して排他権の代償とも言うべき一定の利益（「アメ」）も供与されていたケースは少なくない[32)33)]。したがって、顧客らに対して一定の利益が与えられていることを捉えて、それが顧客を獲得するための競争的な手段であることを強調し出すと、多くの排他的取引のケースが廉売の側面を含むケースになりかねない。しかしながら、排他的取引によって市場閉鎖効果が生じる場合、排他的な条件の代償として一定の利益が提供されている点が競争促進的な側面として考慮されてきたわけではなかっ

---

31)　なお、非価格サービスの点については後掲注37）も参照。

32)　なお、「アメ」と「ムチ」とは、必ずしも厳密に区別できるわけではない。「ムチ」を与えられないことが「アメ」にもなりうるし、「アメ」を与えられないことが「ムチ」にもなりうる。

33)　なお、再販売価格の拘束のような手段でさえ、小売業者に対する「マージン保障」の機能に着目すると、排他的取引の対価として用いられることがありうる。川濵昇ほか「再販売価格維持行為の法と経済学」29頁〔川濵〕（公正取引委員会競争政策研究センター共同研究報告書、2012年）参照。実際に、第二次大正製薬事件をはじめ、我が国の先例では排他条件付取引と再販売価格の拘束が同時に行われていたケースがいくつも見られる。

た[34]。

　排他的取引一般の文脈での反シカゴ学派の理論モデルによると、規模の経済が存在するなどライバル費用引上げ型の悪影響の前提条件が存在する市場においては、顧客らの間での外部性の問題が存在するため、排他権の代償として顧客らに一定の利益が供与される場合でも、全体としての厚生は害されうる（第3章1(4)参照）[35]。経済理論的には、これが、単に排他権の代償としての利益が供与されているにすぎない場合と、条件付けのない値引き行為とが区別されるべき点である。忠誠リベートに関しても、値引きとしての側面が常に評価に値しないとまでは言わないが、少なくともマストストックが有意に存在する状況下で行われ、顧客の転換費用が引き上げられて排除効果が発生しているような場合に関しては、やはり、単なる排他権の代償として排他的取引同様の顧客の転換を困難にする手段を構成するものであって、値引きとしての側面は過大評価されるべきではないように思われる[36][37]。

イ　欧州委員会の実効価格テストの問題点

　上記アで述べたように、特に支配的事業者によって用いられて排除効果を生じさせているような場合に、忠誠リベートの値引きの一種としての側面をどこまで考慮する必要があるのかそのものについても疑問は残りうるが、他方、EUや米国において価格競争としての側面を重視して一定の費用基準を採用する立場も多く見られることを踏まえ、本項では、まず、そのような立場の1つである欧州委員会ガイダンスの立場の当否を検討する（なお、本項では、欧州委員会ガイダンスの基準に内在的な問題点の検討にとどめ、忠誠リベートを同等効率性基準に依拠して評価することそのものの問題点に

---

34) もちろん、どのような手段が用いられているのかによって拘束性などに関する認定を左右することはありうるが、利益を提供しているから競争的な行為だといったような議論には必ずしもなってこなかったように思われる。

35) なお、この問題との関係で米国の *Concord Boat* 事件の事実関係が示唆的である点につき、第5章注52）参照。

36) EINER ELHAUGE & DAMIEN GERADIN, GLOBAL COMPETITION LAW AND ECONOMICS 631-634（2d ed. 2011）は、排他的取引の文脈でのRasmusenらやWhinstonらの議論が、忠誠リベートにも妥当しうることを認識している。

ついては、後記ウで検討する)。

　第4章第1節で述べたように、欧州委員会は、忠誠リベートの供与の反競争性の有無を評価する際の1つの基準として、同等効率性基準に基づいて実効価格テストを採用したが、このテストについては以下のような問題点が指摘できる。

　第一に、値引き行為の反競争性の有無を評価する際に費用基準を利用することの意義は、①問題の値引き行為が能率競争から逸脱しているのかどうかの識別基準を提供するという点とともに、②行為者に予見可能性を与えることによって萎縮効果の弊害を最小化するという機能も果たすという点に求められてきた（第1章4(1)イ参照)。ところが、頻繁に指摘されるように、欧州委員会の実効価格テストを実施する際には、各顧客の需要の「コンテスタブルな部分」の割合を特定しなければならないという困難な作業が発生するため、②の事業者らに予見可能性を提供するという意義は大幅に限定される（第4章第1節4参照)。

　第二に、欧州委員会の実効価格テストは、忠誠リベートによって生じうる懸念を本当に捕捉できているのかという点での疑問も残る。例えば、欧州委員会の実効価格テストは、忠誠リベートを通じて競争者の競争インセンティブを低下させうるという問題[38]を捕捉することができない。第3章

---

[37] なお、仮に値引きの一種としての競争促進性を強調する立場をとる場合、排他的な条件を守れば非価格的なサービスや便益を提供してもらえるようなスキームについてどう考えるべきかという問題も出てくるように思われる（排他的な条件とリンクして非価格サービスを提供するケースへの対処が求められうることについては、特に、第5章第3節で紹介した米国のFTCの一連の事例（特に排除措置）を参照)。この点に関し、一方では、(排他的な条件とリンクする場合であっても）値引きに対してはライバルの側も値引きで対抗していくべきであることを強調するのであれば、非価格サービスについても、ライバルの側もやはり顧客にとって魅力的なサービスを提供することで対抗していくべきではないかという疑問も生じる。他方、非価格サービスのケースにおいて、問題の行為者が、競争者には提供できないようなサービスを排他的な条件の対価として提供していることを拘束の手段として問題にするのであれば、値引きやリベートのような価格上の利益を提供する場合であっても、特に、強力な事業者によって遡及的なリベートのような落差の激しい利益が提供されている場合に関しては、やはり競争者には提供できない利益を拘束の手段として利用しているのではないのかという疑問が生じるであろう。

3で指摘したように、実効価格テストの下では実効価格が費用を上回るようなスキームであっても、供給量の少ない（仮定的に）同等に効率的な競争者にとっては、対抗オファーを出そうと試みること自体が経済的に不合理となる場合もありうる[39]。

　第三に、欧州委員会のテストは、本当に同等効率性基準そのものと整合的なのかという問題もある。欧州委員会の立場と、米国の下級審裁判例やHovenkamp教授らの立場は、ともに同等効率性基準を標榜していながら[40]、両者の採用する基準は異なっている。実際に、欧州委員会の立場は、単一製品忠誠リベートに関するHovenkamp教授らの立場（第5章第4節参照）からすると、基本的には支持できるものではないであろう。

　両者の間の見解の相違の理由としては、上述した欧州委員会の実効価格テストの難しさという実際上の問題も、米国で同テストがそれほど支持されていない理由の1つを構成したが、理論上の問題として、第5章第2節第2款で詳述したように、マストストックという概念そのものに対する見方の相違も両者の立場の違いを左右していると考えられた[41]。第5章第2節で述べたように、仮に、マストストックが存在すること自体が当該支配的事業者の効率性の反映であることが多いという見方をとるのであれば（米国のHovenkamp教授らの立場はこの発想を（暗に）前提としていると考えられた）[42]、「仮定上の同等に効率的な競争者」にとって忠誠リベートが脅威となる局面は大いに限定されるであろう[43][44]。以上の意味において、仮に

---

38) これは、排除効果をより強化しうる。
39) 詳細は第3章3参照。その他の問題として、実効価格テストの下では、具体的な状況の下で顧客らのプレッシャーがより強められる危険性を看過してしまう危険もあるように思われる。下流市場での競争上の有利・不利が顧客らの意思決定に影響する可能性や、行動経済学の観点からの心理的転換コストの問題も含め、実際問題として、マストストックが存在するほどの強力な取引相手から忠誠リベートをオファーされた場合、第3章1の経済理論が予測するよりもはるかに大きな圧力を顧客らが感じる可能性も否定し難いようにも思われる。
40) なお、単一製品忠誠リベートの事案における米国の下級審裁判例が同等効率性基準に明示的に言及しているわけでは必ずしもないが、おそらくそれを（暗に）前提としているものと思われる（なお、*Eisai*判決は、同等に効率的な競争者にとって対抗可能なのかどうかを明示的に問題にしていた）。

同等効率性基準に依拠して忠誠リベートを評価するにしても、私見では、欧州委員会の立場よりもむしろ Hovenkamp 教授らの米国の立場の方が理論的にはより徹底しているように思われる[45]。

 ウ　同等効率性基準の下で評価することは適切か

もっとも、私見では、忠誠リベートという行為を同等効率性基準の下で評価すること自体にも問題があると考えられる[46]。

第一に、効率性の劣る競争者も重要な競争上の制約となることはある[47]。現在は効率性の劣る競争者の市場での改善可能性を含め、人為的な手段に

---

[41]　第5章第2節で述べたように、マストストックの存在そのものは所与として、「コンテスタブルな部分について」（仮定的に）同等に効率的な競争者であれば問題のスキームに対抗できるのかどうかを問うのが欧州委員会の考え方であるのに対し、マストストックの存在そのものを所与とすることなく、（仮定的に）同等に効率的な競争者であれば、コンテスタブルな部分だけでなくマストストックそのものに対して対抗できるのかどうかを問うのが米国の発想であったと考えられた。なお、マストストックないし「非コンテスタブルな部分」に関する欧州委員会の定義は、第4章第1節2(2)ア参照。欧州委員会は、マストストックが生じる原因として、ブランド選好や競争者の設備上の制約を例示していたが、ブランド選好のような理由でマストストックが生じて競争者の拡大が妨げられているような場合、米国的な発想では、単に競争者の効率性が劣っているにすぎないと考えられよう（第5章第2節第2款4並びに次注以下参照）。

[42]　私見では、この見方には十分に理由があると考える。というのも、マストストックを有意に抱えている事業者は、それだけ多数の顧客を現実に獲得できているわけであるから、やはり、（常にではないにせよ）通常は、その商品に、多数の顧客を惹きつけるだけの魅力ないし優れた点があったと考えるのが素直であろう（また、そう考えるのが、市場での競争を重視する競争法の基本姿勢とも整合的であろう）。とすると、仮に商品の魅力や優越性を当該事業者の「効率性」の証とみるのであれば（後掲注44）参照）、問題の事業者と競争者との間の「効率性」の差がマストストックの存在に反映しているだけと言える場合が少なくないと考えられる（なお、以上の点については例外もないわけではなく、例えば、欧州の *Post Danmark II* 事件のようにマストストックの存在が制定法上の独占に起因するような場合には、マストストックの存在自体が当該事業者の効率性の反映とは言えないであろう）。なお、マストストックと商品の魅力・優越性との関係に関する以上の見方に対するありうる反対の見方として、第5章第2節4(2)ア注144) 参照（製品差別化が存在する商品の場合、特に、限界的な競争可能な領域においては、商品の魅力が逆転しうる）。

　なお、以上の問題意識は、同等効率性基準における「同等効率性」とはそもそも何を意味するのかというより本質的な問題にもかかわる。この点については、後掲注44）と同注で紹介する Salop 教授の問題提起を参照。

よって動的な競争の芽を摘むことは許容されるべきではない。忠誠リベートが支配的事業者によってライバル費用引上げ型の戦略として利用され、支配的事業者の力を「梃子」とすることによって競争者の効率性を人為的に劣る状態にしうることを考慮すると、同等効率性基準の下で当該行為を評価し、価格が費用を上回る限り（原則的に）許容的な扱いをすることは、背理とも言える[48]。 第二に、そもそも同等効率性基準が廉売規制の文脈で一般に受容されたのは、非効率な競争者を排除しても競争に悪影響が生じないためではない。価格競争という本来的に望ましいと考えられてきた競争手段によって効率性の劣る者が市場から淘汰されるのはやむを得ないという考え方、また、価格競争という競争促進的な活動についての萎縮効果の弊害を最小化するという考え方が大きく作用していた[49]。忠誠リベートが「不忠誠罰」である危険性をより重視する場合、同等効率性基準の視点を持ち込む必要性は、大きく減殺されうる[50]。

エ　小括

以上のように、忠誠リベートを独禁法上評価する際には、排他的取引と同様にライバル費用引上げ型の認識枠組みで把握するのが相当であり、同等効率性基準に基づいて評価するのは相当でないと考える。

結局のところ、排他的取引の反競争性判断の重要な前提が、期間中の顧客の転換困難な状況の人為的作出（実質的拘束性）にあると考えるならば、忠誠リベートを排他条件付取引に準じて評価する際に問われるべき真の問題は、具体的な事実関係の下で、顧客らの転換コストが引き上げられ、実

---

[43]　要するに、米国的な発想では、特段の事情がない限り、当該支配的事業者と「仮定上の同等に効率的な競争者」であればその商品の魅力によって「マストストックそのものに対して」対抗できるはずだと考えられよう（要するに、「仮定上の同等に効率的な競争者」との関係では、マストストックそのものが存在しない。）。なお、欧州においても、2005年のディスカッションペーパーでは、実効価格テストの結果に対して競争者の効率性が劣ることによる反論が許されるかのような記述があった。European Commission, DG Competition Discussion Paper on the application of Article 82 of the Treaty to exclusionary abuses（Brussels, December 2005），¶155.

　なお、同等効率性基準があくまで「仮定上の」同等効率的な競争者にとって脅威となるかどうかを問うものであって、現実の競争者の効率性如何は問題にならないこととの関係については、第4章第1節注67）参照。

質的拘束性が生じている状況が認められるかどうか[51]、そして、それが最終的に市場閉鎖効果や競争の実質的制限をもたらすものであるかどうかである。確かに、以上のような私見の下では、通常の廉売ルールと比べて事業者にとっての明確性を相対的に欠くことは否めないが、そもそも、忠誠リベートが反競争効果をもたらし、独禁法による規制対象となりうるのは、基本的には、市場において相当強力な事業者によって実施され、かつ、問題の行為が、市場閉鎖効果や排除効果をもたらしうる程度に市場の広範囲

---

44) なお、以上の問題に関連して、「仮定上の同等に効率的な競争者」がそもそも何を意味するのかも問題となろう。同等効率性基準に関する一般的説明として、例えば、OECD Roundtable on Competition on the Merits：DAF/COMP 19（2005）は、同等効率性基準の下では、「十分に長い間存続することを許されたならば incumbent 企業と同等又はより効率的になったであろう新規企業の除去を許してしまうように思われる」としている。他方、Richard A. Posner, *Vertical Restraints and Antitrust Policy*, 72 U. Chi. L.Rev. 229, 239-240（2005）は、問題の行為がなければより効率的であったことが想定されるようなライバルも「同等に効率的な競争者」に含めているようである（後記ウも参照）。

さらに、製品差別化が存在する場合に関するSalop 教授の指摘は、非常に示唆的である（製品差別化の問題は、マストストックをめぐる上述した一連の問題にも大いに関連しうる）。Salop, supra note 12, n.149 は、「『同等効率性』という概念は、一般的には、費用が同じであることを意味する。しかしながら、製品が差別化されている場合、同等効率性という概念は、より複雑である。なぜなら、製品差別化は、ある製品が他の製品より優れているという消費者らの認識（view）にかかわるからである。他の事情を一定として（*ceteris paribus*）、<u>ある企業の製品がより優れているならば、その企業は、より効率的であると見なされるだろう……</u>。」（下線追加）と述べている（See also Steven C. Salop, *Refusals to Deal and Price Squeezez by an Unregulated Vertically Integrated Monopolist*, 76 Antitrust L.J. 709, 728-729（2010））。Salop 教授が示唆するように、「同等効率性」という概念を単に費用によって定義するのか、それとも品質や消費者の効用のようなものも含めて考えるのかが、（マストストックの問題を考える際には特に）重要となるように思われるが、多くの消費者にとって魅力的に映る商品を供給する企業がより効率的だと考えることは（なお、既述のように米国の Hovenkamp 教授らの立場は少なくとも暗にこの発想を前提としていると考えられた）、「適者生存型競争観」（川濱・前掲注 26）15 頁）を前提とする同等効率性基準の基礎となる競争観との間でも整合的であるように思われる（なお、真の品質には差がなくてもブランド認識で効用の差が生じる場合にどちらが効率的なのかといった問題は生じうるかもしれない）。仮に以上のように理解する場合、前掲注 43）で指摘したように、多くの場合、「仮定上の同等に効率的な競争者」との関係ではそもそもマストストック自体が存在しないということになろう。

をカバーするケースであろう。

(3) 排除効果並びに公正競争阻害性について

最後に、欧州裁判所の伝統的判例法理における反競争効果に関する考え方が、日本の独禁法の解釈論上どのような形で参考となりうるのかについて付言しておく。

(少なくとも *Intel* 司法裁判所判決以前)、欧州の裁判所は、支配的事業者が行為主体となる102条事件においては、市場閉鎖効果や排除効果に関する

なお、消費者にとっての魅力を含めて同等効率性を定義する場合、製品差別化された商品においては、顧客らの需要を細分化してみていくと、マストストック部分では支配的事業者の方が効率的だが「コンテスタブルな部分」においてはライバルの方が効率的であるということも生じうる。そのような場合には、少なくとも「コンテスタブルな部分」において「仮定上の同等に効率的な競争者」にとって脅威となることはありうるという異論は生じうるが(第5章第2節注144)参照)、他方、同等効率性基準の下で評価する際に、脅威の生じる場をそこまで細分化して考えるのが妥当であるのかどうかは、問題になろう。

45) 前注第二段参照。なお、米国では、Hovenkamp 教授ら単一製品忠誠リベートの規制に消極的な論者が、この行為によって同等に効率的な競争者にとって脅威となる危険性が低いと見るのに対して、Salop 教授や Elhauge 教授らこの行為の規制に好意的な論者は、そもそもこの行為を同等効率性基準の下で評価すること自体に消極的であることも、示唆的に思われる。

46) 忠誠リベートへの同等効率性基準の適用を消極に解するものとして、例えば、Salop, supra note 12；ELHAUGE & GERADIN, supra note 36, at 637-638；Frank P. Maier-Rigaud, *Article 82 Rebates*：*Four Common Fallacies*, 2 Eur. Competition J.（Special Issue）85, 98（2006）．なお、ライバル費用引上げ型の行為と同等効率性基準との関係につき、川濱・前掲注26）14-18頁参照。

47) 川濱・前掲注26) 15頁、Salop, supra note 12, at 32, 62 参照。

48) See Salop, supra note 12；ELHAUGE & GERADIN, supra note 36, at 637．なお、同等効率性基準を前掲注44）のポズナー判事のように理解すれば、本文の問題は避けられるのかもしれない。

49) 川濱・前掲注26) 15-16頁参照。

50) See ELHAUGE & GERADIN, supra note 36, at 637-638．さらに、同等効率性基準を持ち出すことによって、競争者が同等に効率的であったならばそもそもマストストックが存在しなかったかどうかをめぐって、上記イで述べたような混乱を引き起こす危険もあろう。

51) 白石忠志『独禁法講義（第7版）』147-148頁（有斐閣、2014年）、平林英勝「最近の競争者排除型私的独占事件審決の検討——競争の保護と能率競争の範囲」判タ1208号49頁、55頁（2006年）参照。

詳細な立証を要求してこなかったが、その理由としては、上記第1節の最後で述べたように、支配的事業者がその強力な力を「梃子」とすることによって、顧客の経済的自由に対する強い拘束性と、競争者の市場への公正なアクセスの機会に対する制約が生じることそれ自体を、支配的事業者の「特別の責任」の下で問題視してきたと考えられた。

現在の日本の独禁法の解釈論においては、まず、排除型私的独占が問題となる場合には、排除効果と市場支配力の形成・維持・強化がその要件である以上、それらの立証を省略することはできない（もちろん、問題の行為が強力な事業者によって行われたという事実は、それらを推認させる1つの間接事実にはなりうるが、強力な事業者が排他的取引や忠誠リベートを実施したという事実のみでそれらが立証されるわけではない）。排除型私的独占における反競争効果は、あくまで、人為的な手段による排除を通じて実現される市場支配力の形成・維持・強化である。

これに対して、不公正な取引方法として問題となる場合については、議論がより複雑となりうる。まず、排他条件付取引や忠誠リベートによって生じうる公正競争阻害性として、自由競争減殺の側面を重視し、かつ、専らライバル費用引上げ型の問題として捉える場合には、欧州の伝統的判例法理に見られるような反競争効果の捉え方をすることは難しい。実際に、流通・取引慣行ガイドラインにおける競争品の取扱い制限に関する記述も、少なくとも典型的には、ライバル費用引上げ型の問題を想定しているであろう[52]。

しかし、欧州の伝統的判例法的な考え方が、これまでの日本の独禁法、

---

[52] ただし、平成29年に改正された流通・取引慣行ガイドラインのいう「市場閉鎖効果」が、ライバル費用引上げ型の観点に問題を完全に限定する趣旨とまでは言えないように思われる。流通・取引慣行ガイドラインは、「市場閉鎖効果が生じる場合」について、「新規参入者や既存の競争者にとって、代替的な取引先を容易に確保することができなくなり、事業活動に要する費用が引き上げられる、新規参入や新商品開発等の意欲が損なわれるといった、新規参入者や既存の競争者が排除される又はこれらの取引機会が減少するような状態をもたらすおそれが生じる場合」としているが（第1部3(2)ア）、例示列挙の後の、新規参入者や既存の競争者に対する「排除」と「取引機会の減少」という部分も、「又は」でつながっており、この一連の記述をどう理解するのかについては、議論の余地があろう。

特に不公正な取引方法の規制において、全く見られなかったわけではない。

そもそも、我が国においても、独禁法初期の事例では、排他条件付取引の公正競争阻害性そのものが、併売店を専売店に変更させる過程における競争手段の不公正さ（行為者が参入阻止や参入者の締め出しをねらって併売店を専売店に変更することを強要したこと）に見出されていたと解されてきた（第1章4(2)ア(イ)参照）。

あるいは、近年でも、特に規制産業における排除型の事件において、自由競争減殺の立証の不十分さが指摘されるケースや[53]、（正式事件ではないものの）独占的な地位に基づいて優位性を発揮することそれ自体を不公正という立場[54]をとったように見られるケースもある[55]。

不公正な取引方法の規制における公正競争阻害性とその3つの視点（自由競争減殺、競争手段の不公正、自由競争基盤の侵害）の位置付けについては、昭和57年の一般指定改定時から、公正競争阻害性は、前記3つの成分からなる「ベクトル」（要するに複合的なもの）であるという指摘がなされていた[56]。仮にそのような見方を前提とするならば、競争手段としての不公正さの程度が特に大きいと考えられる場合、例えば、相手方の経済的自由に対する制限の程度が特に強いと考えられるような場合に[57]、競争手段とし

---

[53] 拘束条件付取引の事例だが、土佐あき農協事件・排除措置命令平成29年3月29日公取委HP。評釈として、辻拓一郎・ジュリ1508号6頁（2017年）参照。

[54] 川濵昇ほか「最近の独占禁止法違反事件をめぐって」公正取引668号2頁、18頁〔川濵（2006年）〕参照。

[55] 前注の文献で検討されている関電オール電化警告事件・公取委警告平成17年4月21（取引条件等の差別取扱い）のほか、東日本電信電話・西日本電信電話警告事件・公取委警告平成13年12月25日（不当な利益による顧客誘引、取引妨害）参照。公取委事務総局「公益事業分野における相互参入について」（2005年2月）も参照。

[56] 田中寿「不公正な取引方法（一般指定）の改正について」公正取引382号19頁、25-26頁（1982年）参照。

[57] いくつかのバリエーションが考えられる。例えば、①行為者が極めて強力な力を有することを背景として行った場合、②相手方に制限を呑ませる手段として特に抑圧的な手段が利用された場合、③規制法等他の規範の観点からも問題がある場合。①と特に②の点に関し、取引妨害の事件だが、DeNA事件・排除措置命令平成23年6月9日審決集58巻第1分冊189頁をめぐる一連の議論も参照（特に、大胡勝ほか・公正取引733号91頁（2011年）も参照）。

ての不公正さの観点がより重視されて公正競争阻害性が判断されるということは、ありえなくはない。さらに、一定の場合には、問題の行為者がその強力な経済力を利用して顧客らを囲い込むことで、消費者厚生を害するとともに競争者の機会を奪うおそれがあるような場合に、(仮にそれがライバル費用引上げ理論によっては理論的にうまく説明できない場合であっても)それを自由競争減殺と位置付けることもありうるように思われる[58]。

もっとも、仮に以上のような考え方自体はありうるとしても、以上のような考え方の下で競争手段としての不公正さの観点を重視して忠誠リベートの公正競争阻害性を肯定することは、少なくとも原則的には困難であろうし、また、それを安易に認めるべきでないことも確かである。とはいっても、上記のような発想も全く根拠のないものではないのであり、上記のような考え方による法適用の余地が、現代の独占禁止法、特に不公正な取引方法の規制においてどこまで正当化されうるのかについては、競争手段としての不公正さと自由競争減殺、さらには自由競争基盤の侵害[59]との関係も踏まえつつ、さらなる検討を行うことが必要であるように思われる[60]。

2　日本法の下での具体的な考慮事項

最後に、忠誠リベートの独禁法上の評価を行うに際しての具体的な考慮事項について、日本法の要件に即して考察する。

以上の議論から明らかなように、不公正な取引方法の場合であれ私的独占の場合であれ、行為の評価に際して重要となる独自の問題は、(リベート

---

58) 抱き合わせ販売を素材とした以上の点に関する検討として、拙稿・前掲注3)第4章参照。
59) 例えば、DeNA事件・前掲注57)において、タテの関係における優越的地位の濫用的な側面も指摘されていた(林秀弥・ジュリ1451号96頁(2013年)参照)。
60) 拙稿・前掲注3)第4章第2節では、顧客を競争者から切り離して囲い込み、それによって市場支配力の行使がより容易になること(＝より高度の水準の市場支配力が行使されること)の問題点を検討したが、そのような方法での市場支配力の行使容易化は、インターネット技術が高度化することによってより促進されうるように思われる。データをめぐる様々な問題が議論されつつある今日、独占禁止法における反競争効果の捉え方を改めて検討しておくことが特に求められているように思われる。

の形式的な条件性にとどまらない）実質的な排他的拘束性の認定である。

　忠誠リベートの実質的拘束性を評価するに際しては、具体的な事案・市場の状況に即した分析が求められるが、欧州や米国の議論が示唆する最も中心的な要素は、マストストック（顧客らにとって他の事業者に転換することが困難な領域）の高度な存在[61]と、顧客らにとってのリベートの重み（遡及性とリベートの水準[62]）である。目標占有率や目標数量が、顧客の必要量との関係である程度高い水準に設定されていること[63]も、排除の対象範囲の観点で重要である。なお、占有率リベートと数量リベートそれぞれの扱いについて、排除型私的独占ガイドラインは双方が排除行為となる可能性を認めているが、我が国の先例はいずれも占有率リベートに関するものであった。実際問題として、排他条件付取引類似の効果を理由として数量リベートを規制するには、困難を伴うことが多いと思われる。競争品の取扱

---

[61]　なお、平成29年に改正された流通・取引慣行ガイドライン第1部第2の2(1)イ（最終改正平成29年6月16日）は、排他条件付取引などの競争品取扱い制限行為に関し、「制限を行う事業者の商品が強いブランド力を有している場合や競争者の供給余力が総じて小さい場合には、そうでない場合と比較して、取引先事業者にとって当該事業者から商品を受けることがより重要となり、当該制限の実効性が高まることから、市場閉鎖効果が生じる可能性が高くなる」としている。同ガイドラインのいう「制限を行う事業者の商品が強いブランド力を有している場合や競争者の供給余力が総じて小さい場合」というのは、本書でいうマストストックが有意に存在する場合の一形態と考えられる。マストストックが有意に存在する場合に忠誠リベートが反競争的に利用される可能性が高まることは本書で詳述してきたとおりであるが、そのことは、忠誠リベートに限らず排他条件付取引一般についても当てはまる。特に第5章第2節第2款注106）参照。排他的購入義務に関する欧州委員会ガイダンスの記述（GP、¶36）も参照。

[62]　排除型私的独占ガイドライン第2の3(3)ア、エも参照（なお、遡及と増分の区別は必ずしも容易なわけではない）。リベートの排他性を強める要素として、累進性の問題も頻繁に指摘されてきたが（同ガイドライン同ウ、流通・取引慣行ガイドライン第1部第3の2(2)イ）、累進性の問題の本質も、（遡及性を前提に）段階と段階との間で得られるリベートの落差が激しくなりうる点にあろう（累進性の問題に関し、第1章注67)も参照）。第4章第1節5で指摘したように、目標閾値が非常に多くの段階から構成されている場合、低い段階の目標に到達した時点である程度のリベートを確保できるので、少数の目標しか存在しない場合と比べて顧客の転換コストがそれほど上昇せず、競争者の対抗可能性がかえって確保されやすくなる場合もある。

[63]　排除型私的独占ガイドライン第2の3(3)イ参照。

いを削減することによる調整メカニズムを内包する占有率リベートと異なり、数量リベートの場合、競争品取扱い制限効果の識別がより困難となりうる。数量リベートにおいて競争品取扱い制限効果が生じるおそれがより大きくなるのは、上記要素に加え、例えば、形式的には数量目標を設定していても実質的に排他条件や占有率条件を設定していると認められるようなケースや、リベートの供与の基準となる参照期間が通常の取引サイクルを超えて過大なケース[64]などであろう。

次に、忠誠リベートプロパーの問題から離れると、古くから指摘されてきたように、リベートの基準が不透明で裁量的な供与が行われる場合、拘束的な効果がより強められることに疑いはない[65]。また、本書は、忠誠リベートが排他的スキームの中核であって、他の抑圧的行為が別途存在しない純化された状況を念頭に置いて議論してきたが、国内外のいくつかの先例が示すように、忠誠リベートは、しばしば、複雑な流通スキームの一部として、他の様々な「アメ」や「ムチ」とともに行われてきた。そのようなケースにおいて、忠誠リベートその他の「アメ」としての手段を排他条件付取引の実効性担保手段の1つとして認定することは、容認されるべきであろう[66]。

以上、顧客に対する拘束性の問題を中心に見てきたが、それはあくまで反競争性の前提条件にすぎない。何度も述べてきたように、個々の顧客の転換コストの上昇は、市場全体での競争者の競争費用の上昇（RRC）を直ちには意味しない（特に第3章参照）。日本の独禁法においては、（上記1(3)で述べた問題は残りうるものの）、基本的には、排他的取引一般と同様に、実質的な市場閉鎖効果の認定が必要であるし、私的独占の場合には、さらに、市場支配力の形成・維持・強化の認定も求められる。

その他の要素として、正当な理由も一応問題にはなりうる。私的独占の

---

64) See Luc Gyselen, *Rebates : Competition on the Merits or Exclusionary Practice?*, in EUROPEAN COMPETITION LAW ANNUAL 2003 : WHAT IS AN ABUSE OF A DOMINANT POSITION? 287, 321-322（Claus Dieter Ehlermann & Isabela Atanasiu eds., 2006）.
65) 流通・取引慣行ガイドライン第1部第3の1(2)参照。
66) なお、場合によっては、「アメ」による誘引を用いた競争を否定しないよう配慮する必要はあるかもしれない。伊永大輔・ジュリ1429号74頁（2011年）参照。

場合、正当な理由の存在は、排除行為要件における人為性を否定する要素になるのか、それとも、競争の実質的制限を否定する要素になるのか、あるいは公共の利益要件の問題なのか、必ずしも明らかではない[67]。本書ではこの問題の詳細には立ち入らないが、いずれにせよ、比例性や相当性などの条件を満たす場合には、正当な理由の立証の余地は残されるであろう。もっとも、忠誠リベートによって競争者が排除され、市場支配力の形成・維持・強化という形で消費者に不利益が生じている状況では、正当化されることは少なかろう（第3章参照）。

　最後に、手続法の問題として、排除措置命令の設計の問題も重要である。ここでは、違反行為の再発防止のための実効性の確保[68]、競争的な行為に対する過剰介入の防止[69]という2つの観点の均衡をとる必要があるほか、排除措置命令違反は過料や刑事罰の対象にもなりうるため、排除措置命令の内容の具体性・明確性も要求されてきた[70]。例えば、占有率リベートが違法とされた事案であれば、占有率リベートの禁止を命じることができるのは当然であるが、それだけでどこまで再発防止の実効性を確保できるだろうか。問題の事業者は、代替的に遡及的な数量リベートなどの手段を用いるかもしれない[71]。かといって、禁止対象行為をあまりに広げすぎると、競争的な行為を過剰に抑止してしまうことにもなりかねない。目下、我が

---

67) 第一次的には排除行為該当性の問題であろう。根岸哲編『注釈独占禁止法』42、72頁〔川濱昇〕（有斐閣、2009年）、武田邦宣「排除型私的独占——JASRAC最高裁判決」法教437号8頁、11頁（2017年）参照。なお、排除型私的独占ガイドラインは、競争の実質的制限要件の中で効率性や消費者利益の確保に関する特段の事情を考慮する余地を認めている。

68) 栗田誠・NBL840号34頁、38頁（2006年）参照。日本のインテル事件の排除措置の不十分さを指摘している。

69) 野木村忠邦・ジュリ1314号143頁（2006年）、伊永・前掲注66）参照。なお、第5章第3節で紹介した米国のFTCのいくつかの先例における排除措置において、増分リベートの利用は許容される傾向があることも、参考になろう。

70) 根岸編・前掲注67）824頁〔佐伯仁志〕、白石忠志『独占禁止法（第3版）』638頁（有斐閣、2016年）参照。

71) なお、第5章第3節で紹介した米国の本質的には排他取引にかかる先例の排除措置において、占有率リベートや遡及リベートも禁止される傾向があることも、参考になろう。

国の独占禁止手続法は、(見通しはやや不透明ではあるが)いわゆる確約制度の導入なども含めて変革の最中にあり、以上の問題については、今後、さらなる検討が必要となろう。

結語

　以上、本書では、単一製品での忠誠リベートを素材として競争者排除型行為規制の目的と構造を探求してきた。忠誠リベートの競争上の効果は、依然として未解明な部分が非常に多い。マストストックが存在する場合に悪影響をもちやすいことは認知されつつあるが、そうでない場合に、顧客や競争者の行動にどのように作用し、競争にどのような影響を与えるのか、未だ十分には解明されていない。今後の経済学における研究の進展にも応じて、競争法上の評価をめぐる議論もより深化させる必要があろう。

　競争者排除型行為規制の目的に関して、欧州や米国では、一方では、経済厚生上の問題を重視する考え方が隆盛化しているが[72]、他方では、日米欧全ての例で垣間見られるように、法律実務レベルでは、顧客の自由に対する強制・拘束の有無が、現在もなお、反競争性判断の重要な前提としての役割を（暗に）果たしている[73]。確かに、競争法の考慮は、少なくとも理論的・経験的な裏付けのある経済的な考慮[74]からは逸脱するべきではない。しかしながら、自由や公正などの規範的な問題も、競争政策において欠か

---

[72]　競争者排除型行為の他の典型例でもある抱き合わせ販売をめぐる最近の米国の議論として、拙稿・前掲注3）第3章2参照。

[73]　このことを指摘する米国の例として、Kenneth L. Glazer & Brian R. Henry, *Coercive vs. Incentivizing Conduct : A Way Out of the Section 2 Impasse?*, 18 ANTITRUST 45（Fall 2003）参照。あるいは、米国における抱き合わせをめぐる議論においても、一見すると経済的な観点に焦点を収斂させるかのような形で最近の議論が進行しているように見えるものの、実際には非経済的な問題に対する態度に議論が左右されていることにつき、拙稿・前掲注3）第3章2(3)参照。

[74]　なお、法的議論において経済学を利用する際の注意点につき、川濵昇「『法と経済学』と法解釈の関係について——批判的検討（4・完）」民商109巻3号1頁、第5章と結語（1993年）参照。今日でもなお、川濵教授が指摘されていた問題のある経済学の利用のされ方が、（欧州や米国においても）少なからず行われているように見える。第4章注231)も参照。

せない要素である。競争法において、経済的自由や公正な機会といった規範的な観点と、経済的な観点との双方を踏まえつつ、競争に対する害をどう捉え直すのかというのも、情報技術の高度化に伴ってビッグデータなどをめぐる様々な新しい問題が顕在化している今日、改めて問われていると言えよう。

　競争者排除型行為規制をめぐっては、近時、データをめぐる問題やプラットフォームの問題など、新しいタイプの問題が次々に登場しており、検討が必要な課題は数多く残されている。

事項索引

◆ 英文

AECテスト（→実効価格テスト）
AKZO事件（EU）············ 46, 146, 155, 172
Allied Orthopedic Appliances v.
　Tyco事件（米国）········ 194, 200, 208, 213
Almelo事件（EU）····························· 155
Barry Wright v. ITT Grinnell事件
　（米国）···················· 185, 204, 208, 217
British Airways事件（EU）····· 46, 66, 71, 99
Brooke Group事件（米国）····· 181, 192, 258
Cascade Health Solutions v.
　PeaceHealth事件（米国）·············· 256
Collins Inkjet v. Eastman Kodak事件
　（米国）·· 256
Concord Boat v. Brunswick事件（米国）
　············· 87, 191, 200, 204, 208, 210, 213, 217
Continental Can事件（EU）············ 41, 43
Dentsply事件（米国）························ 216
Eisai v. Sanofi事件（米国）
　···································· 211, 223, 229, 260
France Télécom事件（EU）········· 146172
FTC法··· 236
Hoffmann-La Roche事件（EU）
　············· 8, 45, 47, 53, 58, 69, 71, 115, 128, 155
Intel事件（EU）··············· 8, 113, 126, 161
Intel事件（米国・FTC）············ 239, 248
Invibio事件（米国・FTC）··············· 254
J.B.D.L. v. Wyeth-Ayerst Labs.事件
　（米国）·· 198
LePage's v. 3M事件（米国）
　···························· 192, 204, 214, 215, 232, 256
Masimo v. Tyco事件（米国）
　···································· 194, 201, 208, 225, 229, 260
McWane事件（米国・FTC）········ 243, 248
Michelin I事件（EU）
　································ 47, 49, 57, 69, 71, 73, 78
Michelin II事件（EU）·········· 50, 61, 71, 99
Mogul Steamship事件（英国）········ 3, 70
Natchitoches Parish Hosp. v. Tyco事件
　（米国）···················· 199, 201, 202, 208
Nicksand v. 3M事件（米国）············· 198
NTT東日本事件································ 27
Portugal事件（EU）··························· 71
Post Danmark I事件（EU）
　············· 129, 134, 146, 162, 163, 164, 166, 167, 172
Post Danmark II事件（EU）
　···································· 141, 225, 231, 282
Southeast Missouri Hosp. v. C.R. Bard
　事件（米国）·························· 194, 198
Suiker Unie事件（EU）············ 52, 73, 145
Tampa Electric事件（米国）········ 182, 200
TeliaSonera事件（EU）··············· 129, 146
Tomra事件（EU）······ 103, 132, 159, 173, 271
United Brands事件（EU）················ 45
Velux事件（EU）·························20, 121
Virgin Atlantic v. British Airways事件
　（米国）·· 188
ZF Meritor v. Eaton事件（米国）
　···································· 203, 216, 220

◆ あ行

萎縮効果······················· 14, 192, 261, 280
インテル事件（日本）···················· 29, 291
オルドーリベラリズム·························· 36

◆ か行

ガイダンス（欧州委員会ガイダンス）
　······················ 81, 107, 118, 147, 264, 279
価格差別·· 98
関係特殊投資······························· 97, 112
犠牲··· 83, 113

規模の経済 ················· 17, 84
吸引効果（suction effect）···· 73, 77, 144, 223
業績競争 ···················· 39, 48, 57
競争インセンティブ ············ 88, 113, 280
競争プロセス ··················· 39, 42
クレイトン法 ····················· 180
形式ベースのアプローチ ············· 52
効果ベースのアプローチ ············ 103
公正競争阻害性 ················· 16, 285
拘束 ············ 13, 16, 18, 69, 72, 79, 181,
　　　　　　　　　　　　200, 209, 223, 275
行動経済学 ······················ 100
効率性 ················· 39, 112, 164
コンテスタブルな部分
　············ 80, 110, 116, 118, 130, 144, 228

◆ さ行

搾取型濫用 ···················· 41, 47
避けることのできない取引相手
　（an unavoidable trading partner）
　············ 46, 54, 63, 68, 72, 81, 114, 130, 142
差別（買手段階の差別）···· 53, 60, 67, 69, 144
参照期間 ············· 59, 64, 66, 72, 79, 144
市場支配力 ············ 28, 85, 109, 291
市場閉鎖 ········ 17, 23, 73, 76, 84, 107, 111,
　　　　　　　　　　　　200, 209, 267, 270
実効価格 ·················· 77, 123
実効価格テスト（AECテスト）······ 111,
　　　　　116, 118, 133, 159, 165, 170, 214, 257, 279
実効性担保手段 ······ 25, 202, 209, 243, 252
質的実質性 ················ 183, 273
私的独占 ························ 26
支配的地位 ······················ 44
芝浦と畜場事件 ··················· 14
シャーマン法 ··················· 179
出荷停止 ············· 209, 213, 219, 244
準レント ························ 98
消費者厚生 ··················· 85, 109
人為性 ················ 13, 27, 275

◆ た行

第二次大正製薬事件 ········· 3, 25, 248, 278
段階平均価格 ···················· 121
ディー・エヌ・エー（DeNA）事件 ···· 287
ディリジズム ····················· 41
梃子 ············ 80, 110, 257, 269, 276
転換コスト ················ 76, 79, 105
同等効率性基準
　············ 110, 120, 166, 175, 226, 260, 277
東洋精米機事件 ···················· 17
特別の責任 ······················· 46
取引先選択の自由（供給源選択の自由）
　····················· 28, 69, 140, 275

◆ な行

二重限界化 ················· 89, 112
日本音楽著作権協会（JASRAC）事件 ··· 27
値引き ················ 27, 87, 260, 277
能率競争 ···················· 14, 48

◆ は行

排除型私的独占ガイドライン ········ 9, 30
排除型濫用 ···················· 41, 47
排除効果 ············ 31, 76, 285, 291
排除措置 ············ 242, 245, 253
排他条件付取引（排他的取引）
　············ 16, 29, 76, 113, 182, 200, 258, 275
反競争的閉鎖 ···················· 108
販売努力 ························ 92
非コンテスタブルな部分 ······ 80, 130, 144
不忠誠罰 ···················· 88, 260
ブランド選好 ············ 81, 110, 225
妨害競争 ························ 38

◆ ま行

マストストック ····· 19, 72, 80, 110, 114, 120,
　　　198, 202, 210, 213, 223, 225, 230, 260, 281

◆ や行

山口県経済農業協同組合連合会事件… 21

◆ ら行

ライバル費用引上げ
　……………… 27, 84, 108, 259, 275, 283
濫用……………………………… 47, 69, 108
リベート……………………………………… 2
　個別——……………………… 10, 72, 112
　条件付き——…………………… 11, 109
　数量——………………………… 9, 12, 69, 71
　占有率——………………………… 9, 12, 18
　増分——…… 10, 31, 91, 111, 121, 243, 246
　遡及——… 9, 31, 72, 77, 90, 110, 123, 243, 246
　忠誠——………………………… 7, 55, 70, 115
　排他条件付き——
　　（exclusivity rebates）………… 12, 128
　排他的——…………………………………… 11
　バンドル——……………………………… 256
　標準——………………… 10, 61, 112, 144
　累進的な——……………………… 18, 121
略奪……………………………… 27, 110, 181
流通・取引慣行ガイドライン… 2, 17, 18, 23
量的実質性……………………………… 183, 273
ロックイン……………………………………… 225

◆ わ行

和光堂事件……………………………… 13, 16
割引総額帰属テスト……………………… 256

● **著者略歴**

早川　雄一郎（はやかわ・ゆういちろう）

2006年　京都大学法学部卒業
2008年　京都大学大学院法学研究科法曹養成専攻（法科大学院）修了
2013年　京都大学大学院法学研究科博士後期課程修了（京都大学博士（法学））

京都大学特定助教、講師を経て、
現在、立教大学法学部准教授

競争者排除型行為規制の目的と構造

2018年3月5日　初版第1刷発行

著　　者　　早　川　雄一郎

発 行 者　　塚　原　秀　夫

発 行 所　　株式会社　商 事 法 務
〒103-0025　東京都中央区日本橋茅場町3-9-10
TEL 03-5614-5643・FAX 03-3664-8844〔営業部〕
TEL 03-5614-5649〔書籍出版部〕
https://www.shojihomu.co.jp/

落丁・乱丁本はお取り替えいたします。　　印刷／三報社印刷㈱
Ⓒ 2018　Yuichiro Hayakawa　　　　　　 Printed in Japan
　　　　Shojihomu Co., Ltd.
ISBN978-4-7857-2591-4
＊定価はカバーに表示してあります。

[JCOPY]＜出版者著作権管理機構　委託出版物＞
本書の無断複製は著作権法上での例外を除き禁じられています。
複製される場合は、そのつど事前に、出版者著作権管理機構
（電話 03-3513-6969、FAX 03-3513-6979、e-mail：info@jcopy.or.jp）
の許諾を得てください。